KB235501

세계의 대중매체 2

− 아시아 · 중동 · 중남미 · 아프리카편 −

세계의 대중매체 2

- 아시아 · 중동 · 중남미 · 아프리카편 -

초판 1쇄	|	2001. 6. 12.
편　　저	|	강준만
편　　집	|	김학수
마 케 팅	|	이태준
펴 낸 이	|	최은자
기　　획	|	강준우
디 자 인	|	김한태한
펴 낸 곳	|	인물과사상사

등　　록	|	1998. 3. 11(가제17-204호)
주　　소	|	서울특별시 강동구 성내동 434-10 광명빌딩 3층
전　　화	|	02)471-4439
팩　　스	|	02)474-1413
우　　편	|	134-600 서울 강동우체국 사서함 164호
E-mail	|	inmul21@korea.com
홈페이지	|	http://inmul.co.kr

값 8,700원

ISBN 89-88410-45-9 94330
　　　89-88410-43-2 (전3권)

파손된 책은 교환하여 드립니다.

세계의 대중매체 2

- 아시아 · 중동 · 중남미 · 아프리카편 -

강 준 만 편저

인물과
사상사

이 책은 모두 세 권으로 이루어져 있다. 원래는 다 한 권에 담으려고 했는데 집필을 끝내놓고 보니 분량이 너무 많아져 세 권으로 나누지 않을 수 없었다.『세계의 대중매체 1: 미국편』과『세계의 대중매체 3: 유럽·북미·호주편』이 그것이다. 따라서『세계의 대중매체 2: 아시아·중동·중남미·아프리카편』은『세계의 대중매체』시리즈의 일부라는 것을 알아주시기 바란다. 이 세 권의 책을 하나의 책으로 간주하여 이 책을 쓰게 된 배경을 말씀드리고자 한다.

이 책은『대중매체 법과 윤리』에 이어 내가 전북대에서 10년 넘게 강의해 온 〈국제커뮤니케이션〉 과목의 강의 노트 가운데 일부를 정리한 것이다. '정리'를 하면서 가끔 회의를 느끼기도 했다. 크게 욕먹을 소리이겠지만, 나와 같은 '고급 인력'(?)이 겨우 '정리'나 하는 이런 수준의 일에 한 달이 넘는 시간과 열정을 송두리째 바쳐도 좋은가 하는 의문 때문이었다.

지금 내가 잘난 척하려고 이런 말을 하는 게 아니라는 걸 잘 아시리라

믿는다. 지금 나는 이 책의 특수한 성격에 대해 말씀드리려고 하는 것이다. 이 책 역시 『대중매체 법과 윤리』와 마찬가지로 '편저(編著)' 형식으로 수많은 자료 가운데 적합한 것을 선택하고 배열을 하는 데에 주력한 것이다. 다만 『세계의 대중매체 1: 미국편』의 경우엔 '저(著)'라고 주장할 만한 성격과 수준의 책이 아니겠는가 하는 생각이 들어 '저'로 표시하였다.

어찌됐건 이 책은 전반적으로 보아 '편저'의 성격을 갖고 있는 책이다. 나는 왜 이런 '바보 같은' 일에 매달리게 되었나? 묵혀 둔 강의 노트가 아까워서 그랬나? 그건 아니다. 나는 오래전부터 지금 이 책처럼 세계 각국의 대중매체의 주요한 특징을 어느 정도의 '가공' 단계를 거쳐 한 권에 담은 그런 책이 꼭 있어야 한다는 생각을 해왔다. 그 이유는 굳이 설명드릴 필요는 없을 것이다. 그러나 아무리 생각해도 그런 책이 나올 것 같지는 않았다. 일 자체가 쉽지 않을 뿐만 아니라 시간 품을 많이 요구하기 때문이다.

결국 누군가가 '총대를 메야' 하는 게 아닌가 하는 생각이 들었고, 결국 내가 나서기로 했다. 물론 이 책은 아직 '가공'의 정도가 매우 약하다. 나는 일단 이 정도 수준에서나마 책을 내놓고 앞으로 계속 이 책을 가꿔 나가기로 했다. 아예 처음부터 '완제품'을 내놓으면 안 되겠느냐는 요구도 타당할 것이나, 어차피 이런 종류의 책은 시시각각 변하는 대중매체 산업의 특성상 수명이 짧을 수밖에 없고 계속 업데이트해야 하는 숙명을 안고 있다는 점을 감안해서서 나의 '타협'을 너무 꾸짖지는 마시기 바란다.

『세계의 대중매체 1: 미국편』의 앞부분에 나오는 '미국 방송사'의 일부는 지난 92년에 나온 강현두 외 6인이 쓴 『세계방송의 역사』(나남)에 실렸던 것을 손을 보아 실은 것이다. 물론 92년 이후 최근까지의 내용을 보완하였다. 이 글은 나머지 글과 비교하여 '가공'의 정도가 높은 것으로 앞으로 내가 지향하는 이 책의 전반적인 수준의 기준으로 보아도 될 것이다.

나는 원래 미국에서 공부하면서 한동안 '미국 방송사'를 전공하였다. 내가 공부했던 위스컨신대학에 있는 '역사자료보관소'(State Historical Society of Wisconsin)에 죽치면서 미국 방송에 큰 영향을 미친 인물들이 기증한 자료 더미에 파묻혀 지낸 적도 있다. 편지에서부터 메모에 이르기까지 그야말로 생생한 1차 자료를 접하면서 방송사 연구의 재미를 느껴보기도 했다. 또 미국 방송에 큰 영향을 미친 인물들 가운데 생존해 있는 사람들에게 서면 인터뷰를 위해 수십 통의 편지를 보내기도 하였다. CBS 사장을 역임했던 로버트 우드와는 한동안 계속 편지를 주고받으면서 CBS에 대한 연구에 몰입하기도 했다.

물론 나는 나중에 전공을 바꾸게 되었지만 귀국 후에도 한동안 그간 내가 투자한 노력과 시간이 아까워서라도 '미국 방송사'를 써야겠다는 생각을 버리진 않았다. 그러나 한국에 살고 있는 나에게 그게 과연 무슨 의미가 있을까 하는 회의가 들어 끝내 실행에 옮기질 못했다. 『세계방송의 역사』에 썼던 '미국 방송사'는 그냥 보통 독자들을 위해 가볍게 썼던 것이지만, 앞으로 다른 나라들의 대중매체에 대해서도 그 수준의 품질을 갖는 글을 써 보겠다는 것이다.

나는 〈국제커뮤니케이션〉을 강의하면서 초기엔 '이론'에 심취한 적도 있었으나, 곧 그게 너무 허망하다는 생각을 하게 되었다. 예컨대, '문화제국주의론'에 대해 아무리 연구하고 고민해봐야 답은 나오지 않는다. 그렇다고 해서 이론을 무시하자는 건 아니다. 구체적인 현실에 대해 폭 넓게 아는 것에도 시간을 좀 배분하는 게 좋지 않겠느냐는 것이다. 나는 그런 생각을 하게 되면서 이 책에 담겨 있는 것과 같은 측면에 관심을 갖게 된 것이다. 이론 분야의 '국제커뮤니케이션'과 관련된 나의 강의 노트는 다음 기회에 책으로 내려고 한다.

강의 노트를 작성하면서 '각주(脚注)'를 챙기지 않은 데다 이번 '정리' 과정에서 원래의 자료를 찾아내지도 못해 마땅히 각주가 있어야 할 곳에 각주가 빠진 게 다소 있을 것이다. 이 점 너그러운 이해를 바라마지 않는다. 단순한 사실의 나열일망정 남이 한 말을 내 말처럼 하는 것도 영 내키지 않아 나는 의도적으로 인용 부호를 많이 사용하고자 애를 썼다. 그렇게 인용 위주로 책이 구성돼 있는 탓에 통계 수치와 표기 방법이 다른 경우도 있고 두세 군데에 지나지 않을 것이나 내용이 다소 다른 것도 있다. 그러나 큰 혼란을 줄 정도는 아니니, 이 점에 대해서도 양해를 구하고 싶다.

정확히 언제쯤 개정판을 낼 거라고 장담할 수는 없으나, 개정판을 낼 때에는 시간이 흐른 데 따른 변화 내용을 충실히 업데이트할 뿐만 아니라 참고 자료의 범위도 확대하고 나의 '소화력'을 증진시킴으로써 '가공'의 수준을 한 단계 높여 좀더 가치 있고 읽을 만한 책으로 내놓을 것을 약속드린다. 궁극적으론 이 책이 바람직한 의미의 세계화에 관심을 갖고 있는 모든 독자들의 필독서가 될 수 있게끔 이 책의 품질과 흥미성을 끊임없이 향상시키련다. 그것이 나의 소박한 꿈이다.

그 꿈을 꼭 나 혼자 이뤄야 할 필요는 없을 것이다. 그 누구든 나의 생각에 공감하는 분이 있다면, 이런 종류의 작업에 참여해주실 것을 바라는 의미에서 나의 꿈에 대해 좀더 말씀드리겠다. 나는 그간 꼭 대중매체와 관련된 게 아니더라도 세계 각국의 정치·경제·사회·문화 등 다른 나라에 관한 책이라면 그게 어려운 학술서건 가벼운 기행문이건 무조건 다 부지런히 사 모았다. 나는 그렇게 해서 쌓인 수백 권의 책을 보면서 의외로 우리 나라의 출판계가 내실이 있다는 생각을 하곤 한다. 이제 남은 문제는 누군가가 그걸 다 열심히 읽고 소화해서 실에 꿰어주는 작업이 아닐까.

대중매체는 대중매체만 따로 떼내어 이야기해선 그 전모를 이해하기 어렵다. 그 대중매체의 환경을 먼저 이해해야 한다. 한 나라의 정치·경제·사회·문화가 대중매체와 어떻게 연결되고 대중매체에 어떻게 반영되며 대중매체가 그 나라를 어떻게 만드는지 그걸 전방위적으로 살펴보아야 할 것이다. 나는 이번 책에선 대중매체 이외의 것을 다룬 그 수백 권의 책을 거의 활용하지 못했다. 다음으로 미루기로 한 것이다.

그런 작업과 관련하여 내가 높이 평가하는 책 중의 하나가 네덜란드의 심리학자인 Geert Hofstede(차재호·나은영 역)가 쓴 『세계의 문화와 조직: 문화간 협력과 세계 속에서의 생존』(학지사, 1995)이라는 책이다. 우리가 흔히 말하는 이른바 '국민성'이라는 걸 과학적인 분석을 통해 탐구한 책이다. 이 책은 설문조사 결과에 의존하였지만, 나는 좀 다른 접근 방법을 통해 이런 문제까지도 『세계의 대중매체』에서 같이 다루고 싶다. 사실 나는 이런 작업을 염두에 두고 지난 십수 년 간 신문 하나를 읽더라도 외신면에서 이와 관련된 기사를 열심히 챙겨왔다. 이것 역시 이번 책에서 다루지 못해 이만저만 유감이 아니지만, 다음 기회엔 꼭 이걸 포함시키도록 하겠다.

외람된 이야기지만, 나는 언론학도들이 시야를 좀더 넓혀 다양한 주제를 다양한 방식으로 다루기를 희망한다. 이런 작업은 혼자서 하면 재미없다. 서로 누가누가 더 잘하나 하는 선의의 경쟁이 있어야 재미도 있고 발전도 할 수 있을 것이다. 해외에 나가는 한국인들이 반드시 읽어야 할 필독서들이 '국제커뮤니케이션'을 전공하는 언론학도들에 의해 많이 쓰여지기를 간절히 바란다.

짐작하시겠지만, 이런 종류의 책에 색인을 달기는 매우 어렵다. 애써

단다고 해도 별 의미가 있을 것 같지도 않다. 소제목에 색인의 용도가 없지 않으니 소제목까지 포함된 목차를 이용하여 주시기 바란다. 그리고 책 끝에 주요 목차까지 밝힌 참고문헌은 일반 독자들을 염두에 두고 시중에서 구할 수 있는 매품(賣品)만 포함시켰으며 『세계의 대중매체』 시리즈 중 한 권만 이용할 독자도 있을 것 같아 세 권 모두에 동시 게재하였다는 것도 밝혀둔다.

이 책 본문의 각주를 보시면 아시겠지만, 이 책은 언론유관단체들에서 정기적으로 펴내는 각종 정기간행물과 신문·잡지의 기사에 크게 의존하였다. 그 기사를 써 주신 여러 분들께 깊이 감사드린다. 『대중매체 법과 윤리』에 이어 이 책의 편집을 꼼꼼하게 맡아서 해주신 김학수 씨께도 깊이 감사드린다. 『대중매체 법과 윤리』와 함께 나의 지난겨울을 송두리째 앗아간 이 책이 이 정도 수준에서나마 의미가 있다고 평가해주시는 독자들이 있다면 나로선 더할 나위 없는 기쁨이겠다.

2001년 2월

강준만 올림

제3장 인도의 대중매체

제4장 아시아의 대중매체

제5장 중동의 대중매체

제6장 중남미의 대중매체 Ⅰ

제7장 중남미의 대중매체 Ⅱ

제8장 아프리카의 대중매체

제1장 일본의 대중매체

제1장 일본의 대중매체

일본의 문화 수출

일본의 면적은 37만7천8백km²이며, 인구는 1억2천5백만 명이다. 동남아시아에서 일본의 별명은 USA(US OF ASIA)다. 아시아 지역에서 일본이 미국 행세를 하려 하기 때문이다. 우리의 전경련격인 일본의 경단련이 '국제교육정보센터'에 매년 지원하는 돈은 3억 달러에 이른다. 일본의 문화수출 사령탑은 1972년에 설립된 일본재단(Japan Foundation)이다. 해외사무소를 17개소나 둔 이 조직의 95년도 예산은 300억 엔에 이르는데,[1] 일본은 아시아에 대한 집중 공략으로 특화하여 90년엔 아시아 문화센터라는 부속 기관을 설립하였다.

1997년 3월부터 방송을 개시한 위성방송 JET(Japan Entertainment Television)의 활약도 만만치 않다. TBS와 스미모토 상사가 싱가포르에

---

1) 영국은 108개국에 216개 문화원을, 독일은 78개국에 167개 괴테 인스티튜트를 운영하고 있다.

설립한 JET는 아시아 7개국 케이블 텔레비전에 프로그램을 보내고 있는데, 98년 여름 가입 세대 5백만을 넘어 섰다. 이는 설립 당초 4년 후의 목표로 잡았던 것을 1년 반 만에 달성한 것으로, 500만 세대 가운데 대만이 3백60만 세대로 가장 많고 다음에 태국, 홍콩, 싱가포르의 순이라고 한다.[2] JET의 활약에 대해 작가 아스나 미즈호는 다음과 같이 말한다.

"동남 아시아는 이슬람교나 힌두교, 가톨릭 등 종교적인 색채가 강하고 같은 아시아권이면서 문화, 풍토도 일본과는 상당히 다르므로, 위성방송 JET에서는 각국에 배신할 프로그램을 선정하는 데 이런 요소들을 참조하여 세심하게 신경 쓰고 있다고 한다. …… 홍콩과 대만에서는 정보지나 소문을 통해 일본의 프로그램에 대한 정보가 침투하고 있기 때문에 2∼3년 전의 드라마를 방송하면 너무 오래된 것이라는 항의가 들어온다고 한다. 또 TBS의 드라마 『변주곡』은 일본에서 방송된 후 얼마 안 있어 대만과 홍콩에서 영상 디스크의 해적판이 나돌아 시청자 사이에서 빨리 방송하라는 성화가 대단했다고도 한다. 최근에는 드라마에서 본 도쿄의 모습을 직접 보고 싶어 찾아오는 관광객도 적지 않다."[3]

그러나 일본의 문화 수출 가운데 가장 강력한 건 역시 '도랑도 치고 가재도 잡는'(돈도 벌고 할 말도 하는) 애니메이션이다.[4] 일본은 동남아시

---

2) 아스나 미즈호(Mizuho Asuna), 민성원 옮김, 『도쿄의 팝 문화』(우석, 1999), 280쪽.
3) 아스나 미즈호(Mizuho Asuna), 민성원 옮김, 위의 책, 268쪽.
4) "저팬+애니메이션을 합친 저패니메이션(Japan+Animation=Japanimation)이란 용어는 언뜻 보면 잘 만들어진 합성어처럼 들린다. 하지만 이 말 속에는 일본에 대한 일종의 파시스트적 편견이 담겨 있다. 저패니메이션은 원래 1980년대 후반 미국에서 일본 애니메이션에 대한 총칭으로 사용되던 말로 상당히 야유적인 의미를 포함하고 있었다. 결국 Jap+Animation=Japanimation인 것으로 여기서 쓰이는 Jap은 흑인을 차별하는 용어인 니그로(Negro)와 비슷한 뉘앙스를 갖고 있다. …… 그런데 문제는 일본 언론조차도 미국인의 편견을 그대로 따르고 있다는 것이다. 실제로 일본의 신문사에서조차 저패니메이션이라는 말을 사용한다. 그들이 그만큼 애니메이션에 대해 무식하기 때문이다." 김지룡, 『나는 일본 문화가 재미있다』(명진출판, 1998), 213∼214쪽.

아 · 유럽 · 미국의 애니메이션 시장을 거의 장악하고 있는데, 프랑스 TV 애니메이션의 80%가 일제이며, 미국 애니메이션계 잠식은 호들갑스러운 미국 언론에 의해 '제3의 진주만 침공'으로 규정된 바 있다.

국제적 언론플레이

일본의 국제적 언론플레이도 주목할 만하다. 일본의 정부 관련 단체들이 미국에서만 쓰는 홍보 자금 규모는 이미 90년에 2억5천만 달러에 이르렀는데, 일본은 이 분야에선 세계에서 가장 돈을 많이 쓰는 나라이다. 미국에서 발행되는 『콜럼비아 저널리즘 리뷰』 1990년 1/2월호는 일본의 엔화가 미국 언론의 공정성을 위협하고 있다고 개탄한 바 있다. 예컨대, 이런 식이다. 89년 10월 『워싱턴 포스트』는 조지 패커드가 기고한 〈맹목적 반일주의자들이 외교를 망친다〉는 제목의 글을 실었는데, 당시 패커드의 직함은 '존스홉킨스대학교 부설 동아시아연구소 소장'으로 소개되었지만 패커드는 이 직책 이외에도 워싱턴에 있는 한 투자자문회사의 유급 고문역을 맡고 있었다는 것이다. 그런데 이 회사는 미국투자회사의 일본 진출과 일본투자회사의 미국 진출에 대해 자문을 제공하는 회사였으며, 패커드는 또 존스홉킨스대학교 부설 동아시아연구소를 운영하면서 일본 기업들로부터 자금 지원을 받는 방법을 모색 중이었다.

그런가 하면 '일본정보문화센터'는 미국 텔레비전 프로그램 제작에 자금을 지원하고 있다. 또 일본의 텔레비전 프로그램 제작회사인 '텔리저팬'은 자체적인 프로그램을 제작해서 미국 방송국들에 제공하며 여기에 드는 비용은 일본의 민간 기업들이 제공하고 있다. 그러니 미국 텔레비전에서 일본과 일본인의 이미지가 좋게 묘사되진 않는다 하더라도 나쁘게 묘사되긴 어려울 것이다.

일본 내에서의 국제적 언론플레이도 만만치 않다. 일본 정부는 동경 주재 각국 특파원들에게 날마다 수많은 보도자료를 보내는데, 그 중에서 가장 많은 것은 개발도상국들에 대한 일본의 경제원조를 홍보하는 자료다. 어디 정부뿐인가. 일본 국민들의 홍보 의식도 우리로선 상상하기 어려울 정도로 강하다. 지난 90년 『동아일보』 이낙연 특파원은 다음과 같이 말했다.

"노태우 대통령이 일본을 방문했던 지난 5월 하순의 일이다. 당시는 일본 국왕의 과거 사죄 문제 등을 둘러싸고 한일양국의 국민 감정이 꽤 격앙돼 있던 때였다. 바로 그 무렵 기자에게 낯선 우편물이 배달됐다. 사이타마현 요노시의 슈큐토쿠요노 고등학교에서 온 것이었다. 이 학교 2학년 여학생들이 작년 가을 한국의 독립기념관으로 수학여행을 다녀온 뒤에 썼던 감상문들을 모은 책이 들어 있었다. 그 내용은 과거 일본인들이 한국인들에게 저질렀던 잔학 행위에 대한 부끄러움과 반성의 마음이 주조였다. 그것은 집권 자민당 간부의 망언이나 우익단체 청년들의 협박에서 느껴졌던 분노를 얼마간 상쇄해주는 효과를 갖고 있었다. 그런데 이 책은 발행일자가 금년 3월 24일로 돼 있었다. 그것을 2개월 후인 노 대통령의 방일에 때맞춰서 보내준 것이었다. 동봉된 편지도 '이번 노태우 대통령의 방일을 맞아 ……'로 시작되었다. 또 하나의 사례는 보통의 일본인 여성 이시야마 유리 씨의 경우다. 기자는 우연히 그녀와 일본 전통의 무대 예술인 가부키에 관해 얘기할 기회가 있었다. 그때 기자는 어느 주재원한테서 들었던 말을 그녀에게 전했다. '가부키는 한번쯤은 봐둘 필요가 있지만, 두 번 이상은 볼 필요가 없다. 스토리도 대체로 판에 박은 권선징악 일변도인 것 같고 ……' 라는 얘기였다. 그 며칠 후 그녀에게서 우편물이 왔다. 이치카와 엔노스케가 쓴 『가부키 강좌』라는 책과 편지였다. 그녀의 편지에는 이렇게 적혀 있었다. '일전에 이씨가 가부키에 대해 불만스런 듯이 말씀하시는 것을 듣고 마음에 걸렸습니다. 이쪽은 요리의 맛을 알고 있는데 상대방은 젓가락도 들지 않으려 할 때의 안타까움 같은 것이었습니다.' 그러면서 그녀는 가부키를 쉽고 재미있게 보는 요령까지 소개해 주었다."[5]

세계로 진출하는 애니메이션

일본 만화영화는 일본색을 은폐하면서 세계 시장에 진출하고 있다. 가장 대표적인 예가 『파워레인저』일 것이다. 우주 괴수들과 싸우는 지구방위대의 활약상을 그린 이 드라마의 주인공은 모두 5명인데, 맨 처음 일본용으로 만들었던 『공룡전대 쥴렌저』에서는 모두가 일본인이었다. 그러나 세계 시장을 겨냥해 『파워레인저』로 개작하면서 백인과 흑인, 황색인을 고루 포진시킴으로써 국적성을 희석시키는 데 성공했다. 얼마나 포장술이 대단한지, 이 드라마가 한국 TV에서 방영됐을 때 국내 모 언론은 "할리우드 문화의 한국 침투"라고 엉뚱하게 개탄하기도 했다.[6]

그러나 모든 일본 만화영화가 오직 상업성 위주로 제작되는 건 아니므로 조심해야 한다. 군국주의 메시지가 담겨진 만화영화도 적지 않다. 『한겨레 21』 2000년 9월 28일자는 다음과 같이 말한다.

회사원 김아무개(36)씨는 일곱 살 먹은 딸이 이웃에서 빌려온 일본 만화영화를 보고 소름이 끼쳤다. 『반딧불의 묘』, 다카하타 이사오 감독이 제작한 이 작품은, 두 일본인 남매가 2차 세계대전 중에 고생하다 죽는 과정을 그린 것이다. 귀여운 동생 세쓰코, 오빠 세이타, 어머

---

5) 『동아일보』, 1990년 7월 27일.
6) 일본 만화의 세계 진출에 관한 이상의 이야기는 『문화일보』 박태견 기자가 1995년 1월 13일자에 쓴 기사 내용을 거의 그대로 옮긴 것입니다.

니로 이루어진 이 가정은 공습으로 인해 완전히 파괴된다. 천진하기 짝이 없는 세쓰코가 굶어 죽어가는 과정은 눈물 없이 볼 수 없을 만큼 절절하다. 1988년에 만들어진 이 작품은, 이제까지 미국을 포함한 세계 여러 나라에 수출돼 관객의 심금을 울렸다. 이 최루성 만화영화의 폭격에 한국 역시 예외가 아니었다는 사실을 김씨는 뒤늦게 안 것이다. 김씨가 『반딧불의 묘』를 보고 놀랐던 이유는, 일제의 만행을 배워온 자신조차도 어느덧 '일본은 2차 세계대전의 피해자였다' 는 메시지에 공감하기 시작했기 때문이다. 이 작품의 특성은 디테일이 충실하다는 것인데, 세이타가 세쓰코를 위해 먹을 것을 훔치는 장면이라든가, 어린 세쓰코가 돌을 구워 오빠에게 먹으라고 권하는 장면이 눈물겹게 그려져 있어 관객의 누선을 자극한다. 배고픈 세쓰코가 빈 사탕깡통에 물을 넣어 마시면서 '사탕 맛이 난다' 며 웃을 때, 눈물이 핑 도는 관객은 2차 세계대전의 시발자가 바로 일본이었다는 사실도, 그들이 점령했던 나라의 어린이들은 사탕깡통을 구경조차 못하고 황군의 창검에 죽어갔다는 사실도 잊어버리게 된다. 『반딧불의 묘』처럼 읽는 이들에게 '나쁜 건 일본이 아니라 전쟁이야' 라는 유의 메시지를 던지는 일본 만화는 국내에서 쉽게 만날 수 있다. 이렇게 일본 만화에서 자주 발견되는 메시지들은 몇 가지로 요약된다. 첫째는 '일본은 세계 유일의 피폭국가다. 일본 역시 2차 세계대전의 피해자다' 라는 전쟁피해자론, 둘째는 '동아시아는 리더국가를 필요로 한다. 일본이 그 적임자다' 라는 대동아공영권론이다. 셋째는 '일본은 세계의 돈줄 역할만 하고 있을 뿐이다. 패전국가라는 이유로 타국들에 너무 고분고분해왔다' 는 일본위상 재고론이다. [7]

---

7) 이민아, 〈군국주의는 문화를 먹고 산다: 일본만화의 '재미' 속에 숨겨진 은밀한 메시지 … 역사왜곡, 정치가의 망언보다 무섭네〉, 『한겨레 21』, 2000년 9월 28일, 64면.

국익에 지나치게 민감한 언론

일본은 경제대국인 동시에 신문대국이다. 일본의 광고비 규모는 세계 2위(92년 통계)이며,[8] 일본은 유네스코 92년 통계로 인구 1천 명당 신문 발행부수가 577부로 세계 제1위를 차지하였다.[9] 세계신문협회가 세계 41개국의 신문에 관한 통계를 조사 분석한 1997년판 『월드 프레스 트랜드』 발표에 따르면 일본은 인구 1천 명당 일간지의 보급률에서 노르웨이(592부)에 이어 582부로 2위를 차지하였지만, 총발행부수는 7천2백70만부로 1위를 차지하였다(2위 미국 5천6백90만부).[10] 일본 언론은 자국의 강력한 경제력을 바탕으로 하여 이른바 '취재 물량작전'을 펴는 것으로도 유명하다. 일본 자위대의 캄보디아 파병시 4백 명의 기자를 파견한 바 있고 통일교 합동결혼식엔 3백 명의 기자가 방한하였다.

그와 같은 덩치에도 불구하고 일본 언론은 언론자유에 대해 소심한 편이다. 스스로 언론자유를 소극적으로 행사하는 경우가 많은데, 이는 아마도 문화적 환경 탓으로 보인다. 일본 언론은 특히 국익에 민감하다. 예컨대, 2000년 봄 한일 양국 언론의 구제역 보도 태도는 극히 대조적이었다. 『대한매일』 이도운 기자는 4월 6일자 칼럼에서 다음과 같이 말했다.

"4일 저녁 서울 낙원상가 옆의 고깃집. 박태준 국무총리와 국무위원 15명이 구제역 때문에 뚝 떨어진 육류 소비를 늘려보자며 등심과 갈비, 삼겹살을 메뉴로 식사를 하고 있었다. 조금 늦게 식당에 도착한 오홍근 국정홍보처장이 박 총리에게 석 장짜리 보고서를 건네줬다. 보고서를 들

---

8) ① 미국 989억달러, ② 일본 370억 달러, ③ 영국 164억 달러, ④ 스페인 124억 달러, ⑤ 서독 121억 달러, ⑥ 프랑스 105억 달러, ⑦ 캐나다 84억 달러, ⑧ 이탈리아 79억 달러, ⑨ 호주 49억 달러, ⑩ 한국 33억 달러.

9) 이동주, 〈일본 신문과 정부와의 관계는 …〉, 『뉴스메이커』, 1999년 10월 28일, 60면.

10) 〈신문보급률 노르웨이가 최고, 발행부수는 일본이 1위〉, 『신문과 방송』, 1997년 9월호, 134쪽.

취보던 박 총리의 미간이 좁혀졌다. '다들 이렇게 나라를 생각하는데 …….' 박 총리가 받은 보고서는 '구제역과 관련한 일본 6대 일간지의 보도 내역'이었다. …… 한반도에 66년 만에 나타난 구제역은 일본에도 92년 만에 발생했다. 비슷한 상황이지만 구제역을 보도하는 양국의 언론은 너무나 큰 차이를 보이고 있다. 구제역과 관련한 일본 6대 신문의 총보도량은 한국 신문 하나의 하루 보도량보다 훨씬 적다. 일본측의 보도 행태가 올바르다고 생각하지 않는다. 일본 신문들의 한쪽 구석에 숨은 듯 박혀 있는 구제역 관련 기사를 보노라면, 국익에 해롭다는 이유로 '축소보도' 되는 것 아닌가 하는 의구심도 생긴다. 그보다는 우리의 신문들처럼 있는 현상을 낱낱이 보도하는 것이 '언론의 사명'에 합당할지도 모른다. 그러나 일본인들의 생각은 다른 것 같다. 한 일본 신문의 서울 특파원은 최근 정부당국자를 만나 '한국의 언론이 왜들 이러는지 이해할 수 없다'며 쓴웃음을 지었다고 한다. 호들갑을 떨어서 해결될 문제가 아니라면 차분하게 정부의 방역대책을 지원하는 것이 효과적이라는 말이다. 적어도 정권의 이익과 국가의 이익은 구분할 줄 아는 것이 선진국의 언론이다. 세계 각국의 뉴스를 24시간 방송하는 영국 BBC는 요 며칠 한국 특파원이 제작한 구제역 관련 기사를 자세히 보도하고 있다. 그러나 그 방송에서 일본도 구제역 피해를 당했다는 보도는 단 한 줄도 보지 못했다. 옳고 그름을 떠나 우리가 한번쯤 곱씹어볼 문제인 것 같다."[11]

또 조원량 주일한국대사관 농무관은 『한겨레』 2000년 4월 11일자에 기고한 글에서 다음과 같이 말했다.

"일본도 지난달 25일 92년 만에 구제역이 발생해 어려움을 겪고 있다. 이런 똑같은 상황을 두고 두 나라 언론의 보도에 너무나도 큰 차이가 있

---

11) 이도운, 〈오늘의 눈: 한·일언론의 구제역 보도 태도〉, 『대한매일』, 2000년 4월 6일, 7면.

어 답답하다. 일본의 주요 언론은 지난달 하순 미야자키현에서 의사구제역 가축이 발생했다는 농림수산성의 발표를 짧게 보도한 뒤, 이 질병이 국내 전문기관의 정밀검사 결과 구제역으로 판명됐다는 공식 발표가 있기까지 전혀 보도하지 않았다. 지난 4일 구제역으로 확인됐다는 공식발표가 나온 뒤에도 『요미우리』『아사히』 등 일본의 6개 주요 일간지 가운데 『아사히』만 1단 기사로 보도했을 뿐이다. 이렇게 일본의 언론들은 일본의 구제역 발생을 냉철하게 다루면서 일본 정부의 대응을 지켜보고 있는 것을 보고 다소 과잉 보도되고 있는 우리 언론의 보도와 너무도 차이가 많음을 느꼈다."[12]

왕실 보도에도 소심하다

구제역과 관련된 한일 언론 보도의 차이를 어떻게 보아야 할까? 이렇게 정리할 수 있겠다. 일본 언론도 지나치고 한국 언론도 지나치다는 것이다. 일본 언론은 국익에 지나치게 민감하다는 점에서 문제가 있고 한국 언론은 국익은 전혀 아랑곳하지 않는다는 점에서 문제가 있다. 그러나 여기서 한 가지 주의해야 할 것은 한국 언론이 그만큼 대범해서라기보다는 원래 뭐 하나만 터지면 물불 가리지 않고 그걸 뻥튀기해서 지면을 도배질해야만 직성이 풀리는 그런 버릇을 갖고 있기 때문이라는 걸 잊어선 안 될 것이다.

일본이라는 나라와 일본인이라는 국민에 대해 자주 지적되는 것 중의 하나가 '두 얼굴'인데, 이는 일본 언론에도 그대로 적용될 수 있을 것이다. 가장 드라마틱한 사례가 왕실 보도다. 일본 언론은 영국 왕실 보도엔

---

12) 조원량, 〈편집자에게: 구제역 과잉보도 자제해야〉, 『한겨레』, 2000년 4월 11일, 11면.

지나칠 정도로 호들갑을 떨지만, 자국 왕실 이야기엔 침묵하는 경향이 있다.

일본 언론은 92년 3월 '선정주의 폐해'라는 왕실의 항의와 요청에 따라 왕자 결혼에 대한 보도통제를 자체적으로 결정하였다. 이는 아마도 92년 10월 NHK가 일본 왕의 중국 방문을 보도하며 3차례나 '국가원수'로 표현한 것과 같은 맥락에서 이해할 수 있을 것이다.

일본 언론이 왕실을 너무도 경외스럽게 다루는 나머지 왕실 관련 특종은 외국 언론이 도맡아 하고 있다. 1959년 현재의 일왕 결혼 뉴스는 일본 언론의 보도 자숙 때문에 AP통신이 제일 먼저 보도했으며, 93년 1월 나루히토 왕세자의 비로 오와다가 내정됐다는 기사도 같은 이유로 미국의 『워싱턴 포스트』가 제일 먼저 보도했다. 일본 언론이 잘하는 것은 왕실 관련 보도를 경건하게 인내심을 갖고 하는 것인데, 93년 6월 나루히토 왕세자 결혼식은 NHK 및 5개 민영방송에 의해 15시간 동안이나 생중계되었다.

권언유착과 자기검열

한국 언론보다 덜하긴 하지만, 일본 언론 역시 이른바 권언유착에 적잖이 오염돼 있다. 『중앙일보』 2000년 6월 9일자의 다음과 같은 기사 내용이 한 가지 좋은 사례가 될 것 같다.

지난달 25일 일본 총리실 기자실은 발칵 뒤집혔다. '신의 나라' 발언과 관련한 모리 요시로 총리의 회견을 하루 앞두고 괴문서가 기자실에서 발견됐기 때문이다. '내일 기자회견에 대한 사견(私見)'이란 제목의 이 문서는 회견에 대한 조언과 각 언론사의 분위기를 B4용지 한쪽 분량으로 요약한 것이었다. 문서는 '지금까지와 같은 설명을 계속하면 언론들은 결국 「모리 총리 신의 발언 철회 않고 변명 일관」이란 제목을 달 것이 틀림없다. 총리가 발언을 철회하지 않더라도 「사실상 철회」로 보도될 수 있도록 해야 한다'고 주문하고 있다. 회견 후 많은 신문들은 〈사실상 철회〉라는 제목을 달았고, 연립여당인 공명당도 같은 견해를 보였다. 문서는 기자들의 질문을 따돌리고, 예정 시간을 넘기지 말 것도 당부했다. 실제 회견은 문서대로 진행됐다. 문서는 『니시니혼』(西日本) 신문 기자가 지난 2일 보도하면서 일반에 알려지게 됐다. 문서를 작성한 기자는 아직 밝혀지지 않은 상태다. 총리측도 문서 전달 의혹을 부인했다. 그러나 문서 사건은 일본의 권·언유착 관계의 일단을 드러냈다는 점에서 적잖은 파문을 던지고 있다. [13]

그런 노골적인 권언유착은 아닐망정 일본의 독특한 '기자단' 제도는 느슨한 권언유착의 온상으로 지목되고 있다. 80년대 중반 미국에 망명 중이던 김대중 씨가 귀국 길에 들른 동경에서 기자회견을 가졌을 때 '일본 기자쿠라부(클럽)'가 외국인 기자들의 참가를 제한하자 외국인 기자들은 일본 기자클럽을 '정보유통을 통제하는 카르텔' '정보에 대한 비관세 장벽'이라고 비난을 퍼부은 바 있다. 그러나 언론 관행에선 일본을 그대로 따르고 있는 한국의 언론 풍토에선 그런 관행이 아직 맹위를 떨치고 있다. 일제시대 일본 기자클럽을 본떠 생긴 기자단이 아직도 독점적 폐쇄 구조를 버리지 않고 있는 것이다. [14]

도쿄 나카타에 있는 수상관저 기자단인 '나카타클럽'은 70개 언론사 300여 기자로 구성돼 있으며, 도쿄 히라카와에 있는 자민당 당사 기자단

---

13) 오영환, 〈일 '권·언유착' 파문〉, 『중앙일보』, 2000년 6월 9일, 11면.
14) 이은영, 『시민의 신문』, 1998년 3월 9일, 15면.

은 '히라카와클럽'으로 150여 기자로 구성돼 있다. 이러한 기자단은 일본신문협회에 가입한 114개 언론사 기자들로 구성돼 있으며, 15개 주요 언론사(신문사 8개, TV 5개, 통신사 2개)가 주축을 이루고 있다. 93년 6월부터 외국 특파원에 가입을 허용하긴 했지만, 기자단은 오프더레코드와 엠바고가 난무케 하는 주범으로 지목되고 있으며 수상의 기자회견시엔 기자들이 자발적으로 질문을 모아 미리 제공한다거나 뉴스에 관해 서로 의논하고 같은 기준으로 뉴스를 다룬다는 등의 비판을 받고 있다. 『뉴욕타임스』의 동경 특파원 리차드 핼로런은 일본신문협회에서 낸 『신문연구』 1976년 8월호에 기고한 〈일본의 저널리즘〉이란 글에서 일본의 기자클럽에 대해 다음과 같이 말했다.

> (일본에서는) 기자클럽과 기자클럽의 회원이 뉴스원과 아주 긴밀한 관계를 갖고 있다. 그리고 보도하는 쪽과 뉴스원 사이에 긴밀한 협력 관계가 이루어져 있어 무엇을 뉴스로 흘릴 것이며 또 언제 어떤 식으로 할 것인가를 양자가 함께 결정하고 있다. 내가 보는 바 그것은 분명히 '자기검열', '자기억제'라고 할 수 있는 것이다. [15]

기자클럽 폐지론

일본인들이 기자단의 문제를 전혀 모르고 있는 건 아니다. 97년 12월 17일, 일본신문협회는 정부 각 부처나 공공기관 등을 취재하는 기자들이 운영하고 있는 기자클럽의 성격과 관련, "'기자클럽'은 단순한 친목조직이 아니라 국민에게 정확한 뉴스를 제공하기 위한 '취재 거점'이다"는 해

---

15) 팽원순, 『현대신문방송보도론』(범우사, 1989, 2쇄 1990), 298쪽에서 재인용.

석을 내린 바 있다. 이에 대해 『동아일보』 1997년 12월 19일자는 다음과 같이 보도하였다.

"이는 기자클럽을 단순한 친목 조직으로 규정했던 78년의 개념을 바꾼 것으로 국민의 알 권리에 부응하기 위해 적극적인 해석을 내렸다는 점에서 주목된다. 일본신문협회는 이날 '공적 기관이 정보를 숨기는 일이 적지 않기 때문에 공적 기관의 내부에서 취재 활동을 하고 정보를 발굴해 보도하는 것은 국민의 알 권리에 답하는 것'이라며 '따라서 기자클럽은 보도기관과 공적 기관이 각각 국민에 대해 정보를 공개하고 설명해야 하는 역할의 중첩되는 부분에 위치한다'고 밝혔다. 그러나 관공서 등에 있는 '기자실'에 대해 일본신문협회는 '뉴스를 신속 정확하게 보도하기 위한 작업실로 기자클럽과는 별개의 존재'라고 규정하고 '따라서 기자실은 사용자들의 부담으로 운영돼야 한다'고 밝혔다."[16]

그러나 그렇다고 해서 일본의 기자단 제도에 무슨 변화가 올 것 같지는 않다. 그 이유에 대해 일본 언론 전문가인 『한겨레』 오상석 기자는 다음과 같이 말한다.

일본 저널리즘 개혁론을 주장하는 학자나 단체들은 반드시 기자클럽 폐지론 또는 개혁론을 들고 나온다. 이것은 일본 금융시스템 개혁론을 역설하는 사람들이 대장성 해체론을 함께 묶어 주장하고 있는 것과 같은 모양이다. 대장성이 실제로 해체된다는 것은 상상하기 힘든 것처럼 기자클럽의 해체 주장도 현실성이 희박하다는 것은 신문 방송 관계자라면 누구나 알고 있다. 일본의 금융시스템이 대장성 그 자체인 것처럼 일본형 미디어 시스템 역시 기자클럽 그 자체라고 해도

---

16) 『동아일보』, 1997년 12월 19일, 13면.

과언이 아닐 정도로 기자클럽은 일본 언론의 핵심을 이루고 있다. 기
자클럽을 완전히 폐지한다면 일본의 미디어 시스템은 성립조차 불가
능하다는 말까지 나오는 것을 보면 기자클럽이 일본 언론에서 차지
하는 비중을 짐작할 수 있을 것이다. [17]

일본 언론은 '우물 안 개구리'

폐쇄적인 기자클럽으로 인한 문제를 한마디로 표현하라면 아마도 '우
물 안 개구리'가 아닐까? 『한겨레』 한승동 동경 특파원이 99년 3월 8일자
에 쓴 〈읽기 힘든 일본신문〉이라는 제목의 글도 그 점을 시사하고 있다.

미국 UCLA의 오마에 겐이치 교수가 최근 한 일본 잡지에서 세계의
신문들에 평점을 매긴 적이 있다. 'AA평점은 영국 『파이낸셜 타임
스』, A는 미국 『월스트리트 저널』, 오스트레일리아의 『파이낸셜 리
뷰』, B는 『워싱턴 포스트』, 『뉴욕 타임스』, 『로스앤젤레스 타임스』,
『드오스트레일리안』, 전문지로는 『개너제이머큐리』, 그리고 좀 차원
이 다르지만 『유에스 투데이』 정도다.' 그런 뒤 그는 일본 신문들에
대해 '모조리 D급'이다 라고 혹평했다. 그의 가장 우선적인 평가 잣
대는 '그 신문을 보면 세계가 어떻게 돌아가는지 보이는가'의 여부
다. …… 일본 신문들에 대해서는 어떤가. '(읽어봤자) 어느 것이나
세계가 보이지 않는다는 의미에서는 지역 신문이고, 본질을 읽을 수
없다는 점에서는 모두 「대본영 발표」나 옮겨놓는 어용 신문이다.' 사
원 총수가 8,000명에 가까운 『아사히』는 해외지국이 28국이나 되고

---

17) 오상석, 『일본의 신문 · 방송과 언론노동운동』(전국언론노동조합연맹, 1999), 104쪽.

특파원도 50명이다. 『요미우리』의 해외지국은 33국, 특파원은 약 60명이다. 이 때문인지 한국 신문들에 비하면 일본 신문들은 국제뉴스를 질, 양 모두 훨씬 비중 있게 다룬다. 그럼에도 전문가들은 '일본 신문을 읽어서는 세상이 어떻게 돌아가는지 알 수 없다'고 말한다. …… 일본 신문들을 D급으로 만든 또 하나의 중요한 이유와 기준은 '자기 시각으로 철저히 추적해 독자적인 목소리를 분명하게 내는 것이 아니라 관의 발표를 거의 그대로 싣는다'는 것이다. 한마디로 추적도 비판도 볼 게 없다는 얘기다. 잘 짜 맞춘 사설에 대해서조차 오마에 교수는 '문부성 독본'이냐고 힐난하고, '기업사장 교체나 기업매수합병 선점보도 따위를 특종으로 생각하는 것 자체가 시대착오'라고 비판했다. [18)]

일본의 5대 신문

1997년 10월 현재 일본의 일간지 총발행부수는 5천3백76만5천 부로 한 가구당 1.18부 꼴이다. 조석간을 세트로 발행하는 세트지가 48개, 조간이 58개, 석간 16개 등 모두 122개로 세트 부수를 조간과 석간별로 계산할 경우 발행부수는 7천2백29만9천 부에 이른다. [19)]

---

18) 오상석, 앞의 책, 39~40쪽에서 재인용.

19) 오상석, 앞의 책, 15쪽. 일본 신문은 지난 75년 광고미디어의 왕좌를 TV에 빼앗기긴 했지만 총광고의 25%대를 유지해 오다가 90년대 초 하강세를 기록해 총광고 점유율이 90년 24.4%, 91년 23.5%로까지 하강하였다(한국은 91년 신문의 광고비 점유율은 44%). 배달제도의 위기도 가세했다. 중고교생들이 한때 배달의 70%까지 맡아주었지만, 80년엔 44.2%, 91년엔 25.5%로 떨어졌고, 곧 25% 선에도 미치지 못하게 되었다. 그에 따라 배달 인력으로 부녀자들을 씀에 따라 인건비가 상승하였던 것이다. 이러한 위기 상황에 직면하여 『마이니치』는 91년에 56억 엔의 적자를 기록하였고, 제1의 광고수입을 자랑해 온 『아사히』도 26년 만에 91년 상반기 수입이 감소해 궁여지책으로 구독료를 인상하는 조치를 취했다(조석간 합해 『아사히』의 구독료는 3천6백50엔으로 인상되었으나 이는 '심리적 한계' 선의 구독료로 간주되었다). 또 『아사히』는 92년 10월 1일부터 임원들의

일본 5대 신문으로는 『요미우리』(讀賣), 『아사히』(朝日), 『마이니치』(毎日), 『니혼게이자이』(日本經濟), 『산케이』(産經) 등을 들 수 있다. 발행부수는 97년 11월 현재 『요미우리』 1천21만6천 부, 『아사히』 8백34만3천 부, 『마이니치』 3백95만8천 부, 『니혼게이자이』 2백99만8천 부, 『산케이』 1백95만 부 등이다.[20]

이 신문들의 이념적·정치적 성향을 위안부 논쟁에 대한 보도와 논평을 기준으로 살펴보면, 일본이 반성해야 한다는 쪽은 『아사히』와 『마이니치』였다. 『요미우리』는 보수적이며, 『산케이』는 극우적이고,[21] 『니혼게이자이』는 이 두 신문의 중간에 해당된다. 일본정보과학연구회 대표인 야마모도 히게노리는 이 5대 신문의 특성에 대해 다음과 같이 말한다.

"1) **좌경숙고형(左傾熟考型)인간을 낳는 『아사히』** …… 『아사히』만 읽고 있으면 숙고하는 버릇과 함께 무슨 일이든 항상 비판적으로 보는 습성이 생겨 어느샌가 모르게 좌경화해 버릴 우려가 있다고 볼 수 있다. 2) **박식동조형(博識同調型) 인간을 낳는 『요미우리』** '주부의 신문', 'OL(여사원)의 신문'으로서 발행부수를 늘리는 데 성공한 『요미우리』는 …… 정부에 대해서는 매우 옹호적인데 …… 다방면에 박식하면서, 한편으로 신문보도에 쉽게 조작당할 수 있는 인간을 낳을 가능성이 있다고 말할 수 있다. 3) **천광상식형(淺廣常識型) 인간을 낳는 『마이니치』** …… 『마이니치』는 평범한 독자들에게 폭넓은 정보를 전해주고자 힘쓰는 듯 보인다. 확실히 『마이니치』를 읽으면 세상의 일을 어느 편에 기울어짐이 없이 널리 알

월급을 10% 인하하였으며, 『요미우리』도 그 이전인 92년 9월부터 1년 간 이사 이상은 10%, 이사 대우 및 국장은 5%씩 봉급을 인하하는 조치를 취하였다.
20) 오상석, 『일본의 신문·방송과 언론노동운동』(전국언론노동조합연맹, 1999), 16쪽.
21) 국내에서 활동하는 일본 특파원들 가운데 아마도 가장 활발한 국내 언론 기고 활동을 하는 인물은 구로다 가쓰히로인데, 그는 『산케이』 서울지국장임을 유념할 필요가 있겠다. 『월간조선』의 조갑제 씨와 거의 비슷한 이념적 성향을 갖고 있다고 보면 된다.

수 있게 될 것이다. 하지만 아무래도 내용을 깊이 파헤쳐 들어가는 데는 미흡하다는 인상을 받는다. **4) 우경주장형(右傾主張型) 인간을 낳는 『산께이』** 『산께이』에서는 어조가 강하고 주장형인 제목을 많이 찾아볼 수 있다. …… 이 신문만을 읽으면 어느샌가 모르게 우경화되어 가는 느낌을 받을 것이다. 더욱이 논조가 대체로 설득형이어서 그것이 독자에게 공명하게 되는 경우 독자는 우경주장형 인간이 될 가능성이 많다. **5) 객관정보형(客觀情報型) 인간을 낳는 『닛께이』** 『닛께이』(『니혼게이자이』)는 이미 경제전문지로서의 성격을 탈피한, 경제계의 일반지라고 볼 수 있다. …… 과학기술면에서의 기자의 이해력, 해설력은 발군이다. 다만 기획기사의 경우에는 광고주에 대한 배려 때문인지 기업측의 말을 그대로 객관 보도하는 경우가 많다. 주관적 보도는 거의 없으며 따라서 기사 자체가 기업의 '홍보기사' 적 양상을 띠게 된다."[22]

신문 차별화와 사주의 영향력

물론 히게노리의 말을 그대로 다 믿을 건 못 된다. "『아사히』만 읽고 있으면 숙고하는 버릇과 함께 무슨 일이든 항상 비판적으로 보는 습성이 생겨 어느샌가 모르게 좌경화해 버릴 우려가 있다고 볼 수 있다"는 주장엔 동의하기 어렵다. 진짜 자유민주주의를 '좌경화' 로 보는 한국의 『조선일보』식 관점이라면 모를까, 『아사히』가 무슨 '좌경' 이란 말인가. 이번엔 『뉴스메이커』 이동주 부국장의 말을 들어보자.

일본 신문의 경우는 우리보다는 뚜렷한 차이를 보인다. 가령 『요미우

---

22) 야마모도 히게노리, 정탁영 요약 및 번역, 〈자기색깔 고집하는 일본 전국지〉, 『바른언론』, 1996년 9월 14일.

리』는 대중지, 『아사히』는 권위지, 『마이니치』는 리버럴 신문, 『산케이』는 보수 우익지, 『니혼게이자이』는 경제 정보가 강한 신문이라는 식이다. 때문에 아주 큰 기사가 아니면 신문의 기사 취급이 서로 다르다. 남이 크게 취급한 기사를 아주 빼먹거나 남이 조그맣게 취급한 기사도 당당히 1면 머릿기사로 취급해도 누구 하나 이상하게 생각하지 않는다. 그것도 또 각 가정이나 사무실 등에서 두세 개의 신문을 보는 이유이기도 하다. …… 일본 신문이 오늘날의 5대 종합 일간 중앙지의 체제를 갖춘 것도 태평양전쟁시 정부가 신문을 손아귀에 넣기 위해 신문사들을 통폐합하면서부터다. 2차 대전 패전 후 일본 신문은 일대 전환기를 맞았다. 침략과 전쟁을 옹호한 신문사 사주나 간부들이 책임을 지고 자리를 물러남으로써 신문들이 민주화의 길을 걸을 수 있었던 것이다. 일본 신문사에도 아직 사주(社主)라는 직책이 있는 곳이 많지만 그래도 사주의 영향력은 거의 미미한 실정이다. [23]

『아사히』 – 『니혼게이자이』의 제휴

이동주 부국장도 지적한 바와 같이, 『아사히』는 일본을 대표하는 권위지로 인정을 받고 있다. 96학년도 대학 입시에서 전국 187개 대학이 『아사히』 기사를 지문으로 인용한 시험문제가 260개나 되었다고 한다. 최근 『아사히』는 『니혼게이자이』와 휴대전화·인터넷을 통한 정보서비스, 기사 데이터베이스 등 3개 전자미디어사업 분야에서 2001년 1월부터 제휴하기로 합의하였는데, 이에 대해 『한겨레』 2001년 1월 5일자는 다음과 같이 보도하였다.

---

23) 이동주, 〈일본 신문과 정부와의 관계는 …〉, 『뉴스메이커』, 1999년 10월 28일, 60면.

　　"일본 국내 전자미디어사업 분야에서 1·2위를 다투는 양사의 제휴는
대형 언론사간 제휴로서는 처음 있는 일로, 급속히 확대되고 다양화되는
정보수요에 대응하기 위해 각사가 추진하는 사업과는 별도로 쌍방이 강
점을 지니고 있는 분야를 상호보완적으로 결합함으로써 신규서비스 개발
과 시장점유율 확대를 꾀하기 위한 것이다. 지난 1일 이뤄진 양사의 합의
는 △휴대전화용 정보발신 서비스로 양사의 콘텐츠(정보소재)를 결합함으
로써 고객층과 개별수요에 대응한 새로운 서비스를 개발해 공동으로 제
공하고 △아사히신문사가 일반에 제공하고 있는 인터넷용 기사 데이터베
이스인 '아사히 콤 퍼펙트'와는 별도로 이 신문사의 기사·데이터 등을
닛케이신문사의 종합데이터베이스인 '닛케이텔레콤21'에 제공하며 △전
광뉴스나 편의점·패밀리식당 등의 전자게시판용으로 양사의 뉴스를 보
완적으로 결합한 새로운 상품을 개발해 공동배신한다는 등의 내용을 담
고 있다." [24]

『요미우리』의 중소언론 통제?

　　발행부수로 보자면 최대 신문은 『요미우리』다. 『요미우리』의 해외지사
와 지국은 34개, 국내지사와 지국은 363개로 기자는 모두 3천 명에 이른
다. [25] 『요미우리』는 2000년 1월 4일자에서 앞으로 야한 내용을 담고 있
는 일부 주간지 광고를 싣지 않겠다고 밝혀 세간의 관심을 끌었는데, 그
숨은 뜻에 대해 『한겨레 21』 2000년 1월 27일자는 다음과 같이 보도하

---

24) 한승동, 〈아사히-니혼게이자이 전자미디어사업 손잡아〉, 『한겨레』, 2001년 1월 5일,
　　25면.
25) 1993년 현재, 한국 신문사들의 전체 사원 수(기자 외에 일반직 포함)는 한국 1천4백64명,
　　중앙 1천3백83명, 서울 1천2백59명, 조선 1천1백58명, 동아 1천77명, 경향 864명, 세
　　계 793명, 국민 632명, 한겨레 488명이라는 걸 참고할 필요가 있겠다.

였다.

　립교대학의 몬나 나오키 교수는 『요미우리』의 사고방식에 대해 이렇게 설명한다. "'비판을 일삼는 사람은 사회에 유해하고, 무책임하며, 위선적이다. 좌익 반체제 인사는 파괴·폭력적이고, 허위적 아나키즘을 신봉한다'라는 식의 논리 전개는 지배세력이 만들어내고 관리하는 언론만이 유효하고 정당한 언론이며, 나머지 언론은 모두 그렇지 않은 것으로 보는 일종의 가부장적 태도를 보여주는 것이다." 『요미우리』는 이런 파시스트적인 논리체계로 다른 언론을 탄압해 왔다는 것이 몬나 교수의 지적이다. 결국 『요미우리』가 『주간현대』나 『주간아사히연예』의 광고를 사절하겠다는 선언은 선정성을 빌미로 중소 언론을 통제하겠다는 뜻으로도 읽힐 수 있는 것이다. 『요미우리』는 광고 사절을 공표하면서 "일부 주간지의 표현의 자유 남용이 기본적 인권을 침해하고 공공풍속을 위해하는 것은 우려할 만한 일이다"고 밝혔다. 사실 『주간현대』 등 일부 주간지를 펼쳐보면 낯뜨거운 사진과 폭로성 기사로 가득 차 있다는 것은 쉽게 알 수 있다. 하지만 다른 한편으로는 일본 사회의 권위적이고 신화적인 실체에 대한 비판도 만만찮게 실려 있다. 이런 실상 탓에 적지 않은 언론비평가들은 "『요미우리』가 겨누는 공격의 화살은 비단 선정성만이 아니라, 지배체제에 대한 비아냥과 폭로로 일관하고 있는 『주간현대』 등의 비판성을 과녁으로 삼고 있다"고 지적하고 있다. 『요미우리』가 강조하는 책임 있는 자유주의란 바로 일본 사회 내에서 자신과 뜻이 다른 비판 세력을 제거하고, 국민국가를 새로 열어나가려는 의지와 밀접하게 연관돼 있다는 것이다. 이런 속셈은 『요미우리』 사설의 맺음말에서도 잘 드러나 있다. "일본 재생을 위한 결집을 향해 결단·실행하는 것을 강하게 구하고 싶다."[26]

일본은 만화 왕국

일본은 미국에 이어 세계 2위의 출판대국이다. 일본 국민은 세계적으로 알아주는 독서광으로 94년 출판시장 매출액은 2조5천억 엔이었으며, 총부수는 64억 부(만화 잡지 포함)로 1인당 53권 꼴이었다.[27]

종합월간지 『문예춘추』는 60만 부나 나가며 『중앙공론』『세계』『월간 아사히』 등 정통파 월간지들도 모두 10만 부 선을 지키고 있다. 잡지는 연간 34억 부나 팔리는데, 이 가운데 만화잡지가 17억 부(90년)에 이른다. 최대부수를 자랑하는 잡지는 『소년점프』라는 만화잡지로 매주 6백만 부가 팔린다. 2000년 10월, 일본의 유력 출판사 고단샤(講談社)가 발간한 청년만화 『배가본드(방랑자)』는 출간 19개월 만에 발행부수 1천만 부를 돌파해 최단 기록을 세웠다.[28]

이러한 기록이 말해 주듯이, 일본은 세계 제1의 '만화 왕국'이다. 『신동아』 2001년 1월호는 〈만화가 점령한 일본열도〉라는 제목의 기사에서 다음과 같이 말한다.

도쿄 지하철은 승객들의 독서 열기로 유명하다. 그런데 실상 지하철 승객들이 보는 책은 70% 이상이 만화책이다. 실제로 도쿄 시내에서 지하철을 타면 멀쩡하게 신사복을 차려입은 회사원들이 만화책을 읽

26) 윤대석, 〈『요미우리』의 언론통제?: 주간지들의 선정적 광고 싣지 않겠다는 선언의 진짜 속셈은 …〉, 『한겨레 21』, 2000년 1월 27일, 60면.
27) 한국은 1992년 2억5천만 권을 기록했으나 이 가운데 학습참고서가 65%인 8천8백59만 부였다.
28) 오영환, 〈일 만화 '배가본드' 최단 1천만부 판매〉, 『중앙일보』, 2000년 10월 26일, 11면.

고 있는 광경을 매번 볼 수 있다. 그 이유는 역사적이다. 이들이야말로 2차 세계대전 패전 직후인 1947년부터 1949년 사이에 베이비붐을 타고서 태어나 굶주림 속에서 『철완 아톰』『정글 대제』『리본의 기사』『거인의 별』『내일의 조』를 읽으며 자란 사람들이다. 이들은 만화를 읽으며 일본 재건과 과학입국이라는 꿈과 근성을 키운 이른바 '단카이(團塊) 세대'다. 실제로 일본 만화사를 살펴봐도 이들이 18세에서 20세가 될 무렵인 1965년에는 『빅코믹』이라는 청소년잡지가 창간되었다. 성인이 될 무렵에는 각종 주간지가 나왔다. 이들은 대학 시절에 '한 손에는 만화잡지, 다른 한 손에는 마르크스'를 쥐고 지냈던 전공투 세대다. 따라서 오늘날 사회 지도층이 된 이들이 한 손에는 만화책, 다른 한 손에는 전문서적을 들고 사는 것은 이상한 일이 아니다. …… 『아사히』『요미우리』『마이니치』『산케이』등 일본의 유수 신문들도 만화 월평과 만화 관련 시리즈물을 꼬박꼬박 싣고 있다. 하루 발행부수가 1000만 부나 되는 『요미우리』는 만평 게재에서 한걸음 더 나가 매년 초에 만화가를 대상으로 카툰대회를 열고 있다. 일본은 초·중·고·대학마다 만화동아리가 있다. 4년제 대학에는 만화학과가 있고, 1년 과정의 만화전문학원도 있다. 헤아릴 수 없을 정도로 많은 만화가 예비군 집단이 일본 전역에 흩어져 있다. 이들이 모두 만화가 지망생이고, 만화산업으로 뛰어든다. 뿐만 아니다. 최근 일본에서는 초등학교, 중학교에 이어 고등학교 교과서에까지 『철완 아톰』같은 만화가 실렸고, 일본 만화 발달사가 근대사 교과서에 소개되기도 했다. 국민의 만화 사랑이 이처럼 높으니 정부도 만화를 이용한 각종 홍보 출판물을 내고 있다. [29]

---

29) 최영재, 〈만화가 점령한 일본열도: 일본의 애니메이션 산업〉, 『신동아』, 2001년 1월호, 553~554쪽.

한국식으로 만화를 깔보면 안 된다. 일본 대중문화 전문가 이규형 씨는 일본 만화가 일본 정당들의 분열을 2년 전에 예견했고, 샐러리맨들에게 용기와 희망을 주고, 정리해고에서 살아남는 처세술을 제시하고, 성인들의 스트레스 해소에 기여하는 등 중요한 실질적 기능을 가졌다고 말한다.[30]

만화는 일본인의 국민성?

그런가 하면 '일본인은 만화라는 표현방식이 가장 어울리는 기질을 가졌다'는 주장도 제기되고 있다. 이와 관련, 일본의 소프트화(化)경제센터 이사장인 쿠사카 기민토와 평론가인 이시카와 요시미가 일본의 『Voice』라는 잡지에서 세계 각국의 애니메이션 실력에 대해 나눈 대담 내용이 흥미롭다. 한국에 대해 비아냥대고 스스로 잘난 척하는 감이 없지 않지만, 무언가 생각케 하는 날카로운 점이 있다는 것도 부인하긴 어려울 것이다.

> 이시카와: 중국은 아직 CG기술이 미숙해서 1장짜리 만화 같은 게 많지만 예를 들어 한국은 할리우드에서 공부한 애니메 크리에이터나 시나리오 작가들이 열심히 질 높은 만화를 만들어 내려고 하고 있어요. 그렇지만 역시 일본에는 적수가 아니라고 생각되는군요. 일본 만화가 재미있는 이유는 일본인이 엉터리이기 때문이지요.
>
> 쿠사카: 나도 동감입니다.
>
> 이시카와: 한국인은 성실하거든요. 술을 마실 때도 진지하게 토론을 하니까 눈에 핏발이 서지요(웃음). 한편 일본 문화가 엉터리라는 것

---

30) 이규형, 『J.J가 온다』(해냄, 1998), 290쪽.

은 만화에 꼭 들어맞아요. 한국처럼 순수 유교라고 할까요, 유교의 종주국이 이웃에 있는데도 종가인 중국보다 순화된 유교를 만드는 것으로 차별화를 하려고 한 나라는 역시 국민성이 성실해서 일본처럼 장난치는 만화를 만들 수가 없지요.

쿠사카: 그렇지만 바둑은 강하지요(웃음). 성실하게 두니까요.

이시카와: 미국인도 그래요. 장난을 치기도 하고 유머도 있지만 근본은 청교도의 나라지요. 때로는 질릴 정도로 진지해서 문화에 매뉴얼화된 부분이 있어요. 그래서 미국 만화는 일본만큼 뛰어나지 못하지요. 웃음을 만드는 법 등을 연구에 연구를 거듭해서 그리려고 들거든요. 일본 만화의 주인공은 아무렇지도 않게 하늘을 날아요. 그 이유는 필요 없지요.[31]

그렇다고 해서 일본 만화가 무한 성장을 향한 질주만을 하는 건 아니다. 전자게임기의 강력한 도전에 직면해 있다고 한다. 이에 대해 『한겨레 21』 2000년 11월 16일자는 다음과 같이 보도하였다.

"일본 전철에서 요즘 만화를 읽고 있는 아이들을 발견하기란 그리 쉽지 않다. 아이들의 손에는 주로 휴대용 게임기가 들려 있다. 집에서도 상황은 크게 다르지 않다. 현재 대학생인 세대들마저 어린 시절의 이야기를 나눌 때면, 만화나 드라마가 아닌 게임에 관한 이야기를 주된 화제로 떠올린다. 만화잡지와 단행본의 총판매량 또한 점차 줄어들고 있다. 가장 정점에 올랐던 95년의 경우 총매출액이 5800억 엔에 이르렀지만, 이후 점점 줄어들어, 지난해에는 약 10% 정도가 빠진 5300억엔 선에 머물렀을 뿐이다. 단행본 만화보다 만화잡지 쪽이 좀더 심각하다. 단행본 만화

---

31) 쿠사카 기민토 · 이시카와 요시미, 〈대담/일본만화가 세계를 바꾼다: 일본인은 만화라는 표현방식이 가장 어울리는 기질을 가졌다〉, 『새천년 emerge』, 2001년 1월호, 239쪽.

의 지난해 총매출액은 92~93년 수준으로 후퇴한 데 비해, 만화잡지의 총매출액은 90~91년 수준으로 후퇴했다. 이는 '찍어내기만 하면 팔린다' 는 만화시장의 전설이 이제는 옛날 이야기가 되었다는 것을 의미한다." [32]

NHK와 5대 민방

일본 방송의 대명사는 당연 NHK(Nihon Hoso Kyokai)이다. 니혼호소코카이, 즉 일본방송협회를 의미하는 NHK는 텔레비전 4개(공중파 2, 위성 2) 채널과 라디오 4개 채널을 갖고 있다. 직원은 96년 현재 1만3천 명에 이른다. [33]

공영방송인 NHK의 맞은 편에 전국 네트워크를 형성한 민영 5개사가 버티고 있다. 후지TV, 일본TV, TBS, TV아사히, TV도쿄 등이 바로 그들이다. 이 민방들은 모두 신문들과 연계돼 있다.

후지TV는 『산케이』 신문 그룹 소속으로 오랫동안 시청률 경쟁 1위를 차지해 왔다. 쇼, 오락 전문으로 "재미가 없으면 TV가 아니다"는 캐치프레이즈를 내걸어 왔다. 후지TV는 밝고 가볍고 화려한 드라마를 선보여 이른바 '토렌디' 드라마 붐을 일으켰으며, [34] '방송국의 놀이공간 이벤트화' 로 개장 후 2년 간 2천여만 명이 거쳐가게 만들었다.

일본TV(니혼테레비)는 흔히 NTV(닛폰 텔레비전 네트워크) 또는 '닛테레' 라고 불리우는데 『요미우리』 그룹 소속이다. 교양의 오락화를 전문으로 하는 닛테레는 94년 시청률 경쟁에서 후지의 12년 아성을 깨고 시청률 1위에 올라 이후 4년 계속 승리하였다. 이러한 역전에 대해 후지테레

32) 신명직, 〈일본만화는 '아저씨' 나 읽는 것?: 전자게임에 밀려 판매율 급감하자 청장년층 향수 자극하는 저가만화 출판에 안간힘〉, 『한겨레 21』, 2000년 11월 16일, 76면.
33) 송일준, 『일본의 테레비: 체험적 일본 TV 방송론』(나남, 1998), 53쪽.
34) 송일준, 위의 책, 238쪽.

비가 성공에 도취했기 때문이라는 평가가 나왔다. [35] 닛테레는 일본에서 가장 오래된 민간방송으로 스포츠 방송으로도 유명하다. [36]

TBS(라디오도쿄테레비: Tokyo Broadcasting System)는 『마이니치』 신문 계열로 드라마에 강세를 보이고 있으며, TV아사히는 『아사히』 신문 계열로 뉴스로 유명하며, 제일 늦게 64년에 세워진 TV도쿄는 『니혼게이 자이』 신문 계열이다.

화끈한 방송 상업주의

일본 방송은 미국 방송 뺨 때리고도 남을 극도의 상업성을 보이는 것 으로 유명하다. 92년엔 광고시간 극대화 전략의 일환으로 초미니 2분 드 라마가 등장했는가 하면, NHK마저 93년 4월부터 저녁 뉴스에 '연예코 너'를 신설하기도 했다. 95년 6월 옴 진리교 간부 피살시엔 TV 방송사들 이 영상 효과음까지 넣어 방영하는 친절을 베풀었다. 그러나 뭐니뭐니 해 도 김도연 씨의 『너무 유치하고 너무 재미있는 일본 TV 벗기기』라는 책 에 소개된, 다음과 같은 몇 장면이 일본 TV의 모든 것은 아닐망정 그 기 본적 성격은 말해줄 수 있지 않을까?

"남녀 MC가 욕조 안에서 주요 부분만 가린 채 TV 프로를 진행한다. 라면 잘 먹기로 소문난 대학생들을 동원해 라면 4인분 빨리 먹기 시합을 한다. 남자 코미디언이 홀딱 벗고 방송국 로비를 지나는 여성 연예인을 등뒤에서 부르거나 손으로 멈춰 세우고 그녀가 놀라는 표정을 찍는다. 바 스트가 최소 95 이상 되는 여성 출연자로 하여금 브래지어를 벗긴 채 줄

---

35) 송일준, 『일본의 테레비: 체험적 일본 TV 방송론』(나남, 1998), 240쪽.
36) 김근동, 『사쿠라 꽃이 피었습니다: 현장에서 파헤쳐본 일본문화의 실상』(형상, 1998), 27쪽.

넘기나 훌라후프를 시키고 가슴을 클로즈업한다. 연예인에게 가장 싫어하는 연예인을 물어보고 그를 어떻게 괴롭히고 싶은가를 들어본다. 여성 출연자에게 포르노를 보여주면서 진행상황을 설명하게 해본다. 수영복을 입고 있는 여성 출연자의 가슴과 발 냄새를 맡고 그녀의 것으로 추정되는 브래지어와 구두를 냄새로 찾아내게 한다. 미니스커트를 입은 여성 출연자를 높이뛰기시키고 그녀의 팬티를 슬로우 화면으로 클로즈업한다. 100만 엔을 걸고 인공적으로 만들어 낸 매운 음식을 먹는 대회를 연다. 코미디언을 거리로 내보내 누가 가장 먼저 호스티스를 꾀어 그녀의 집에서 묵나 시합을 한다. 욕탕에서 전라의 여성이 몸을 어디서부터 씻는지 부위를 알아 맞춰보는 게임을 한다. 남녀 출연자가 옷 벗기 내기 탁구시합을 한다. 거리에서 100엔을 주고 지나가는 여성들의 속옷을 슬쩍 비춰준다."[37]

확실히 한국 방송에 비해 용감하긴 하다. 인기 최고의 코미디언이자 논객인 비토 다케시도 용감성에 있어선 결코 그 누구에게도 뒤지지 않는다. 그는 NHK엔 리허설을 요구해 출연하지 않는다고 하는데, 방송 중 다음과 같은 용감한 발언을 하기도 했다.

"일본 정치가 이렇게 삼류가 돼버린 건 아줌마들에게 똑같이 한 표를 줘서라구. 일본 정치가 일류가 되려면 대학생은 두 표, 아줌마는 한 표, 할머니들은 세 명 모아서 한 표로 해야 돼. 빠가야로!"[38]

일본 대중매체의 '야라세'

일본 방송이 자랑하는 극도의 상업성에 비춰볼 때에 신문과 방송을 막

---

37) 김도연, 『너무 유치하고 너무 재미있는 일본 TV 벗기기』(산성미디어, 1998), 13~14쪽. 본문의 문장 어미를 다소 바꿔 인용하였습니다.
38) 이규형, 『J.J가 온다』(해냄, 1998), 40쪽.

론하고 일본 미디어에 이른바 '야라세'가 판을 친다는 건 결코 놀랄 일은 아닐 것이다. '야라세'는 일본의 국어사전엔 "미리 짜고서 자연스럽게 행동하는 것처럼 시키는 것, 또는 그 행위"로 나와 있다는데, 오상석 기자는 일본의 방송용어로 자리잡은 야라세는 우리말로는 연출보다는 날조나 조작에 가깝다고 말한다. [39] 몇 가지 예를 들어보자.

텔레비전 아사히는 1985년 『뉴스테이션』 프로그램에서 여자 중학생 폭력문제를 다루면서 폭주족들에게 돈을 주고 '재미있는 장면을 만들어 달라'고 부탁해 폭력 장면을 촬영해 방영한 바 있다. [40]

89년 4월 『아사히』 신문의 사진기자는 산호초 자연훼손 고발을 위해 일부러 산호초에 KY를 새겼다 발각되었다. 이 사건으로 인해 『아사히』의 사장과 편집국장을 비롯한 간부가 물러나긴 했지만, 한국에선 좀 상상하기 어려운 일임에 틀림없다.

또 89년엔 『요미우리』도 수도권 일대에서 발생한 연속 살인사건과 관련해 보지도 않은 범인의 은거지를 실제 취재한 것처럼 묘사한 기사를 1면에 올렸고, 『마이니치』도 잡히지도 않은 제과회사 사장 협박사건의 범인이 신문을 받고 있다고 보도한 뒤 사과문을 내는 등 추태를 보였다. [41]

아사히방송은 92년 서양인 남성에게 떼를 지어 몰려드는 일본 젊은 여성들의 생태를 르포로 다루었는데, 이 프로그램은 제작진이 알고 있는 여성들과 모델사무소에서 고용한 외국인 남성에게 연기를 시켜 만든 것으로 밝혀졌다. [42]

또 92년 9, 10월에 2차례 방영된 NHK 스페셜 『오지 히말라야, 금단

---

39) 오상석, 『일본의 신문·방송과 언론노동운동』(전국언론노동조합연맹, 1999), 116쪽.
40) 오상석, 위의 책, 119쪽.
41) 오영환, 〈표절 기자 해고·오사카 국장 경질: 기사도용 파장 … 일 언론윤리 도마 올라〉, 『중앙일보』, 2000년 6월 29일, 11면.
42) 오상석, 위의 책, 118~119쪽.

의 왕국 무스탕』이라는 다큐멘터리 프로에선 19개의 장면이 허위 또는 인위적으로 연출되었다. 가혹한 자연환경을 강조하기 위해 디렉터를 산소호흡기로 응급조치하였는데, 이건 쇼였다. 또 모래가 산 위에서 흘러내리는 유사장면 촬영을 위해 산 위에서 바위를 움직였고, 비가 3개월간 한 번도 내리지 않았다고 했으나 제작진 도착 이후 2번이나 내린 것으로 밝혀졌다. 아이러니칼하게도 이건 『아사히』가(93년 2월 3일자) 특종 보도하였다. 이 사건으로 인해 NHK 회장 등 7명이 징계를 받았고 NHK는 대국민사과 방송을 하였다.

93년 2월 9일 NHK는 92년 11월 15일자 『아사히』 신문의 기사조작(향토사가가 처음 발견한 기와를 자신이 발견한 것으로 왜곡)에 대한 동지의 사과 내용을 이례적으로 2분40초 동안 방송함으로써 화끈한 '보복'을 하였다.

텔레비전아사히가 93년 9월에 방영한 보도 프로그램 『더 스쿠프 ─ 사형수의 장기가 밀매되고 있다!? 중국의 처형장 잠입추적』도 문제였다. 프로그램의 핵심 부분은 중국의 무장경관이 "사형수의 장기를 적출하는 장소에 입회했다"는 증언이었는데, 취재반과 동행한 통역 겸 코디네이터인 중국인에게 경찰제복을 입히고 연기를 시켰다는 것이 드러난 것이다. [43]

'인권 보호'를 둘러싼 언론과 정부의 갈등

이처럼 '야라세'가 판을 치는 일본 미디어 풍토에서 개인의 인권이 제대로 보장될 리 만무하다. 그래서 인권 보호를 강화하려는 일본 정부와 그걸 막으려는 일본 언론계의 갈등이 벌어지고 있는데, 이에 대해 『동아

---

43) 오상석, 앞의 책, 117~118쪽.

일보」 2001년 1월 13일자는 다음과 같이 보도하였다.

"양쪽의 갈등은 지난해 시작됐다. 일본 정부가 만든 '인권옹호추진심의회'에서 지난해 11월 발표한 중간보고서가 계기. 심의회는 '다양한 유형의 인권침해에 신속하게 대응하기 위해 강제수사권을 가진 새로운 인권구제기관을 만들 필요성이 있다'고 제안했다. 심의회가 지적한 4가지 인권침해에는 차별, 학대, 공권력 남용과 함께 언론에 의한 피해가 포함됐다. 피해자 본인과 그 가족, 용의자와 그 가족, 피고인과 소년범 등이 언론보도나 과열취재에 의해 피해를 보았을 경우 '적극적인 구제책'을 강구해야 한다는 것이 요지였다. 이에 대해 문제가 있다고 제기해온 일본 신문협회(신문 방송 통신사 153개사 가입)는 11일 장문의 의견서를 통해 '언론에 의한 인권침해를 차별이나 학대 등과 같은 차원에서 다룸으로써 강제조사나 권고 등을 할 수 있도록 하겠다는 것은 극히 유감스러운 발상'이라고 비판하고 나섰다. 신문협회는 '강제조사권을 가진 인권구제기관이 취재 단계에서부터 관여하게 된다면 행정명령에 의한 기사게재 중지와 같은 효력을 가질 수 있기 때문에 절대로 승복할 수 없다'고 못박았다. 신문협회는 '보도에 관한 문제는 표현의 자유를 보장한다는 차원에서 어디까지나 언론 자신이 자주적으로 해결하도록 하는 것이 기본'이라고 강조했다. 일본 정부가 프라이버시 보호를 명목으로 언론자유의 일부를 제한하려는 것은 일부 주간지 등이 범인은 물론이고 피해자 본인이나 가족의 사생활까지 무차별적으로 보도하는 경우가 많기 때문이다. 그러나 신문협회는 '일부 매체의 「탈선」을 구실 삼아 국민의 알 권리를 제한할 수도 있는 「악법」을 만드는 것은 용납할 수 없다'고 맞서고 있다. 신문협회는 지난해 '신문윤리강령'을 고쳐 '인권존중'과 '사생활 보호'를 강조했으며 회원사들도 자체적으로 보도에 의한 인권침해를 막기 위해 노력하고 있다고 강조했다." [44]

일본 언론은 사과는 할 줄 안다

『동아일보』는 위 기사에 대해 〈일 정부 – 신문 '언론 자유' 갈등〉이라는 제목을 달았는데, 〈일 정부 – 신문 '언론 책임' 갈등〉이라는 제목을 다는 것이 더 좋을 것 같다. 그러나 공정하게 이야기해서, 일본 대중매체의 상업성은 그 어느 자본주의 국가 못지 않지만 책임성은 한국 언론보다는 그래도 훨씬 나은 편이다. 예컨대, 1991년 7월 교토통신은 기사표절로 인해 사장이 해임된 바 있으며, 1992년 7월 『산케이』 신문 회장이 축출된 바 있다. 회장은 창업자의 둘째 사위였으나 인사권 남용으로 '쿠데타'를 당해 물러난 것이다. 2000년 6월에 일어난 『아사히』 신문 기자의 표절 사건도 주목할 만한데, 이에 대해 『중앙일보』 2000년 6월 29일자는 다음과 같이 보도하였다.

> 일본의 유력지 『아사히』 신문은 28일자 사회면에 문책 인사를 실었다. 지방지인 『주코쿠』(中國) 신문을 상당 부분 베낀 히로시마 주재 기자를 해고하고 상사인 오사카 본사 편집국장을 경질했다. 편집국장·지역본부장·히로시마 지국장은 감봉 처분했다. 유력지의 자존심을 구기는 일이지만 뼈를 깎는 자정의 결의가 담긴 조치다. 기사 도용은 신문기자의 윤리에 반(反)하는 행위이기 때문이다. 문제가 된 기사는 지난 8일자 주장·해설면에 실린 〈핵확산금지조약(NPT) 재검토 회의〉 기사다. 이 회의에서 채택된 핵 보유국의 핵 폐기 약속이 이행되려면 피폭지인 히로시마와 나가사키의 노력이 필요하다는 내용이다. '기사가 도용됐다'는 『주코쿠』 신문의 항의를 받자 『아사히』

---

44) 심규선, 〈일 정부–신문 '언론 자유' 갈등〉, 『동아일보』, 2001년 1월 13일, A12면.

는 곧바로 자체 조사에 나섰고 1백40줄 기사 가운데 50줄 가량을 지난달 연재된 『주코쿠』 신문에서 그대로 베낀 사실을 확인했다. 지난 5월 현재 발행부수 8백29만여 부인 『아사히』가 83만 부 남짓의 지방지 기사를 베낀 일이 알려지는 게 달가울 수 없다. 그러나 『아사히』는 숨기려 들지 않았다. 22일 『주코쿠』 신문에 사과하고 23일자에는 그 동안의 경위를 그대로 전하는 기사와 사과문도 실었다. 〈본지 기자가 기사 도용〉이라는 제목의 기사는 두 기사의 유사점을 정리한 표까지 곁들였다. 오사카 본사 편집국장의 사과담화도 실었다. 28일자에 실린 문책인사는 그 후속조치다. [45]

일본의 위성방송

위성엔 방송위성(BS: Broadcasting Satellite), 통신위성(CS: Communication Satellite), 통신방송위성(다목적 위성) 등이 있다. 통신위성을 통해 중계되는 신호는 원래 특정 수신 지점이나 수신자 등을 위한 분배 목적의 것인 반면에 방송위성이 중계하는 신호는 지상파 방송과 마찬가지로 누구나가 수신하는 것을 원칙으로 하였다. 송신자의 입장에서는 어떤 유형의 위성을 이용하느냐에 따라 국제법적, 국내법적 적용이 서로 다르나, 수신시의 차이점은 점차 희박해져 가고 있다. [46]

일본의 방송위성의 역사는 BS(78년 4월 발사), BS - 2(84년 1월, 86년 2월 발사), BS - 3(90, 91년 여름 발사) 등으로 거슬러 올라가는데, 아시아에서 직접위성방송[47]의 선구자는 일본의 NHK로서 1984년부터 위성TV

---

45) 오영환, 〈표절 기자 해고 · 오사카 국장 경질: 기사도용 파장 … 일 언론윤리 도마 올라〉, 『중앙일보』, 2000년 6월 29일, 11면.
46) 김명중, 『디지털 시대의 위성방송론』(나남, 1997), 34~36쪽.

시험방송을 시작해 89년부터 본 방송을 개시하였다.

90년에 BS - 3 위성이 발사되면서 민영위성방송을 시작하였는데, NHK가 두 채널, JSB가 한 채널을 보유하였다. JSB(Japan Satellite Broadcasting: 일본위성방송주식회사)는 84년 12월에 설립돼, 일본 최초의 유료 채널로 90년 11월에 개국하였으며 채널 이름은 Wowwow다. 주주는 지상파 민방 5개사를 포함한 258개사의 컨소시엄이다. [48]

미국의 직접위성방송인 DirecTV가 세계 최초로 96년 3월부터 디지털 위성TV 서비스를 실시한 지 3개월 후인 96년 6월부터 일본에서 디지털 다채널 TV인 PerfecTV가 서비스 방송을 시작하여 위성TV 분야의 일대 변화를 주도하였다.

일본 최초의 디지털 다채널 TV인 PerfecTV는 수탁방송 사업자로 94년 11월에 설립된 디지털 방송의 플랫폼(기획, 관리회사)이다. 즉, 방송용 중계기(transponder) [49]를 탑재하고 있는 위성체를 소유하면서 직접 채널을 운영하는 미국의 디렉TV와는 달리 퍼펙TV는 방송사업자가 아닌 서비스 제공업자로서 프로그램 공급자와 가입자들에게 각종 서비스를 제공하는 것이다. [50] 이에 대해 호남대 김명중 교수는 다음과 같이 말한다.

"일본의 방송법상 플랫폼은 방송사업자의 지위를 갖지 못하기 때문에 위성사업자(수탁방송 사업자)에게 위탁하여 승인을 받은 것이다. 그리고 프로그램을 공급하는 위탁방송 사업자들은 최대 12개 채널까지 운영할 수 있으며 각 채널의 편성권과 요금 결정권을 갖고 있는데 외국회사의 지

---

47) DBS: Direct Broadcasting by Satellite(직접위성방송), Direct Broadcasting Satellite(직접방송위성).
48) 정용준, 『세계의 디지털 위성방송』(커뮤니케이션북스, 1998), 52쪽.
49) 지구국으로부터의 송신 전파를 수신하여 이를 위성 내부에서 증폭시켜 주파수를 바꾸어 지상에 재송신하는 장치로 위성체에 탑재되며 이용자는 이를 리스 방식으로 이용한다.
50) 정용준, 위의 책, 58쪽.

분 참여는 20% 미만으로 규제하고 있다. 위탁방송 사업자들이 모여서 설립한 플랫폼의 경우에는 외국 자본의 지분 참여 허용 범위가 설정되어 있지 않기 때문에 실질적으로 제약을 받지 않는다. 따라서 PerfecTV는 프로그램 편성과 수신료 책정에 개입할 수 없다. 그런데 일본의 위성방송 플랫폼과 미국의 플랫폼 간에는 근본적인 차이가 있다. 일본의 플랫폼은 방송사업자에 해당하지 않기 때문에 프로그램 내용에는 아무런 영향력도 행사할 수 없고 단지 광고와 홍보, 마케팅 그리고 고객 관리, IC(integrated circuit) 카드 통제, 스크램블과 키(key) 컨트롤 등의 임무를 수행한다. 그 대신 플랫폼은 수수료로 수신계약 요금의 30%를 받고 있다. 이에 반해 미국의 플랫폼은 방송사와 위성운영자 그리고 일본 플랫폼의 기능들을 통합하여 수행하고 있다." [51]

일본은 97년 8월 현재 방송위성을 이용해 4개 TV 채널을 서비스하였으며, 통신위성을 이용해서는 아날로그 방식으로 서비스를 제공하고 있는 CS 밴(Baan)과 Sky Port계가 있고 디지털 방식으로는 PerfecTV가 93개의 디지털 TV와 105개의 라디오 채널을 제공하였다(3개의 프로노 채널 포함). [52]

일본의 두 번째 디지털 위성TV 사업자인 DirecTV Japan은 95년 9월에 설립되었는데 일본판 DirecTV라 볼 수 있다. 미국의 휴즈커뮤니케이션사가 35%, 일본의 영상소프트 대여업자인 CCC(Convenience Culture Club)가 35%, 마쯔시다전기가 10%를 갖고 있다. [53]

일본의 세 번째 디지털 위성TV 사업자인 JSkyB(Japan Sky Broadcasting)는 루퍼트 머독의 News Corporation사와 일본의

---

51) 김명중, 『디지털 시대의 위성방송론』(나남, 1997), 117쪽.
52) 김명중, 위의 책, 111쪽.
53) 김명중, 위의 책, 118쪽; 정용준, 『세계의 디지털 위성방송』(커뮤니케이션북스, 1998), 70쪽.

Softbank사에 의해 96년에 설립되었다. JSkyB의 자회사인 Sky Entertainment는 PerfecTV에 참여하였는데 이렇듯 양자가 교류협력을 추진하는 목적은 지상파TV의 독점에 대응하고 CS 디지털 다채널 TV의 시장개척과 인지도 제고에 기여하기 위한 것이라고 밝히고 있다. JSkyB는 97년 6월부터 퍼펙TV의 플랫폼에서 방송을 시작하였다. [54]

일본의 CS – 디지털TV 사업자는 PerfecTV, DirecTV 재팬, JSkyB 등 3파전에서 스카이퍼펙TV [55] 와 디렉TV 재팬의 양대 체제로, 그리고 2000년 2월에 양사가 합병하여 CS 단일독점체제가 형성되었다. 합병회사 명칭은 SkyPerfect Communications이며, 합병 당시 가입자는 스카이 1백80만, 디렉 42만이었다. [56]

일본 영화, 음반, 유행

일본 영화는 1958년이 최전성기였다. 당시 전국에 영화관은 8천여 개였고 연간 11억2천7백만 명이 영화를 관람하였다. 1인당 평균 연간 11회 영화를 관람한 셈인데, 이는 99년의 7.8배에 해당하는 것이었다. [57] 97년 일본 영화 관객 수는 1억4천만 명, 수입은 1천7백71억 엔, 영화관 수는 1천 7백71개로 각각 전년 대비 17.7%, 19%, 3.1%가 증가했는데, 이 같은 증가세는 7년 만의 일이었다. 이는 미야자키 하야오 감독의 애니메이션 『모노노케히메』가 기록한 사상 최고의 흥행 성적에 힘입은 바 컸다고 한

---

54) 정용준, 앞의 책, 66쪽; 김명중, 앞의 책, 119쪽.
55) 스카이퍼펙TV는 소니, 후지TV, 소프트뱅크, 뉴스코퍼레이션, 스미모토, 니쇼 이와이, 이토추가 9%대의 공동지배지분을 갖고 있는 다자간 공동경영구도를 형성하였다. 정용준, 앞의 책, 106쪽.
56) 정용준, 앞의 책, 101~102쪽.
57) 구니야스 도쿠마루, 김재봉 역, 『디지털 혁명과 매스미디어: 매스컴 빅뱅』(나남, 2000), 181쪽.

다. [58]

　일본은 미국에 이어 세계 제2의 음반시장을 갖고 있다. 94년 세계음반시장 규모가 총 3백4억 달러였는데 일본이 차지하는 비중이 60억 달러(약 8조4천억 원)였다. 반면 한국은 5천억 원으로 일본이 한국의 16배에 이른다. [59] 98년 10월 현재 CD, 레코드, 카세트 테이프의 생산 실적은 3억 7천5백만 장이었으며, 밀리언셀러는 싱글에서 19장, 앨범에서 23장이 나왔고 첫 앨범이나 첫 CD에서 5백만 장의 빅히트를 치는 경우가 생기는 등 그 규모가 점점 커지는 모습을 보였으나 반면 40~80만 장 정도 되는 중간 규모의 히트 앨범은 전년도 51장에서 38장으로 감소했다. [60]

　일본은 한국에서 많은 것이 오해되고 있지만, 그 가운데 '유행'도 빼놓을 순 없겠다. 문화평론가 김지룡 씨는 그의 저서 『나는 일본 문화가 재미있다』에서 다음과 같이 말한다.

　일본에서 유행하는 패션이란 없다. 그러므로, '왜색패션'이란 것은 우리가 눈 가리고 아웅하는 허상의 개념이기 쉽다. 어느 저널리스트가 쓴 일본 보고서에 의하면 일본인은 집단이라는 이름 아래 무엇이든 따라 할 것 같고, 그래서 모든 국민이 유행이라는 태양을 쫓아다니는 해바라기로 보이지만 실상은 그렇지 않다. …… 일본의 붐은 참여율은 저조하지만 수명이 길다. 그러나 한국의 유행은 폭발적으로 일어나 누구나 참여하지만 한순간에 사라져 버린다. …… 이를 두고 국민성 운운하는 것은 현명한 일이 아니다. 특히 '냄비 기질'이란 말을 동원해 자학하는 것은 바보 같은 행위이다. 한일간의 차이는 단지

---

58) 아스나 미즈호(Mizuho Asuna), 민성원 옮김, 『도쿄의 팝 문화』(우석, 1999), 109쪽.
59) 선성원, 『일본 음악이 보인다』(아름출판사, 1998), 206쪽.
60) 아스나 미즈호(Mizuho Asuna), 민성원 옮김, 위의 책, 73쪽.

시대의 차이에 불과하며 한국에도 조만간 일본과 같은 시대가 도래
할 것이기 때문이다. [61] ■

---

61) 김지룡, 『나는 일본 문화가 재미있다』(명진출판, 1998), 42~43쪽.

제2장 중국의 대중매체

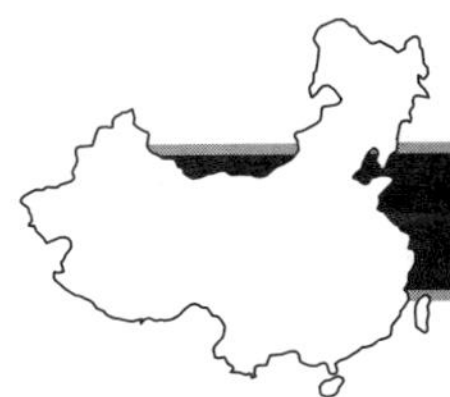

'경제향우 정치향좌' 노선과 언론

1956년 4월 모택동은 중국의 독자적 건설 노선을 모색하기 위한 강연에서 '백화제방 백가쟁명(百花齊放 百家爭鳴)'을 당의 방침으로 삼아야 한다고 선언하였다. 예술에서는 많은 꽃을 한꺼번에 피게 하고 학술에서는 자유로운 논쟁을 권장한다는 것이었다. 그러나 1년을 겨우 넘긴 1957년 여름, 모택동은 학생 시위와 노동자 파업이 잦아지고 공산당에 대한 비판이 거세지자 그러한 비판 세력을 겨냥한 반우파투쟁을 시작함으로써 중국의 언로(言路)는 다시 얼어붙고 말았다.[1]

문화혁명도 중국의 언론[2]에겐 엄청난 시련이었다. 문화대혁명은

---

1) 조재홍 지음, 인디컴 엮음, 『인디컴의 세계영화기행 1』(거름, 1996), 159쪽.
2) 중국에서는 '언론'이라는 말보다는 '신문사업'이라는 말이 많이 통용되고 있는데, 이에 대해 목정균 교수는 다음과 같이 말한다. "중국에서의 신문이란 우리가 뜻하는 신문지면이 아니라 '뉴스' 또는 '뉴스의 보도'를 의미한다. 신문지면은 '보'(報) 또는 '보지'(報紙)로 쓴다. 신문학은 '보학'(報學), 커뮤니케이션은 '전'(傳)이라 쓰고, 커뮤니케이션학은 '전학'(傳學)이라고 표기한다. 때로는 '보간'(報刊)이라는 말도 병용된다. 이것은 신문

1976년 천안문 광장에서 자유를 요구하는 학생과 인민의 시위와 함께 끝이 났다. 모택동은 사망하고 이른바 4인방은 공개재판을 받았지만, 문화혁명 10년 동안 언론은 혹독한 수난을 당해야했다. 다음과 같은 이유 때문이었다.

"언론에 종사하는 소위 신문공작자들은 기본적으로 지식분자들이고 언론매체를 통해서 인민을 가르치는 교육자들이며 자산계급의 세계관에 젖어 낡은 사상을 청산하지 못하고 있는 기회주의자들이요 자본주의 부활을 꿈꾸는 유소기의 추종자들로 보기 때문이다."[3]

그러나 개혁 · 개방 이후 모든 게 달라졌다. 중국은 이른바 '경제향우 정치향좌'(經濟向右 政治向左) 노선을 택한 것이다. 물론 그 노선은 많은 모순을 내포하고 있었다. 그래서 지금도 중국의 대중매체는 그런 모순의 덩어리라고 해도 과언이 아니다. 강원대 박용수 교수는 그의 저서 『중국의 언론과 사회변동』에서 그 모순에 대해 다음과 같이 말한다.

　　현실적으로 鄧(소평) 체제가 직면했던 딜레마는 어떻게 하면 정치적
　　통제를 훼손하지 않으면서 경제개혁을 추구하느냐, 다시 말해서 어

지면으로서의 '보지'와 잡지 등의 정기간행물을 포괄하는 말로 쓴다. '신문사업'이란 보지와 각종 잡지를 망라한 정기간행물을 포함하여 통신사, 라디오, TV 등 보도사업 일체를 지칭하며 이 모두를 선전기관 또는 선전도구로 통칭하기도 한다." 목정균, 〈중국의 언론〉, 한국언론연구원, 『사회주의 국가의 언론』(한국언론연구원, 1989), 345쪽.

3) 목정균, 〈중국의 언론〉, 한국언론연구원, 『사회주의 국가의 언론』(한국언론연구원, 1989), 381~382쪽. 1967년 모택동은 '지식분자'에 대해 다음과 같이 말했다. "지식분자란 스스로 계급의식이 매우 높다고 자부하고, 자신은 개조할 필요가 없고, 오히려 자기 생긴 대로 이 세계를 개조하려 드는 자, 책 몇 줄 읽고 다 아는 듯이 떠벌리는 자, 어떤 점에서는 학생만도 못한 가장 지식이 없는 자, 자산계급의 세계관에 젖어 과거의 낡은 사상을 청산하지 못하고 있는 자, 중국 공산당에 대해서 적대감을 품고 사회주의제도를 환영하지 않고 회의하며 구사회에 연연하여 기회만 있으면 구사회의 복구를 획책하는 자들." 목정균, 〈중국의 언론〉, 한국언론연구원, 『사회주의 국가의 언론』(한국언론연구원, 1989), 381쪽에서 재인용.

떻게 하면 경제적 반좌익주의와 정치적 반우익주의 간에 균형을 유지하느냐에 있었다. 즉 '4대 기본원칙'(사회주의, 무산계급독재, 공산당의 영도, 맑스·레닌주의와 마오쩌둥 사상 견지)을 견지하는 한편 안정적으로 '4대 현대화' 계획을 차질 없이 추진하는 것이 해결해야 할 중심과제였다. …… 천안문 민주화운동 직후인 1989년 11월 9일 덩샤오핑은 13기 5중전회에서 공식적으로 은퇴했다. …… 13기 5중전회는 천안문 민주화운동이 조자양의 지나친 친부르주아 자유화운동이었다는 결론에 이르렀다. 따라서 보수파들이 대거 등장하는 계기가 되었으며 이들은 곧바로 중앙선전부, 인민일보, 신화사, 신문출판총서, 연극영화협회, 문화부 등을 장악하였다. 이러한 선전매체를 통해 사상과 문화면에서는 자산 계급의 자유화 반대운동을 선전하고 학습시켰으며, 경제면에서는 보수파 경제이론의 대부인 쩐윈(陳雲) 사회주의 경제사상을 학습토록 했다.[4]

중국 정부의 언론관

그렇다면 구체적으로 그런 '경제향우 정치향좌'(經濟向右 政治向左) 노선과 언론의 관계는 어떠했을까? 박용수 교수는 "개혁세력과 부수세력 간의 정쟁의 와중에서 언제나 중국 언론은 정치투쟁의 장이 되어왔다"고 진단하면서 다음과 같이 말한다.

"'경제향우, 정치향좌'의 정치노선은 개혁·개방 이후의 중국 사회에

---

4) 박용수, 『중국의 언론과 사회변동』(나남, 2000), 85~86쪽. 등소평의 '4대 기본원칙'은 1979년 3월 30일에 제시된 것으로, 이에 대해선 안춘옥·류창하 엮음, 『중국언론은 이렇다: 100문 100답을 통해 본 중국 언론의 실상』(창, 1993), 95~97쪽을 참고하시기 바랍니다. 4대 현대화는 공업, 농업, 국방, 과학기술의 현대화를 의미한다. 목정균, 〈중국의 언론〉, 한국언론연구원, 『사회주의 국가의 언론』(한국언론연구원, 1989), 353쪽.

많은 구조적인 모순과 혼란을 초래했으며, 그 중에서도 언론이 대표적인 예라 할 수 있다. 언론은 한쪽으로는 당·국가의 한 기관으로서 개혁·개방정책을 당·국가의 지시대로 전력을 다해 선전하는 동시에, 사회의 한 구성요소로서 개혁·개방 정책의 영향을 받기도 하였다. …… 언론인들은 정부의 통제를 벗어나 더 많은 자율권을 향유하고 싶어하고 당·국가는 언론이 여전히 자신의 충실한 대변자로 남기를 원한다. 그 동안 언론은 자율성을 확보하여 제 목소리를 내기 위해 수많은 타찰변구(打擦邊球: 시험삼아 상대를 자극해보는 행동)식 전략을 구사하기도 했고 당·국가도 나름대로 이에 대응하였던 것이다. …… 중국의 언론인이 생각하는 언론개혁은, 국가의 정치체제를 바꾸지 않는 범위 안에서 정부로부터 자유를 성취하는 데 목적을 두는 제한적 성격도 내포하고 있다. 다시 말하면 언론개혁의 필요성을 명백히 감지하면서도 중국의 현실환경 내에서 언론이 당·국가를 어느 정도까지 감독할 수 있는지, 그리고 개혁을 이루는 효과적인 방법과 전략이 무엇인지 아직도 명확하게 제시되고 있지 않다. 그러나 언론매체가 중국의 근본적인 체제변동까지도 요구하고 나설 때마다 반드시 뒤따랐던 언론계에 대한 대숙청은 바로 오늘날 공산당 정권의 언론매체에 대한 태도를 보여주는 가장 대표적인 예라 할 수 있다."[5]

중국이 개혁·개방 노선으로 급선회하게끔 추동력을 불어넣은 주인공인 호요방(胡耀邦)이 1985년에 밝힌 언론관은 중국의 대중매체를 이해하는 데에 여전히 유효한 면이 있을 것으로 보인다. 호요방은 언론의 소유권 문제와 자본주의 언론비판에서는 철저하게 공산주의 언론관을 대변하였으나, 다른 면에서는 개방적인 자세를 취하였다. 이에 대해 박용수 교수는 다음과 같이 말한다.

---

5) 박용수, 『중국의 언론과 사회변동』(나남, 2000), 87~91쪽.

시간성 문제에서는, 비록 정치성과 관련하여 결정되어야 한다고 하
였지만, 뉴스의 속보성을 강조함으로써 당과 정부의 언론기관에 대
한 엄격한 검열과 통제를 완화하고 언론이 독자적인 보도업무를 수
행할 수 있는 여지를 부여했다고 할 수 있다. 또한 지식성, 취미성의
문제를 언급함으로써 언론보도의 개방성을 촉구하고 있다. 이 취미
성과 지식성의 보도기준이 반사회적 정신오염 현상을 발생시켜서는
안 된다는 단서조항을 제시하고 있지만 전통적으로 정치 지향적 언
론보도를 특징으로 하고 있는 중국 언론계 풍토에서 자본주의적 언
론의 보도 지향성이라 할 수 있는 지식성과 취미성을 강조했다는 사
실은 그의 개혁적 언론관의 일면을 드러내는 것이라 할 수 있겠다. [6]

대중매체의 폭발

중국은 우리 나라보다 44배나 넓은 국토(960만km²)에 12억 인구를 갖
고 있는 대국이다. 지난 96년 스페인 출신의 세계적인 테너 가수 호세 카
레라스는 자신의 최신 음반 『열정』의 아시아판을 내놓았는데, 그는 이 음
반에 중국 민요를 집어넣고 직접 중국어로 불렀다. 왜 그랬을까? 13억에
이르는 아시아 지역의 중국인을 고객으로 끌어들이기 위해서였다. [7] 이렇

---

6) 박용수, 앞의 책, 108~109쪽. 호요방의 '팔명이암론'도 주목할 만한데, 그는 다음과 같
이 말했다. "사회주의 사회에서도 밝은 면과 어두운 면이 함께 존재한다. 어두운 면도 무
시될 수는 없는 것이지만 그것만을 부각시켜서는 안 된다. 만약 누가 전문적으로 어두운
면만 수집하여 모든 지면을 덮으면 신문 전체가 철두철미하게 어두운 화면을 이루게 되고
어두운 면 개개 모두가 비록 진실이라 하더라도 이것이 사회주의 중국을 대표할 수는 없
기 때문에 진실이 아니다. 거꾸로 밝은 면만으로 모든 지면을 덮으면 하나의 어두운 면,
하나의 결점도 없게 된다. 이 역시 진실이 아니다. 그리하여 신문의 80퍼센트는 밝은 면
을 말하면서 이를 격려·표창하고 20퍼센트는 어두운 면을 말하고 이를 비판해야 한다."
박용수, 앞의 책, 108쪽에서 재인용.
7) 『한겨레신문』, 1996년 4월 1일.

듯, 중국은 그 엄청난 인구 규모만으로도 세계 대중매체 시장에서 주목을 받고 있는 것이다.

중국의 주요 신문은 당 중앙위원회 기관지인 『인민일보』를 비롯한 각 성, 자치구, 직할시의 당 위원회가 발행하는 약 29개의 지방 성급(省級) 신문들과 정부의 각급 기관과 공식 조직들이 발간하는 신문들로 이루어져 있다.[8]

1978년엔 178개에 지나지 않던 신문사가 개혁 · 개방정책 이후 80년에서 85년 3월까지 평균 이틀에 하나꼴로 신문이 창간되었다.[9] 92년엔 전국지 130여 개, 공산당 각급 기구의 기관지 400여 개, 소수민족[10] 신문 80여 개로 늘었으며 95년 2천2백여 개 신문이 발행되었고 총부수는 2억 2백만 부에 이르렀다.

1996년 말 현재 1천8백여 개에 달하는 신문사가 중앙에 정식으로 등록한 신문 종류는 2천2백49종이었고(99년엔 2천58개),[11] 각 성 · 시 · 기관이 발행하는 내부 신문 · 잡지 수는 6천4백여 종에 이르렀다. 그만큼 경쟁이 치열해졌고 그로 인한 부작용이 만만치 않았다. 93년 애인이 일곱 명이나 된다고 자랑하는 한 레즈비언 기사, 잃어버린 고환을 되찾았다는 기사, 한 성 도착자의 변태 행각 기사 등과 같은 기사들이 난무하였으며, 93년 1월 국가위원회 기관지인 『문화보』는 주말판에 인기 여배우 알몸 사진을 실었다가 정간 처분을 당했는가 하면 신문들간 경쟁이 치열해 주말판을 발행하고, 광고 단가를 대폭 인하하고, 무가지를 대량 살포하는 일이 벌어졌다.

---

8) 박용수, 『중국의 언론과 사회변동』(나남, 2000), 168쪽.
9) 유상철, 〈'정권의 입'에서 '인민의 펜'으로〉, 『중앙일보』, 1999년 10월 12일, 13면.
10) 소수민족은 55개에 이른다.
11) 김수병, 〈당의 품에서 인민 속으로 …〉, 『한겨레 21』, 1999년 11월 18일, 69~70면.

신문 발행의 통제

이처럼 신문·잡지가 지나치게 비대해진 데다 과열경쟁으로 각종 부작용이 속출하자, 97년 1월 중국 공산당 중앙직속기관인 선전부가 '신문·잡지 정리 3개년 계획'을 확정해 신문·잡지 폐간에 들어가기도 했다.

홍콩의 『태양보』는 1999년 10월 17일자 기사를 통해 중국이 정부기관의 신문 및 잡지 발행을 전면 중단시키고 공산당만 발행을 계속하도록 했다고 보도했다. 『동아일보』 1999년 10월 18일자 기사를 인용한다.

"『태양보』는 중국 국무원이 최근 각 정부기관에 특수한 경우를 제외하고는 새로운 신문 및 잡지를 일절 발행하지 못하며 기존 간행물의 발행도 중지하라고 통보했다고 전했다. …… 중국의 신문 및 잡지 발행은 기본적으로 당과 정부기관으로 이원화돼 있다. 이번 조치는 인쇄매체를 통한 언론사업이 당에 의해 일원화된다는 의미를 갖는다. 소식통들은 각 정부기관이 수익을 올리기 위해 신문과 잡지를 앞다투어 발행하면서 언론에 대한 통제가 느슨해지는 것을 우려해 중국당국이 일원화 조치를 내린 것으로 풀이하고 있다. 현재 중국에서는 약 3000종의 신문과 8000여 종의 잡지가 발행되고 있으며, 이중 정부기관이 절반 이상을 발행하고 있는 것으로 알려졌다. 정부기관에서 발행하는 대표적인 신문은 국무원이 발행하는 『경제일보』와 『경제참고보』 『법제일보』 『신시참고보』 등. 국무원의 일원화 조치는 정부기관이 발행하는 모든 매체를 대상으로 한 것으로 알려졌으나 아직까지는 광둥성 등 일부 지역에서만 발행중단 조치가 내려진 것으로 전해졌다."[12]

---

12) 이종환, 〈중 "정부기관 신문 – 잡지 내지말라"〉, 『동아일보』, 1999년 10월 18일, A11면.

그러나 이미 한번 터진 물꼬가 그런 통제로 잡힐 리는 만무한 일이었다. 2000년 3월 중국 최고 여배우인 공리는 부정확한 기사로 개인에게 피해를 준 신문사의 폐쇄 등 언론에 대한 강력한 제한을 촉구하기도 했다. 그는 "작품에 대한 비판을 가하는 것은 좋지만, 언론들은 배우의 사생활에 관해 '비정하고 거짓된' 보도를 일삼고 있다"고 비판하면서 장이모 감독과 자신의 관계에 대한 중국과 홍콩 언론의 보도를 사례로 들었다. [13]

신문광고와 유상 신문

1994년 말 현재 중국 광고시장 규모는 한화로 1조8천억 원 상당에 이르며 전국에 1만6천여 개의 광고전문 업체가 있고 , 최근 2~3년 간 연평균 46%의 매출 신장을 기록하였다. 『베이징청년보』의 경우 99년 광고 수입이 435억 원으로 중국내 6위를 기록하였는데, 80년대 초 4개면 주간지로 2만 부였으나 현재 32~48면으로 150만 부를 발행하고 있다. [14]

대부분 중국 신문의 광고 비율은 전체 지면의 10% 수준이나 점차 증가하는 추세를 보이고 있다. 전국지보다는 지역지가 압도적으로 많으며 정치 선전지보다는 스포츠, 영화, 텔레비전 등 여가를 즐길 수 있는 전문지들이 신장세를 보이고 있다. 모든 신문의 배달은 우체국이 독점하고 있으며 일부는 가판에 의존하고 있다.

광고가 많은 지역 신문 기자와 광고가 적은 지역 신문 기자의 월급 차이가 6배나 될 정도로 광고가 신문에 미치는 영향은 매우 큰데, 그러다보니 광고주들에 의해 언론 보도가 굴절되는 일도 자주 일어나고 있다. 또 많은 유력지들이 기사량과 질을 기준으로 기자가 일한 만큼 돈을 받는 성

---

13) 『한겨레』, 2000년 3월 15일.
14) 『한겨레』, 2000년 5월 23일.

과급제를 실시하고 있기 때문에 사장보다 월급을 많이 받고 자가용을 굴리는 기자들도 있다고 한다. [15]

광고 강매, 선전 기사 등 사이비언론의 폐해도 매우 심각하다. 개방과 더불어 뭔가를 받고 기사를 쓰는 이른바 유상(有償) 신문이 횡행하고 있는데, 96년 8월엔 국영기업체들을 방문해 향응은 물론 각종 선물과 금품을 받은 가짜 TV 기자에게 징역 20년형이 선고되기도 했다.

97년 1월 중국 전국기자협회는 유상 신문을 배격하는 '신문공작 8금령'을 만들었는데, 그 주요 내용은 취재원으로부터 돈·물품·유가증권·신용카드 등을 받지 않는다, 기사가 광고가 되지 않도록 한다, 회의 참가 때 촌지를 받지 않는다, 기업의 직책을 겸직하지 않는다, 기사를 영리취득 수단으로 사용치 않는다 등이었다.

방송 통제

1989년 6월 천안문 민주화운동 이후 중국 정부는 즉각적으로 CNN 뉴스 프로그램을 중단시키고 서구 출판물의 판매를 금지하는 조치를 취했다.

1993년 10월 중국 정부는 스타TV의 전파 월경을 막기 위해 4백만 대에 이르는 위성 안테나, 안테나 생산 수입 판매 및 설치 규제를 내용으로 하는 정부령을 발표하였다. 또한 지역 케이블 시스템으로 위성방송에 대한 관심을 돌리기 위해 모든 도시로 하여금 케이블TV에 관한 광범위한 계획을 제출케 했다. 97년 10월 현재 중국은 1천2백 개의 케이블 네트워크들이 5천1백만 가입자를 확보하였으나 불법적인 위성방송 수신도 계속

---

15) 『문화일보』, 1996년 8월 18일; 이경숙, 〈어느새 거인된 중국 언론산업〉, 『기자협회보』, 1999년 9월 20일, 3면.

늘어나고 있다. 불법적인 위성방송 수신이 일어나는 이유에 대해 전북대 정용준 교수는 다음과 같이 말한다.

"① 스타TV와 CCTV가 같은 위성을 사용한다는 점을 들 수 있다. 따라서 인위적으로 스타TV의 전파를 막는 것은 불가능하다. ② 중국에서는 인민군대가 접시용 안테나를 만드는 주제조업자이자, 동시에 위성체 생산에 관한 정책을 만들기도 한다. 따라서 정부당국의 묵인하에서 인민군이 위성접시를 만들기 때문에 이를 규제할 다른 세력이 마땅히 없는 실정이다." [16]

스타TV 서비스의 수신이 법적으로 가능한 곳은 외국인 거주지역과 외국인 대상의 고급 호텔들이며, 정부는 프로그램 내용을 통제할 수 있다. 중국 전역의 7백 개가 넘는 관광호텔들은 서구의 오락 프로그램, CNN 뉴스 프로그램 등을 볼 수 있는 폐쇄회로 케이블 텔레비전을 설치해놓고 있다. [17] 스타TV는 주로 케이블TV 시스템에 재송신하는 방식으로 약 4천만 중국 가구가 자사 채널을 시청하고 있다고 주장하고 있다. [18]

스타TV를 소유하고 있는 루퍼트 머독의 중국 정부에 대한 아첨은 유명하다. 1994년 머독은 중국을 주요 시청권으로 삼는 스타TV에서 BBC 월드서비스를 빼버렸는데, 이는 모택동을 다룬 BBC 프로그램을 마땅치 않게 생각한 중국 정부의 요청에 따른 것이었다.

머독이 소유하고 있는 출판사 하퍼 – 콜린스를 통한 아첨은 좀 보기에 민망할 정도다. 하퍼 – 콜린스는 홍콩 총독을 지낸 크리스 패튼의 책을 출판하기로 해놓고 도중에 취소시켰는데, 그건 그 책에 중국 지도층을 비판하는 내용이 많기 때문이었다. 또 하퍼 – 콜린스는 등소평에 관한 저서

---

16) 정용준, 『세계의 디지털 위성방송』(커뮤니케이션북스, 1998), 110~111쪽.
17) 박용수, 『중국의 언론과 사회변동』(나남, 2000), 224쪽.
18) 정용준, 『디지털 위성방송과 영상소프트웨어』(나남, 2000), 117쪽.

출판을 계약하는 대가로 등소평의 딸에게 1백만 달러가 넘는 돈을 지불해 많은 사람들을 의아하게 만들었다. 무슨 비밀이 나올 것도 아니고 그저 자기 아버지 최고라는 말이나 해댈 그런 책에 그렇게 많은 돈을 주었으니 그 속셈이 무엇이겠느냐는 것이다.

언론 통제와 그 딜레마

활자매체에 대한 통제도 여전하다. 클린턴의 섹스 스캔들을 다룬 스타 보고서를 '불법 간행물'로 간주해 중국어판 판매를 금지시킨 바 있고, 우리 나라 신문사들은 신문사당 대략 7백 부에서 1천 부 가량을 중국 유학생들과 조선족들에게 배포하고 있는데, 97년 중국 당국에 대한 비판적 기사의 배포를 금지시키거나 그 기사만 오려내고 배포케 한 바 있다.[19] 또 중국 당국은 미국의 시사주간지 『타임』 1999년 9월 27일자에 실린 반체제 인사들의 글을 문제삼아 중국내 판매금지령을 내린 적도 있다.[20]

2000년 2월 중국 정부는 서방의 신문과 잡지 등 간행물에 대해 중국어 상표 등 중국명을 번역해 써야만 발간 및 유통이 가능하도록 한 규정을 공포하였다. 이에 따라 미국 시사주간지 『타임』을 중국에서 출판하려면 명칭을 '시대(時代)'로, 또 『월스트리트 저널』은 '화알가일보' 등으로 중국식 제호를 싣고 중국어 기사도 함께 게재해야 한다. 이는 중국 정부가 세계무역기구 가입을 앞두고 외국 출판물의 무질서한 진입을 억제하는 한편 중국내 『인민일보』, 국제방송국, 신화사, 『차이나데일리』, 중국국제인터넷뉴스센터 등 중앙정부 산하 5개 매체들의 성장을 유지하기 위

---

19) 북경엔 300여 명의 외신기자들이 상주하고 있는데, 한국은 17개 언론사를 대표한 21명의 언론인이 활동하고 있다.
20) 〈중, 타임지 최신호 판매금지〉, 『대한매일』, 1999년 9월 30일, 11면.

한 조치로 풀이되었다.[21]

2000년 9월 관영 신화통신은 국가주석 장쩌민의 미국 CBS - TV 시사 프로그램 『60분』과의 인터뷰 내용 중 '6 · 4 천안문 사태'를 언급한 부분을 삭제한 채 보도하였다. "천안문광장에서 시위를 벌였던 학생들의 자유와 민주주의를 향한 열정에 공감한다"는 발언이었다. 이 발언이 삭제된 것은 파문이 예상외로 큰 데다 중국 지도층 내에서 아직 천안문사태에 관한 합의가 이뤄지지 않았기 때문인 것으로 풀이되었다.[22]

영국의 『파이낸셜 타임스』지는 2001년 1월 9일자에서 영국 BBC 방송이 7년여 만에 다시 중국 전역에 방송을 내보낼 수 있게 되었다고 보도했다. 이로써 BBC의 『월드뉴스』는 중국내 3성(星)급 이상 호텔과 외국인 거주 지역에서 CNN · 펑황(鳳凰)TV 등과 함께 시청이 가능케 되었다.[23]

세계화 예찬론자인 미국의 저널리스트 토머스 L. 프리드먼(Thomas L. Friedman)이 그의 저서 『렉서스와 올리브나무: 세계화는 덫인가, 기회인가?』에서 한 다음과 같은 말은 중국 당국이 언론 통제와 관련하여 처해 있는 딜레마 상황을 잘 시사해주고 있다.

주식을 보유한 중국인들은 이미 3,000만 명에 육박한다. 주식 보유자가 이렇게 대거 늘어남에 따라 증시소식을 집중적으로 다루는 무허가 신문과 잡지가 난무하고 있다. 이는 투자자들이 그만큼 진실한 경제뉴스를 필요로 하기 때문이다. …… 이런 현상이 벌어지자 중국 정부는 기존 언론사들에 대해 경제사안에 관한 한 무슨 내용이든 자유롭게 쓸 수 있도록 허용했다. 그러나 일단 언론자유가 허용되자,

---

21) 『대한매일』, 2000년 2월 11일.
22) 『중앙일보』, 2000년 9월 6일.
23) 장세정, 〈영 BBC 7년만에 중 전역에 방송〉, 『중앙일보』, 2001년 1월 10일, 11면.

『차이나 서던 위크엔드』를 비롯한 중국 여러 신문들은 그 틈을 놓칠
세라 경제면에다 정부관료의 부정부패와 권력남용 등 온갖 종류의
반정치적 뉴스와 비판 기사를 잔뜩 늘어놓기 시작했다. 이는 중국에
서 자유언론이 어떤 방식으로 탄생하게 될 것인지를 생생히 예고하
고 있다. [24]

인터넷의 성장과 통제

그러나 컴퓨터 대화방은 '언론자유 해방구'로 기능하고 있다. 인터넷
은 94년에 도입되었는데, 97년 말 현재 인터넷 가입자는 62만 명으로,
직장의 컴퓨터를 이용하는 사람까지 합치면 약 1백만 명이 대화방을 이용
했다. 천안문 사태 강경 진압을 비판하는가 하면 지도층 인물평까지 게재
되기도 했다. 96년 8월 1백여 개 인터넷 사이트 접근을 봉쇄하는 이른바
'인터넷 분서갱유' 사건이 있었지만, 인터넷 이용 인구가 급속히 늘고 있
어 통제엔 명백한 한계가 있는 것으로 보인다. 99년 1월 중국인터넷정보
센터는 인터넷 이용자 수를 2백10만 명으로 추산하였다. [25]

세계화 예찬론자인 미국의 저널리스트 토머스 L. 프리드먼(Thomas
L. Friedman)은 그의 저서 『렉서스와 올리브나무: 세계화는 덫인가, 기
회인가?』에서 다음과 같이 말한다.

1998년 미국 시카고에서 창립된 『차이나 온라인』이라는 인터넷 신문
사가 있다. 이 회사는 중국 내의 스트링어(stringer: 신문사의 비상

---

24) 토머스 L. 프리드먼(Thomas L. Friedman), 신동욱 옮김, 『렉서스와 올리브나무: 세
계화는 덫인가, 기회인가?』 전2권(창해, 2000), 323~324쪽.
25) 박용수, 『중국의 언론과 사회변동』(나남, 2000), 240쪽.

근 지방 통신원)들을 통해 중국 경제뉴스와 기타 여러 가지 뉴스를 수집하고 있다. 스트링어들이 수집한 정보를 인터넷을 통해 시카고로 보내면, 『차이나 온라인』은 이렇게 모인 정보를 신문 형태로 편집해 이를 다시금 인터넷을 통해 중국으로 보내는 것이다. 『차이나 온라인』이 매일같이 제공하는 서비스들 중에는 중국 주요 도시 암시장에서 거래되는 암달러 시세도 들어 있다. 리포터들이 매일 시장에 나가 암달러 시세를 파악한 후 이를 시카고로 보내오는 것이다. 이 암달러 시장의 환율 정보는 중국과 거래를 하는 사람들에겐 아주 유용하다. 특히 중국인에게는 더욱 소중하다. 이런 정보는 중국 정부로부터는 결코 얻어낼 수 없는 것이다. 물론 중국 당국은 이런 정보가 누출되는 것을 대단히 싫어한다. 하지만 통제할 방법이 전혀 없다.[26]

99년 말 인터넷 이용자 수는 890만 명으로 추산되었는데, 2000년 1월 1일부터 인터넷 통제 법률이 발효되었다. 국가주석 장쩌민은 2000년 8월 21일 베이징에서 개막된 제16회 세계컴퓨터대회 개막 연설에서 인터넷 검열을 위한 국제협약을 만들자고 제안했다. 이는 2000년 말 WTO 가입을 앞두고 '국내외 미디어와의 전쟁'을 선포한 것으로 간주되었다. 장쩌민은 8월 중앙공작회의에서도 "WTO에 가입, 시장을 개방하면 반사회주의적이고 퇴폐적인 이념들이 중국을 휩쓸 것"이라고 경고한 바 있었다.[27] 그의 발언에 이어 10월엔 전국인민대표대회까지 나섰는데, 『대한매일』 2000년 10월 25일자는 다음과 같이 보도하였다.

"중국 전국인민대표대회(전인대) 상무위원회는 중국이 불순하다고 생

---

26) 토머스 L. 프리드먼(Thomas L. Friedman), 신동욱 옮김, 『렉서스와 올리브나무: 세계화는 덫인가, 기회인가?』 전2권(창해, 2000), 140~141쪽.
27) 『경향신문』, 2000년 9월 1일.

각하는 세력들이 인터넷을 정치적 목적으로 이용하면 형사 처벌토록 규정한 인터넷 규제법안의 심의에 23일 착수했다고 중국 신문들이 24일 보도했다. 국무원이 전인대에 제출한 이 인터넷 규제법안은 '인터넷을 이용해 비방 유언비어를 만들거나 소식·정보들을 발표하고 전파함으로써 정권 전복, 사회주의 체제 전복, 국가분열을 선동하거나 국가의 통일을 저해'하는 등 15개 종류의 범죄를 형사 처벌하도록 규정하고 있다고 중국 신문들은 전했다. '인터넷 보안 및 정보 보안 유지에 관한 결정'이라는 이름의 이 법안은 또 인터넷을 이용해 국가의 정보 및 기밀이나 군사기밀을 누설하거나, 유사종교, 사교 조직을 만들거나 그 조직원에게 연락하거나, 민족 분규를 선동하거나 민족 단결을 저해하는 사람과 단체도 형사 처벌토록 규정하고 있다."[28]

2000년 말 인터넷 인구는 2천2백50만 명이었으며, 2001년 말까지 3천 5백만 명을 돌파할 것으로 예상되고 있다.[29]

신화사와 신문의 변화

중국의 국립통신사인 신화사는 1931년에 창립돼 북경에 직원 5천 명, 87개국에 해외지사를 두고 있다. 신화사는 영·불·중·스페인·아랍·러시아 등 6개 국어로 번역한 뉴스를 전 세계에 공급하고 있으며 96년 12월 대만 수도 타이베이(대북)에 진출하였다. 신화사에 의해 발간되는 신문·잡지는 50여 종으로 그 중에 일간 신문인 『참고소식』은 360만 부를 발행하며, 93년 1월 1일부터 『신화매일전신』이라는 종합 일간지도 발행하였다(중국에선 큰 신문사들도 부간(副刊) 형태로 새로운 신문과 잡지를 발행하

---

28) 〈중 "인터넷 정치 이용 처벌"〉, 『대한매일』, 2000년 10월 25일, 8면.
29) 하성봉, 〈중국 네티즌 올 3500만명〉, 『한겨레』, 2001년 1월 30일, 25면.

고 있다). 96년 1월부터 중국 경제 관련 뉴스와 자료를 독점 배급하고 있다.

중국에서 흔히 7報로 거론되는 주요 신문들은 『인민일보』, 『해방군보』, 『광명일보』, 『경제일보』, 『공인일보』, 『중국청년보』, 『참고소식』 등이었으나 이젠 그것도 옛날 이야기다. 하루가 무섭게 빨리 변하고 있기 때문이다.

98년 현재 신문지면에도 지각변동이 일어났는데, ‘정치’ 자리에 ‘생활’이 들어서고, 당과 정부의 방침을 선전하는 데만 신경 쓰던 신문사가 수익을 올리기 위해 재미있는 주간지도 발간하고 흑백지면이 컬러화되었다. 그러나 아직도 대부분 신문들의 1면 머릿기사는 지도자들이 어떤 회의에서 무슨 말을 했다거나, 아무개 높은 사람이 외국 손님 누구를 맞이했다는 등 지도자의 발언이나 동정이 가장 비중 있게 취급된다. 한국 언론의 관점에서 본 두 건의 비판적 관찰을 인용하면 다음과 같다.

“최근 양쯔강이 반세기 만에 홍수 사태를 맞아 수천 명이 죽고 수억의 수재민이 발생했지만 중국의 TV 뉴스는 담담하기만 하다. 도대체 현재 각 지역의 수해 상태가 어떻고, 인민들은 어떻게 대피하고 있는지, 인명 피해가 얼마나 발생했는지를 거의 보도하지 않는다. 대신 장쩌민 주석 등 지도부가 전심전력을 다해 제방을 사수할 것을 재차 당부했다는 내용이나, 홍수의 와중에 자신의 몸을 돌보지 않고 위기에 처한 사람들을 여러 명 건져낸 ‘영웅’들의 미담 기사가 주류를 이룬다.”[30]

“신문과 방송이 전하는 뉴스라고 해야, 관영 신화 통신을 열심히 옮겨 싣거나, 그대로 줄줄 읽는 것이 대부분이다. 어떤 신문을 봐도, 방송을 들어도, 보고 들을 수 있는 것은 신화통신이 제공한 통제된 뉴스가 거의 전

---

30) 『신동아』, 1998년 9월호.

부다. 베이징 거리에서 이른바 중국공산당 기관지『인민일보』나『광명일보』를 사볼 수 있는 것도 아니다. 그나마 정치 사회뉴스가 실린 신문들은 반드시 우체국에 가서 구독신청을 해야 한다. 그것도 다음 1년치를 연말에 구독신청을 해야 받아볼 수 있다. 베이징 거리의 신문팔이 리어카에는 우리 개념의 뉴스를 실은 신문은 찾아볼 수 없다.『건강일보』『체육일보』『축구일보』『TV일보』『가정일보』『원예일보』등등이 있을 뿐이다.”[31]

신문의 그룹화

최근에 일고 있는 가장 큰 변화는 신문의 그룹화이다. 96년『광주일보』가 처음으로 그룹화를 선언한 이래 많은 신문들이 그 뒤를 따르고 있다. 이에 대해『한겨레 21』99년 11월 18일자는 다음과 같이 말한다.

“성숙기에 이른 중국의 신문산업이 제도약의 날개를 달고 있다. 놀랍게도 그 날개는 자본주의의 대표적 산물인 그룹화이다. 그룹화는 당 기관지와 대중지의 양극화 현상을 봉합하는 대안으로 떠올랐다. 중국에서 당 기관지는 당원과 공직자, 지식층을 주요 독자로 90% 이상이 국가의 지원을 받아 구독한다. 이에 비해 기관지를 모지(母紙)로 하는 대중지는 도시 주민의 관심사와 지역 뉴스를 중심으로 하며 자비로 구독한다. 당연히 스스로 신문을 선택해 구입하는 대중지에 광고 효과가 높다. 이런 가운데 추진되는 신문업계의 그룹화 움직임은 당 기관지와 대중지의 공동생존을 위한 처방이다.『남방일보』처럼 당 기관지들이 경쟁력 있는 매체를 바탕으로 그룹화를 추진하면 무조건 남는 장사다. 전체적인 이익을 내며 당의 선전도 효과적으로 할 수 있다. 중국인민대학 신문학원 위궈밍 교수는 신

---

31)『조선일보』, 1998년 7월 23일.

문그룹은 사회주의 시장경제의 산물이라고 지적한다. '정부가 2천여 개의 신문을 효율적으로 관리하기란 힘들다. 몇 개의 신문을 묶어 그룹으로 만들면 상층의 집단만 관리하면 된다. 그런 분급관리와 함께 규모의 효과도 기대할 수 있다. 외국의 혼합매체처럼 한번의 인터뷰를 여러 매체에 실으면 비용을 줄일 수 있다. 게다가 세계무역기구(WTO) 체제에 들어가게 되면 지금보다 훨씬 치열한 경쟁을 해야 한다. 그룹화는 바람에 둑이 무너지기 전에 미리 바로잡기 위한 조처라 할 수 있다.' 중국 당국은 2010년까지 매출액 100억 위안 규모의 대형 신문그룹 5~6개사를 비롯해 10억 위안 규모의 그룹을 20~30개 키울 것으로 알려졌다. 신문그룹 선두에는 『인민일보』가 나설 가능성이 높다. 『인민일보』는 10종의 신문과 7종의 잡지를 발행해 명실상부한 그룹의 체계를 갖추고 있다. 다만 당 중앙 기관지라는 지위 탓에 여건이 성숙되지 않아 그룹화 선언을 미루고 있을 뿐이다."[32]

『인민일보』의 변신

『인민일보』(런민바오)는 당 중앙위원회 기관지로 1948년 6월에 창간되었다. 창간 당시엔 3만 부였고 79년엔 7백만 부에 이르렀으나 개혁개방의 영향으로 3백만 부로 감소하였다가 98년 현재 213만 부까지 떨어졌다. 이 신문은 직장에서 공금으로 구독하는데, 당 선전에 식상한 독자들이 무더기로 구독을 끊었기 때문이다. 직원은 2천 명(기자 800명)이며, 28개 해외지점을 두고 있고, 88년 이후 CTS 체제를 완성하여 국내 22개 도시에서 팩시밀리로 지면을 전송받아 동시 인쇄, 배포하고 있다. 전통적

---

32) 〈신문그룹 '꿩 먹고, 알 먹기'〉, 『한겨레 21』, 1999년 11월 18일, 69면.

으로 4면만 발행해 왔으나, 90년에 8면, 94년 9월부터 매주 화요일과 금요일에는 12면씩 발행하다가, 2000년 현재 보통 20~30면을 발행하고 있다.

중국 정부는 89년부터 언론사에 독립채산제로 운영할 것을 지시하면서 지원 규모를 줄여나가기 시작했다. 당의 지침에 따라 『인민일보』가 할애할 수 있는 광고지면은 전체의 15%이나 『인민일보』는 광고 이외의 방법으로 수익증대를 모색키로 하고 이를 위해 96년 자매회사를 40개나 설립하였다. 『인민일보』의 이런 경제적 어려움을 알아차린 루퍼트 머독은 『인민일보』를 합작 파트너로 삼아 이 신문의 온라인 독점 게재권을 따내는 데 성공했다.

『인민일보』는 98년 6월 15일 창간 50돌을 맞아 대변신을 선언하였다. 새로운 모토는 '독자 중심의 신문'으로 딱딱한 회의 기사를 과감히 줄이고 시의에 맞는 정보를 독자들에게 신속히 제공해 읽히는 신문으로 거듭나겠다는 것이었다. 또 다양한 관점에서 정부의 활동을 감시·비평하는 새로운 칼럼을 신설하고 독자투고란[33]을 확대하는 등 독자와 가까워지기 위한 노력을 하고 주요 도시에 신문 가판대를 설치하고 판매망도 전국으로 확대하겠다는 계획도 발표되었다.

『인민일보』는 젊은 독자층을 끌어모으기 위해 인터넷 전략을 공격적으로 구사하고 있는데, 이에 대해 『한겨레 21』 99년 11월 18일자는 다음과 같이 보도하였다.

『인민일보』의 영향력이 미치는 범위에서 멀어져간 독자들을 다시 끌어모으기 위한 전략은 인터넷이다. 인터넷이 거대한 대륙을 잇는 가

---

33) 그간 매월 1천여 건의 독자투고를 다뤄왔다.

운데 『인민일보』의 변화를 이끄는 주인공으로 나선 셈이다. 지난 97년 1월부터 서비스에 들어간 『인터넷 인민일보』는 『인민일보』 전 지면은 물론 『인민일보』에서 발행하는 신문과 잡지를 모두 보여준다. 95년 이후 모든 『인민일보』 기사가 데이터베이스화 돼 있을 뿐만 아니라 텍스트면, 사진면 그리고 인쇄물 형태로 볼 수 있는 PDE파일 등을 따로 만들었다. 『인터넷 인민일보』는 중국어판과 함께 영어판·일어판을 서비스하는 데 그치지 않고, 앞으로 프랑스어판과 스페인어판도 제공할 예정이다. …… 『인민일보』의 독자가 젊은층으로 확대돼 이미지 변신에 성공한 셈이다. [34]

『인민일보』의 '귀족화 경향' 비판

『인민일보』 2000년 10월 31일자는 이례적으로 〈귀족화 경향을 경계한다〉는 제목의 칼럼을 통해 당 간부의 일부가 특권을 가지고 향락적 생활을 누리는 '귀족화'의 경향을 보이고 있다고 경고했다. 이에 대해 『국민일보』 2000년 11월 2일자는 다음과 같이 보도하였다.

"칼럼은 '특권의식'을 가진 당 간부가 '수중의 권력을 인민에게 봉사하기 위해 쓰는 것이 아니라 보다 높은 지위와 대우를 수중에 넣는 도구로 사용하고 있다'고 비난하고 당 간부의 귀족화 경향은 부패의 근원으로 더 이상 방치하면 사회주의 근대화 사업을 파멸로 이끌 것이라고 경고했다. 중국에서 시장경제가 시행되면서 나타난 부자 자제가 다니는 학교를 '귀족학교'라고 부르는 등 '귀족'이란 말이 흔히 쓰이고 있지만, 당 강령에서 '중국 노동자계급의 전위'로 명기하고 있는 당 간부에 대해 비록

---

34) 김수병, 〈네티즌의 『인민일보』!〉, 『한겨레 21』, 1999년 11월 18일, 72면.

‘일부’ 라는 전제를 달았지만 ‘귀족’ 이라고 정면 매도한 것은 극히 이례적이다. 칼럼은 ‘귀족화’ 의 억제 수단으로서 권력의 분산 균형 등 민주화 방향을 제시하고, 당 간부들이 칼 마르크스의 ‘공산당 선언’ 이 역설하는 ‘프롤레타리아 계급과 똑같은 이익을 나누는 자세’ 로 돌아가야 한다고 강조했다. 칼럼은 또 시장경제가 활성화되면서 향락주의나 특권사상 등 ‘착취계급의 세계관’ 에 당 간부들이 쉽게 물들고 있다고 비난하며 개혁 · 개방노선의 폐해에 대해서도 경고했다. 장쩌민 국가주석은 지난 1월 ‘엄중하게 당을 고친다’ 는 방침을 제시, 당 통제기관과 사법당국에 의한 직권남용 간부의 적발을 부패 척결의 기둥으로 삼아왔다. 그러나 사상 면에서는 광범위한 인민의 근본이익 등 3점을 공산당이 대표한다는 이른바 ‘3개 대표론’ 을 내걸고 사기업 경영자의 공산당 입당을 권유하는 등 당 문호를 넓혀 체제 생존을 모색하는 노선을 추진해왔다. 중국 정치에 정통한 소식통은 이번 『인민일보』의 칼럼은 날로 심각해지고 있는 당 간부의 부패 문제를 거론하면서도 ‘공산이 프롤레타리아 계급의 정당’ 이라는 수구 좌파의 이론을 강조하고 있다고 평가했다.” [35]

『북경청년보』

『광명일보』는 지식층 대상 고급 교양지로 43만 부를 발행한다. 『인민일보』와 함께 2대 신문으로 꼽히기도 했던 『공인(노동자)일보』는 노동조합 전국조직인 ‘중화전국총공회’ 의 기관지로 92년까지 170만 부였으나 95년 106만 부로 급감하였는데, 이는 국영기업의 경영부실 때문이었다.

1998년 7월 20일 창간된 『북경신보』(北京晨報)(영어로 『베이징 모닝 포

---

35) 김광현, 〈“프롤레타리아로 돌아가자”〉, 『국민일보』, 2000년 11월 2일, 9면.

스트」)는『북경일보』,『북경만보』,『북경청년보』가 공동으로 창간한 신문으로 정치 기사나 관급 기사를 배제하고 생활정보 위주로 편집, 중국 신문계에 새바람을 일으켰다. 다른 신문들이 오전 9시에서 낮 12시 사이에 배달되는 것과는 달리, 새벽 6시 30분부터 거리에서 가두 판매를 실시했다. 노란 모자를 쓴 판매원들이 '신문이요 신문' 이라고 외치기도 하고 거리에 판매대도 설치했다. 컬러사진도 1면에 실리며, 8면으로 시작했으나 2000년 현재 16~24면을 발행하고 있다.

베이징에서 가장 잘 나가는 신문 가운데 하나인『북경청년보』의 놀라운 변신과 성장에 대해『한겨레 21』99년 11월 18일자는 다음과 같이 말한다.

"『북경청년보』는 92년까지만 해도 1주일에 3번씩 4면 정도 발행하는 군소 신문의 하나였다. 당시 기자가 100여 명으로 15만 부를 발행하면서도 '전국 신문' 이라는 허울좋은 자부심을 가졌다. 당연히 적자를 면치 못하고 겨우 간판을 유지했다. 그러다가 93년에 지면개편을 단행하고 95년부터는 아예 지방 신문으로 영역을 좁혔다. 무엇보다 광고주들이 산업시장이 좁은 가운데 베이징에서 영향력 있는 신문을 선호한 게 주요한 이유였다. 광고주들의 요구에 따른 영역 축소는 변화의 서막이었다. 이 신문은 독자들의 요구에 부응하는 지면을 만들기 위해 외부 기관에 지면혁신에 관한 대대적인 여론조사를 실시했다. 독자들의 입맛을 당기도록 기사와 편집에 세심한 신경을 썼지만 배달 문제를 풀지 않고서는 해결의 실마리를 찾을 수 없었다. 결단을 내렸다. 우체국을 통한 배달이라는 오래된 관행을 깨뜨린 것이다. 별도의 판매회사를 두고 베이징 중심 지역은 아침 7시에, 외곽은 8시에 집에서 받아보도록 했다. 판매회사는 배달한 만큼 수익을 얻기 위해 신문의 이미지 광고까지도 자체적으로 하고 있다. 요즘 베이징 거리 곳곳에서 영화감독 펑샤오강이『북경청년보』를 선전하는 입

간판을 볼 수 있다. 지면과 판매의 혁신을 이룬 『북경청년보』는 놀라운 성공을 거뒀다. 800여 명의 기자가 매주 200면 이상, 50만 부를 발행하는 일간지로 성장했다. 베이징서 가장 두꺼운 지면량이다. 지난 95년 처음으로 518만 위안(7억5천만 원)의 흑자를 기록한 데 이어 지난해에는 8천88만 위안(116억5천만 원)의 흑자로 자력기반을 다졌다. 이젠 베이징 외곽의 낡은 사옥에서 벗어나 새 사옥으로 옮길 채비를 하고 있다. 다시 전국 신문으로 나설 계획도 세웠다."[36]

방송의 역사와 현황

1923년 1월 미국 기자 E. C. Osborn이 상해에 최초의 라디오방송국을 설립한 이래 1926년 10월 중국 정부는 하얼빈에 최초의 공식 라디오방송을 설립하였으며, 뒤이어 천진·북경에도 라디오방송국이 개국되었다. 1958년 9월 북경TV가 출범하였고, 77년부터 PAL방식에 의한 컬러방송을 시작하였다. 1978년 북경TV는 중국중앙TV국(中央電視臺, CCTV: China Central TV)으로 이름을 바꾸고 전국 네트워크를 구성하였으며, 79년 1월 28일 상하이TV 방송국에서 최초의 상업 TV 광고를 시작하였다.

1969년부터 1988년까지 TV 수상기 보급 증가율은 연평균 2천5백11%를 기록하여,[37] 88년 말 1억4천3백45만 대가 보급되었으며(78년엔 8백만 대에 불과), 현재 도시의 TV보급률은 거의 100%에 이른다.

중국 방송은 ① 중앙, ② 성·직할시·자치구, ③ 지구, ④ 현 등으로

---

36) 김수병, 〈당의 품에서 인민 속으로 …〉, 『한겨레 21』, 1999년 11월 18일, 69~70면.
37) Paul Siu-Nam Lee, 〈China〉, George Wang ed., 『Treading Different Paths: Informatization in Asian Nations』(Norwood, New Jersey: Ablex, 1994), p.48

구성돼 있는 4급 방송체계를 갖고 있으며,[38] 98년 현재 TV방송국은 1천 8백47개, 라디오방송국은 194개이다.[39]

광고 경쟁도 치열해 96년 5월엔 법정싸움까지 벌어졌다. 7시부터 30분 동안 뉴스가 나가고 다음에 1분짜리 광고가 나가는데, 지역 TV들이 그걸 빼고 지역 광고를 넣어 갈등이 발생했던 것이다. 중국 언론은 그 시간대를 '백금(白金) 광고시간대'로 부른다.

국영 TV방송국인 중앙전시대(中央電視臺 = CCTV)가 96년 11월 8일 실시한 '광고시간대 경매'에서 최고의 황금시간대인 '저녁 뉴스 뒤 5초 광고'(1년 기준)가 사상 최고가인 321억 원에 낙찰되었다. 경매에서 1~4위 기업 모두가 양조회사였는데, 뉴스 시청자가 매일 1억 명 이상으로 이 시간대에 광고를 내보낸 회사들은 600%의 매출 신장을 기록했다고 한다.

98년 현재 전체 방송시간의 15%나 광고에 할애하는 데도 방송사들이 종종 규정 시간 이상의 광고를 내보내 방송감독기구인 '라디오방송총국'이 단속에 골머리를 앓을 정도다. CCTV는 98년 광고 수입으로 45억 위엔(6천7백50억 원)을 기록하였다.[40]

CCTV는 94년 12월 팬암세트사의 PAS 2호를 통해 아시아·북미지역을 대상으로 국제방송을 실시했으며, 96년 4월엔 팬암세트사와 위성수신 계약을 체결해 전 세계 인구 중 98%가 CCTV를 시청할 수 있게 됐다. 전 세계 5천만여 명의 화교를 시청권으로 묶는 것은 물론, 궁극적으로 전 세계에 중국을 알리겠다는 것이다.

---

38) 박용수, 『중국의 언론과 사회변동』(나남, 2000), 175~177쪽.
39) 유상철, 〈'정권의 입'에서 '인민의 펜'으로〉, 『중앙일보』, 1999년 10월 12일, 13면.
40) 이경숙, 〈어느새 거인된 중국 언론산업〉, 『기자협회보』, 1999년 9월 20일, 3면.

CCTV의 위기

　1997년 현재 31개 성급 방송국들 가운데 18개가 위성을 통해 전국에 도달되고 있는데, 이는 방송국들간 치열한 경쟁을 낳았고 그래서 일부 성에선 케이블 시스템으로 그러한 침투를 막기도 한다.[41] 지방 방송과 케이블TV의 약진에 CCTV도 큰 타격을 받고 있다. 『동아일보』 1999년 11월 1일자는 다음과 같이 보도하였다.

　"CCTV는 공중파 3개, 국제용 위성채널 2개, 국내용 위성채널 4개를 운영하고 있으나 중국 31개 성(省)이 운영하는 공중파네트워크와 지방의 950여 공중파 채널이 CCTV의 영향력에 강력히 도전하고 있다. 또 3300여 개 케이블TV도 협공하고 있다. 시청률조사기관인 미국의 AC 닐슨의 7월 시청점유율 조사 결과는 CCTV의 체면이 구겨지고 있는 상황을 그대로 드러내고 있다. CCTV는 베이징에서 1~7%, 상하이에서 1~3%, 광저우에서 2%에 그쳐 지방 방송사보다 높지 않았다. 베이징에서는 베이징TV가 3~34%로 CCTV보다 높은 편. CCTV는 자구책으로 최근 드라마 전문인 제8채널을 오락 채널로 변경하는 등 위상 강화에 나섰다. 지방 방송사들은 외국프로 편성비율이 전체 방송시간의 25%를 넘을 수 없다는 '해외프로그램 쿼터제'를 깨면서 대만과 홍콩에서 사들인 프로를 많이 방영해 시청률을 높이고 있다. 케이블TV는 허가받은 곳이 1300사, 허가받지 않은 곳이 2000사 이상으로 추정된다. 가입자는 8000만 명으로 75%가 도시민. 케이블TV 시장에서 정상을 다투는 상하이케이블과 베이징케이블은 인터넷 서비스 등으로 영향력을 확대하고 있다. 상당수의 케이블TV

---

41) Zhao Bin, 〈Greater China〉, Anthony Smith/Richard Paterson eds., 『Television: An International History』(Oxford: Oxford University Press, 1998), p.249.

는 10위안(1440원)으로 제한된 월 수신료와 경직된 관료체제로 인해 여전히 곤란을 겪고 있다는 것이다.”[42]

TV 생중계와 개혁성

1993년 2월 CCTV 저녁 7시 뉴스시간 머리 인사말에서 '시청자 동무들' 대신 '시청자 여러분'이 사용되었고, 1999년 11월 사상 처음으로 콘돔 광고가 방영되었다. TV에 스포츠 전용 채널이 생기고 FM라디오 방송에 서양 록 뮤직의 신경향을 전하는 음악전용 방송도 탄생하였다.

1998년 3월 하순 주룽지(주용기) 총리의 내외신 기자회견이 생중계되었다. '중국의 보통선거가 언제 실시될 것인가' '천안문 사태에 대한 재평가 여부' 등 민감한 질문이 쏟아졌는데, 이에 대해 『신동아』 1998년 9월호는 다음과 같이 말한다.

“이 기자회견 생중계 덕분에 중국인들은 주 총리의 능숙한 답변 솜씨와 유머, 해박한 국정 파악 능력, 국가에 대한 헌신성 등 생생한 면모를 접할 수 있었다. 공산주의 국가의 지도자가 미리 정해진 각본대로가 아닌, 완전히 자유스러운 분위기에서 질문에 답변하고 유머를 구사하는 장면은 분명 충격적인 것이었다. 꼭 이때의 TV 생중계 때문만은 아니겠지만 주 총리는 현재 중국 지도자 중 최고의 인기를 얻고 있다. 당시 기자회견을 수록한 테이프가 인기리에 판매되고 있을 정도다.”

1998년 6월 27일 베이징의 인민대회당에서 불꽃을 튀겼던 클린턴과 장쩌민(강택민) 간의 인권공방전이 TV로 생중계되었으며, 29일 인권의 보편적 가치를 강조한 클린턴의 베이징대학 연설도 생중계되

---

42) 허엽, 〈중 지방방송 – 케이블TV 약진에 국영 CCTV '흔들'〉, 『동아일보』, 1999년 11월 1일, A13면.

었다.

　CCTV 저녁 7시 뉴스가 끝나면 7시 38분부터 시사고발프로『초점방담(焦點訪談)』이 8시까지 진행되는데, 사회 비리를 직접 취재·고발하는 내용으로 시청률이 최고 수준을 기록하고 있다. 전국 각지의 주민들이 권력에 당한 억울한 사연을 고발해오거나 각 지방 정부의 지역이기주의로 해결되지 않는 문제들을 제기해 해결책을 모색하기도 한다. 예컨대, 란저우에서 한 공안국장이 음주운전 사고를 내 어린이를 죽이고 뺑소니친 사건이 있었는데, 피해자가 이 사실을 알고 처벌을 요구했으나 받아들여지지 않자 베이징에 올라와 CCTV에 알렸고 이 내용이 현장 취재를 통해 방송돼 공안국장은 사형을 당했다. 이 프로그램은 ‘대리법원’ ‘중앙신문고’라는 별칭으로 불리기도 한다. [43]

　주룽지 총리는『초점방담』의 폭로성 기사를 높이 평가해 98년 10월 직접 제작팀을 찾아 “인민의 입과 정부의 거울이 돼 개혁의 첨병이 돼 달라”고 격려하기도 했다. [44] “폭로는 앞으로 발전의 추진을 위해 유리한 일이며 정부에 해를 끼치는 일이 절대 아니기 때문”이라는 것이다. [45] 이 프로는 장쩌민 주석 등 중국 수뇌부가 민심 동향을 살피기 위해 빼놓지 않고 챙겨보고 있어 폭로된 비리는 거의 시정된다. [46]

TV 드라마와 미국 꼬집기

　TV 드라마의 인기도 매우 높다. 중국에서 최초의 텔레비전 드라마가 방영된 건 1958년이었는데, 1966년 문화혁명까지 중앙 텔레비전 방송국

---

43)『신동아』, 1998년 9월호.
44) 유상철, 〈‘정권의 입’ 에서 ‘인민의 펜’ 으로〉, 『중앙일보』, 1999년 10월 12일, 13면.
45) 이경숙, 〈어느새 거인된 중국 언론산업〉, 『기자협회보』, 1999년 9월 20일, 3면.
46) 유상철, 위의 글.

과 각 지방 방송국들은 약 백여 개의 드라마를 방송했으나 문화혁명 기간 동안 드라마의 제작은 거의 전무하였고 1977년에 와서야 비로소 다시 제작되었다. 강현두·주어휑위 교수는 중국 TV의 드라마에 대해 다음과 같이 말한다.

"1980년에 전국적으로 제작된 드라마의 수는 103편이었고 1982년에는 200편을 넘었다. 그리고 1984년에는 1,000편을 넘었으며, 현재 중국 시청자들에게 드라마는 가장 인기 있는 프로그램이다. 1990년 50부작의 문화대혁명 때를 시대배경으로 한 텔레비전 드라마인 『渴望』은 중국을 휩쓸었다. 『渴望』이 방송되는 시간엔 거리의 차들과 행인들이 평소의 절반 이상으로 줄어든다는 중국 신문의 보도를 통해 이 드라마의 인기가 어느 정도였는가를 짐작할 수 있다. 중국의 자체 방송국에 의해 제작된 드라마들이 국민의 인기를 얻는 동시에 대만, 홍콩 심지어는 일본의 드라마까지도 방송되어 전국 각지에서 선풍을 일으켰다. 시청자 조사에 의하면 드라마가 뉴스에 이어 중국 국민들이 두 번째로 제일 선호하는 프로그램이다." [47]

미국의 저널리스트 토머스 L. 프리드먼(Thomas L. Friedman)은 그의 저서 『렉서스와 올리브나무: 세계화는 덫인가, 기회인가?』에서 북경대학 외교학과 위앤 밍 교수가 자신에게 한 말을 인용하고 있다. 위앤 밍 교수는 중국이 미국의 오만에 대응하는 방법은 중국도 그만한 오만으로 응수하는 길뿐이라고 생각했었다고 밝히면서 중국 TV의 한 장면을 다음과 같이 소개했다.

신년 초가 되면 전국 주요 TV 채널에 방영되는 프로그램이 있습니

---

47) 강현두·주어휑이, 〈중국 방송사〉, 강현두 외, 『세계방송의 역사』(나남, 1992, 2쇄 1997), 316쪽.

다. 이것은 중국 방송계가 1년 중 가장 성대하게 치르는 행사 가운데 하나입니다. 거의 10억 명이 이것을 봅니다. 이 프로그램은 일반적으로 가수들의 노래와 코미디로 구성되어 있습니다. 그런데 3년 전인 1995년에는 시골에 사는 부모가 미국에서 유학 중인 아들과 전화통화를 하는 단막극이 들어 있었습니다. 이들이 아들에게 '새해를 맞아 어떻게 지내고 있느냐?'고 묻자 이에 아들은 잘 지내고 있다면서 미국에서 박사 학위를 마친 후에 귀국할 것이라고 대답합니다. 부모는 이 말에 흡족해합니다.

그런데 이 단막극에서 가장 인상적이었던 것은 이 부분입니다. 즉, 부모가 아들에게 중국도 이제 여러모로 미국만큼 살기 좋은 나라가 되어가고 있다고 말하는 장면입니다. 부모는 아들에게 '너는 미국인들을 위해 얼마간의 설거지를 하지 않았느냐. 하지만 이제는 거꾸로 미국인들이 이곳에 와 우리를 위해 설거지를 해야 할 차례니라'라고 말합니다. [48]

---

48) 토머스 L. 프리드먼(Thomas L. Friedman), 신동욱 옮김, 『렉서스와 올리브나무: 세계화는 덫인가, 기회인가?』 전2권(창해, 2000), 663쪽. 미국의 '중국 때리기'가 먼저 일어났다는 걸 분명히 하는 것이 공정할 것이다. 미국은 중국의 부상에 대해 몹시 불편해 하고 있다. 사실 같은 황인종인 한국인도 불편하게 생각하는데 미국이 어찌 불편해하지 않겠는가. 1995년 9월 『타임』지는 〈우리는 왜 중국을 봉쇄해야 하는가〉라는 칼럼에서 "21세기에는 중국이 2차 세계대전 당시 독일 같은 위협적인 존재가 될 것"이라며 중국봉쇄론을 주장한 바 있다. 또 『타임』의 리처드 번스타인 전 베이징 지국장 등 언론인 2명은 97년 2월 『다가오는 중국과의 갈등』이라는 책을 출간했는데, 이 책은 "중국의 최종 목적은 아시아에서 미국을 몰아내고 이 지역 국가들이 중국의 동의 없이 아무 일도 할 수 없는 강력한 국가를 만드는 것"이라면서 중국의 패권주의를 경고하고 나섰다. 그런가 하면 『또 다른 전쟁: 미국내 산업스파이』라는 책은 중국 산업스파이가 미국 기업에 침투, 정보를 캐내 이를 중국군 무기 개발에 이용한다는 내용을 담고 있다. 이 책들은 미국 내에서 큰 반향을 불러일으켰다. 윤태형, 〈'황화론' 악령이 되살아난다〉, 『주간한국』, 1997년 5월 22일, 64면; Melinda Liu, 〈큰 파문 일으킨 '… 중국과의 충돌': 두 사람 공저 벌써 5쇄 돌입, '중국 때리기'의 교본으로〉, 『뉴스위크』(한국판), 1997년 8월 6일.

언론법제의 문제

중국은 아직 언론법제가 제대로 정비돼 있지 않다. 언론법제의 미비에 대해 강원대 박용수 교수는 다음과 같이 말한다.

"중국에서 신문활동과 관련된 사회활동 영역은 매우 광범위하지만, 장기적으로 볼 때, 신문활동은 줄곧 당의 정책에만 의존하여 조정되어 왔으며, 기본적 법률의 보장이 결여되었다. 예컨대 뉴스의 취재와 보도는 신문활동의 주요 내용이며, 또한 신문업무 종사자의 기본권리와 직책이기도 하지만 그러나 구체적인 법률·규정이 미흡하기 때문에, 정상적인 신문활동을 수행하는데 있어서 어려움을 안겨주고 있다. 신문활동을 하는 기자들은 간혹 법정에 제소되어 불법행위로 질책당하기도 한다. 최근 수년 이래로 기자의 취재를 폭력으로 저지하고 기자의 취재도구·사진기·녹음기 등을 빼앗아 파손하거나 심지어 기자를 구타하는 사건들이 이미 여러 차례 발생하고 있다."[49]

프라이버시 침해, 명예훼손, 반론권의 문제도 심각한데 이에 대해 박용수 교수는 다음과 같이 말한다.

"초상권·은사권(隱私權: 사생활보호권)과 관련된 소송사건이 상당한 비중을 차지하고 있다. 그럼에도 불구하고 중국은 현재 구체적인 관련 규정이 없는 실정이다. …… 1988년 상해 법정에서 '비방죄'로 판결된 사건에서 기자들은, 각각 1년 반과 1년씩 참정권을 박탈당하였다. 이는 중공 성립 이래 처음으로 신문기자가 신문보도에 종사하다 위법·범죄로 인하여 형사사건으로 기소 당한 사례이다. 이 밖에도 최근 수년 사이에 수많은 민사소송 사건들이 발생하였다. 민법통칙이 공포된 이후로 지금에 이

---

49) 박용수, 『중국의 언론과 사회변동』(나남, 2000), 151~152쪽.

르기까지 민사권한 침해사건이 전국적으로 수천 건에 달하고 있다. 장기간에 걸쳐 중국 신문법제가 불건전한 상태를 유지해 오고 있었기 때문에, 신문업무 종사자들의 법률의식은 상당히 빈약한 것으로 알려지고 있다. …… 신문보도 가운데는 모욕적인 언어를 사용하거나, 타인의 인격을 비하시키는 사례가 자주 발견된다. 때로는 법률용어를 오용하기도 하여 법원에서 아직 판결을 내리기도 전에 피의자를 '범인'이라 부르는가 하면 일반적인 착오행위에 대하여 법률상의 성격 규정을 적용시키기도 한다. 어떤 기자 또는 신문기관은 오보를 발견하였다 하더라도 정정보도를 거부한다. …… 이런 의미에서 반론권 문제가 제기되고 있는 것이다." [50]

아직 저작권 개념이 없다

전반적인 언론법제가 그렇게 부실한 만큼 아직 저작권 개념이 확립되어 있지 않다. 불법복제 CD가 판쳐 영화 흥행마저 망치는 일도 자주 일어나고 있는데, 이런 문제에 대해 『중앙일보』 2000년 12월 9일자는 다음과 같이 보도하였다.

"베이징 길거리 어디에서나 쉽게 이 같은 불법복제 CD 판매상을 만날 수 있다. CD 한 개에 보통 10위안 정도. 흥정만 잘하면 7~8위안으로 떨어진다. 영화관 입장료의 3분의 1만 들이고도 영화를 볼 수 있으니 불법복제 CD가 판을 치는 것이다. 중국의 인민문학출판사도 지난달 황당한 경험을 했다고 한다. 『해리 포터』의 중국내 판권을 따낸 이 출판사는 지난 10월 6일 전국 서점에 일제히 중국어 번역본을 내놨다. 그런데 웃지 못할 일이 생겼다. 이미 한달 전에 인쇄된 해적판이 서점에 먼저 진열돼

---

50) 박용수, 앞의 책, 157~158쪽.

팔리고 있었던 것이다. 해적판 관련 에피소드는 끝이 없다. 홍콩이 중국으로 반환되기 전 중국의 한 기자는 홍콩 특별행정구 초대 행정장관인 둥젠화(董建華)가 관심의 초점이 될 것에 착안, 董의 일대기를 썼다. 그러나 인세는 실제 팔린 책의 6분의 1에 대해서만 받아야 했다. 판매된 1백20만 권 중 해적판이 1백만 권에 달했기 때문이다. 시중에 유통되는 가짜 서적과 음반이 진품의 10배 정도 된다고 하니 '해적판 천국'이란 오명은 세계무역기구(WTO) 가입을 목전에 둔 중국이 하루빨리 벗어야 할 과제가 아닐 수 없다."[51]

그러나 세계화 예찬론자인 미국의 저널리스트 토머스 L. 프리드먼(Thomas L. Friedman)은 그의 저서 『렉서스와 올리브나무: 세계화는 덫인가, 기회인가?』에서 중국의 무단복제를 흐뭇하게 바라보면서 다음과 같이 말하고 있다.

"이제 비디오테이프는 DVD(디지털 비디오 디스크)로 완전히 교체될 것이다. DVD는 지름 5인치 크기의 CD인데, 한 편의 장편영화를 통째로 담을 수 있다. 게다가 서라운드 사운드 음향효과는 물론, 다국어로 즐기는 것도 가능하다. 그렇게 되면 랩탑 컴퓨터나 조그마한 비디오 플레이어를 통해 들고 다니며 볼 수도 있다. …… 1990년대 후반 중국에서는 전국적으로 DVD 플레이어가 폭발적으로 늘어났다. 할리우드 영화가 무단복제되어 수백만 중국인 가정에 흘러들었다. 하지만 이들은 이제 점점 할리우드를 기다릴 필요가 없게 될 것이다. 필름을 필요로 하지 않는 저렴한 디지털 무비 카메라와 디지털 영상기기들이 쏟아져 나오며 모든 사람이 영화계의 거물이 될 날이 다가오고 있기 때문이다. 아울러 누구든 저렴한 비용으로 디지털 영화를 만들 수 있을 뿐만 아니라, 인터넷을 통해 이를

---

51) 유상철, 〈'해적판 천국'〉, 『중앙일보』, 2000년 12월 9일, 11면.

전 세계에 보급할 수 있게 될 것이다."[52]

영화는 '벤처 비즈니스'

1980년대 말 외국 영화의 중국 시장 점유율은 10%를 넘은 정도였는데,[53] 이는 강력한 통제정책 덕분이다. 2000년 5월 중국 정부는 해외영화 수입 편수를 1년에 10편에서 20편 이상 늘리겠다고 비공식적으로 밝혔다.[54]

98년 3월 9일 중국 전국인민대표대회에 참석한 장쩌민 국가주석은 광둥(廣東)성 대표단에게 "동지들도 미국 영화『타이타닉』을 한번 보기 바란다. 2억5천만 달러를 들여 이미 10억 달러 넘게 벌었다는데 이게 바로 벤처 비즈니스가 아닌가"라고 말했다. "영화가 참 재미있더라"는 말도 덧붙이면서.[55]

장쩌민의 발언은 중국 영화인들이 영화를 돈을 버는 '벤처 비즈니스'로만 생각해줄 것을 바라는 중국 당국의 뜻을 잘 반영하고 있다. 『씨네21』 2000년 12월 19일자는 최근 중국 영화계의 한 풍경을 다음과 같이 전하고 있다.

---

52) 토머스 L. 프리드먼(Thomas L. Friedman), 신동욱 옮김, 『렉서스와 올리브나무: 세계화는 덫인가, 기회인가?』 전2권(창해, 2000), 130~131쪽. "필름을 필요로 하지 않는 저렴한 디지털 무비 카메라와 디지털 영상기기들이 쏟아져 나오며 모든 사람이 영화계의 거물이 될 날이 다가오고 있기 때문이다"는 말은 절대 믿지 않는 게 좋을 것이다. 한마디로 이야기해서, 허무맹랑한 말이다. 카메라 하나 있다고 누구나 다 사진계의 거물이 되나?
53) 박용수, 『중국의 언론과 사회변동』(나남, 2000), 225쪽.
54) 『씨네21』, 2000년 5월 30일.
55) 채규진 · 채인택, 〈할리우드, 사이버문화도 휩쓴다〉, 『중앙일보』, 1999년 12월 8일, 5면.

'중요한 건 비즈니스다. 예술은 그 다음 문제다.' 할리우드 프로듀서들의 일성이 아니다. 요즘 중국에서 가장 잘 나간다는 감독 펭샤오강의 발언이다. 중국은 젊은 감독들은 다 이런 생각을 가지고 있다고 영국의 『가디언』은 보도했다. 베이징영화학교 출신의 6세대 감독들은 예술성에는 아무 관심 없고, 대중의 입맛 맞추기에 여념이 없다는 것이다. 온갖 정치적 통제 아래서도 국제무대에서 중국 영화의 예술성을 인정받느라고 사력을 다한 5세대 감독들을 떠올려보면, 이건 중대한 변화다. 무엇보다 외적 조건이 바뀐 결과다. 머지않아 중국이 WTO 체제에 편입되면, 12편으로 제한돼 있는 외화수입 편수가 조만간 20편으로 늘어날 예정인데, 중국 감독들도 이제 경쟁력을 갖추지 않으면 도태될 처지가 된 것이다. 게다가 『패왕별희』처럼 기껏 국제영화제에서 상을 받아와도 국내에선 당국의 간섭 때문에 개봉도 제대로 못하니, 중국 내에서 감독들의 입지는 더욱 좁아져 탈정치적인 상업영화로 몰려들지 않을 수 없다는 것이다. 펭샤오강이 이런 부류의 선두주자다. '대중을 즐겁게 해 돈버는 게 내 목적이라고 말한 첫 번째 중국 감독이 펭샤오강이다' 라고 상하이에서 엔터테인먼트 컨설턴트로 일하고 있는 윌 브렌트는 말했다. 그의 1999년작 『꼭 와줘』는 530만 달러를 벌어들여 3700만 달러를 번 『타이타닉』에 이어 흥행 2위를 차지했다. 광고 만들다가 감독으로 전업해 최근 멜로영화 『차 한잔의 사랑』을 찍은 진첸도 '당국에 아부하고 싶은 생각은 없지만, 좀더 많은 사람들이 내 영화를 보기를 원한다. 가장 중요한 건 돈이다. 중국 사람들은 젊은 영화, 일과 사랑에 관한 범상한 이야기를 좋아한다' 고 말했다. 5세대의 예술적 영광을 기억하는 사람들에게라면 서운한 말들이겠지만, 여하튼 중국 영화계도 산업화를 향한 몸부림을 시작한 셈이다. [56]

　그러한 몸부림은 미국 진출로까지 이어지고 있는데, 이에 대해 『중앙일보』 2001년 2월 12일자는 다음과 같이 보도하였다.

　"중국 영화가 무서운 기세로 미국으로 몰려들고 있다. 지난 9일 로스앤젤레스를 시작으로 보스턴·시카고·샌프란시스코 등 미국내 21개 도시 순회 상영에 나선 중국 영화는 정확히 50편이다. 이 정도의 물량이 한꺼번에 미국 시장에 문패를 내건 일은 처음이다. '중국 영화제'가 미국에서 열리고 있다고 말할 수 있을 정도다. …… 중국 영화가 미국 '대장정(大長征)'에 나선 배경은 두 가지다. 하나는 '리안(李安) 신드롬'이다. 李감독이 저우룬파(周潤發)와 양쯔충(楊紫瓊)을 캐스팅해 제작한 히트작 『와호장룡』이 골든 글로브 최우수 외국어작품상과 최우수감독상을 받은 뒤 나타난 파급 효과가 만만치 않다. 둘째는 세계무역기구(WTO) 가입을 의식한 중국 문화당국의 전략이다. 요컨대 '공격이 최선의 수비'라는 판단 아래 선공에 나섰다는 얘기다. 중국 영화의 미국내 수입배분권을 갖고 있는 센추리 엔터테인먼트의 영화사 대표는 이를 '일방적으로 당하지 않겠다는 전략'으로 해석했다. 가만히 앉아서 거대자본과 첨단기술을 가진 할리우드 영화에 당하기를 기다리느니 직접 부딪쳐보는 쪽을 택했다는 설명이다."[57]

홍콩의 언론

　홍콩의 면적은 1천km^{2}이며, 인구는 630만 명이다. 1997년 7월, 홍콩이 중국에 반환되었다. 강원대 박용수 교수는 중국의 매스 미디어에 대한 분석에서 홍콩의 반환이 갖는 의미는 매우 크다고 지적하면서 그 이유를

---

56) 〈우선은 돈, 예술은 나중〉, 『씨네 21』, 2000년 12월 19일, 26면.
57) 진세근, 〈중 영화, 미 대륙 '인해전술'〉, 『중앙일보』, 2001년 2월 12일, 13면.

다음과 같이 지적하고 있다.

"첫째, 홍콩은 중국의 민주화운동을 지원하는 근거지로서의 역할을 수행해 왔다는 점이다. 둘째, 홍콩은 언론자유가 제도적으로 정착되어 있는 상태에서 중국과 통합됨으로써 중국의 시민사회 및 언론에 영향을 미칠 수 있는 가능성이 존재한다는 점이다. 셋째, 홍콩은 중국은 물론 전 아시아를 대상으로 한 방송의 전 지구화의 전초기지로서의 기능을 해왔다는 점 등이다." [58]

그러나 지금 당장 홍콩의 언론인들이 가장 우려하는 건 중국 당국의 통제와 위협이다. 홍콩기자협회는 98년 6월 28일, 97년 7월의 반환으로부터 1년 간 홍콩의 보도 자유가 서서히 침식당하고 있어, 이대로 가면 수년 후에는 위기적 상황에 빠진다는 보고서를 발표했다. 보고 회견장에서 기협회장은 "최근 1년 간 정부의 투명도는 저하됐으며 보도기관들은 특히 중국의 국가치안에 관한 문제 등에서 자기검열의 경향이 강해지고 있다. 많은 편집 책임자는 국가반역행위 따위를 금한 기본법(홍콩의 헌법) 23조를 자기검열의 명분으로 삼고 있어 이대로 가면 '1국 2제도'가 무색해져 언론의 자유는 손상될 것이다"고 주장했다. [59]

『국민일보』 98년 11월 12일자는 '창간 3년 남짓 만에 45만 부를 확보해 홍콩 언론계 태풍의 눈으로 떠오른 『빈과일보』'를 소개하고 있다. 95년 6월에 창간된 이 신문은 '홍콩의 중국 반환'이란 위기를 기회로 만들며 홍콩 2대 일간지로 탄탄하게 성장해 최대 일간지 『동방일보』를 맹추격하고 있다는 것이다. 97년 홍콩 반환 직후만 해도 중국 정부에 비판적인 이 신문은 생존여부조차 불투명했었다고 한다. 중국 정부는 물론 견제하는 경쟁 언론의 집중 포화가 이어진 것은 물론 홍콩에 진출한 중국 기업인들

---

58) 박용수, 『중국의 언론과 사회변동』(나남, 2000), 91쪽.
59) 〈홍콩기자협회 보도자유 침해 경고〉, 『신문과 방송』, 1998년 9월호, 142쪽.

의 광고 보이콧 등 중국 정부의 배후 압력 때문에 광고 수입이 크게 줄어 심각한 경영난에 직면했었기 때문이다. 그러나 언론자유가 보장돼 있는 홍콩의 다른 유수 일간지들이 중국 정부의 홍콩 지배를 앞두고 알아서 자기검열을 했던 것과는 달리 『빈과일보』는 신랄한 비판 자세를 늠름하게 견지한 것이 홍콩인의 마음을 사로잡았다는 것이다. 게다가 어쩔 수 없이 광고수입 의존도를 낮추고 오직 독자 만족을 통한 판매 강화에만 사활을 건 배수진도 주효했다는 것이다.[60]

반면 『중앙일보』 98년 11월 12일자 9면에 게재된 '진세근의 홍콩 에세이'의 『빈과일보』에 대한 평가는 대단히 부정적이다. 이 '에세이'는 다음과 같이 말하고 있다.

"홍콩의 일간지 『빈과일보』 10일자를 펴든 기자는 깜짝 놀랐다. 〈G4(요인 경호부대) 특공대, 김대중 긴급 구출〉 10면 사회면에 실린 기사의 제목이다. 들것에 실린 부상자가 병원 응급실로 급히 옮겨지는 '생생한' 사진 한 장도 실려 있었다. 김 대통령이 오는 19일 홍콩에 도착한다는 사실을 깜빡 잊게 만들 정도였다. 기사는 이보다 한술 더 뜨고 있다. 앞부분을 그대로 옮겨보자. '어제 오후 2시쯤 마리병원 응급실 앞. 차 한 대가 급정거했다. 10여 명의 건장한 청년들이 뛰어내려 병원 주변을 차단한다. 리시버와 허리춤의 권총, 언뜻 봐도 경호원들이 분명하다. 냉랭하고 엄숙한 표정. 주변은 차갑게 얼어붙는다. 5분 후 경광등을 켜고 사이렌을 울리면서 차량 두 대가 엎어질 듯 응급실 앞에 멈춰 선다. 가슴에 피를 흘리고 있는 사람이 들것에 옮겨진다. 구경꾼들은 「김대중, 한국 대통령 김대중이다」고 외친다.' 차마 더 옮겨 적기가 민망할 정도다. 기사는 맨 뒤쪽에 가서야 '알고 보니'라고 너스레를 떨면서 훈련 상황임을 '고백'했다.

---

60) 손영옥, 〈두 신생신문 '깜짝 도약'〉, 『국민일보』, 1998년 11월 12일, 23면.

선정성과 무례함도 이쯤 되면 가위 범죄 수준이다. 같은 신문 1면에는 이 신문사 사장의 명의로 된 전면 사과문이 실렸다. 얼마 전 『빈과일보』 기자가 독자를 돈으로 매수해 사진 연출을 한 일을 사죄하는 내용이다. 그러나 10면에 실린 '소설'은 이 사죄가 '악어의 눈물'임을 보여주고 있다. 홍콩 언론의 부풀리기 관행은 유명하다. 공신력 있는 신문들도 있지만 대세는 선정적이다."

중국의 홍콩 언론 길들이기

중국은 홍콩 언론을 길들이기 위해 애를 써 왔는데, 홍콩의 『사우스차이나 모닝 포스트』 2000년 12월 6일자는 이해할 수 없는 기사를 내보내 중국의 그런 시도가 성공하고 있다는 관측을 낳게 만들었다. 이에 대해 『국민일보』 2000년 12월 7일자는 다음과 같이 보도하였다.

> 신문은 이날 세계 38개국의 학생들이 참가한 제3차 국제 수학 · 과학 평가결과 발표 기사에서 과학부문 1위(569점)와 수학부문 3위(585점)를 차지한 대만을 순위표에서 아예 누락시켜 의혹을 불러일으키고 있는 것. 신문은 특히 참가국을 표현하는 방식에 있어서도 평소 중국이 주장해 온 '하나의 중국' 원칙에 따라 대만을 국가가 아닌 단순 지역(territory)으로 표현하는 등 곳곳에 중국의 눈치를 본 흔적을 남기고 있다. 홍콩은 97년 중국에 반환되기 전만 해도 친대만계와 친중국계 언론이 공존해왔으나 반환 후 대부분 논조를 친중국계로 전환했으며 반영 · 반중 노선으로 유명한 『빈과일보』는 아예 발행지를 대만으로 옮길 것을 검토하는 등 친대만계의 입지는 축소되고 있는 상황이다. [61]

장쩌민 국가주석은 두 차례나 홍콩 언론에 겁을 주는 발언을 했는데, 『중앙일보』 진세근 특파원은 2000년 12월 26일에 쓴 〈홍콩 언론의 겨울〉이라는 기사에서 다음과 같이 말했다.

"江주석은 20일 마카오 회귀 1주년 경축 연설에서 '언론은 국가 이익을 먼저 고려해야 한다' 고 주문했다. '특구 정부를 비판만 해선 곤란하다. 언론이 일국양제(一國兩制)의 성공적 운영에 책임감을 느끼지 않으면 안 된다' 고 말했다. 형식은 마카오 언론에 대한 주문이었지만 사실은 홍콩 언론을 겨냥한 경고였다. 江주석이 홍콩 언론에 불편한 심기를 내비친 게 처음은 아니다. 지난 10월 27일엔 베이징 중난하이에서 직접 홍콩 기자들을 앞에 놓고 '(기자들이) 너무 어리고 단순해 때론 유치하다' 고 직격탄을 날렸다. 江주석의 발언을 놓고 홍콩기자협회는 '언론인에 대한 심각한 위협' 이라는 비난 성명을 냈다. 江주석이 21일 '내 표현이 직설적이었지만 악의는 없었다' 고 한발 물러났지만 홍콩 언론인들은 아직도 분이 안 풀린다는 표정이다. 정치권도 시끄럽다. 민주파 량야오중 의원은 '이는 언론 자유에 간접 개입하겠다는 뜻' 이라고 해석했다. 중도파인 자유당의 저유량수 의원조차 '잘했다고만 얘기하라고 언론에 요구하는 것은 어불성설' 이라고 비판했다." [62]

홍콩의 영화

"우리는 미국, 인도 다음으로 제작 편수가 많은 세계 3위의 영화국가인 홍콩의 도로를 달린다. 연 300편을 만드는 저력을 보였다가 1980년대 중반 이후에는 연 150편 정도를 제작하고 있지만, 600만 명 정도에 불과

---

61) 이제훈, 〈대륙에 길드는 홍콩언론〉, 『국민일보』, 2000년 12월 7일, 8면.
62) 진세근, 〈홍콩언론의 겨울〉, 『중앙일보』, 2000년 12월 26일, 12면.

한 인구를 감안하면 역시 엄청난 편수라고 할 수 있다. …… 홍콩 사람들
은 1993년을 『쥬라기 공원』의 악몽으로 기억한다. 홍콩인은 1983년 이래
세계를 제패하고 있는 할리우드 영화에게 홍콩 흥행 1위를 빼앗기지 않았
다는 신화를 자랑해왔다. 한국을 포함한 아시아 영화시장에서 홍콩 영화
의 위력이 거세지던 시기와 일치하면서 이른바 홍콩 영화의 절정기가 지
속되었다. 하지만 그 신화는 스필버그의 『쥬라기 공원』이 1위를 차지한
후 깨졌다. 1994년의 흥행 1위 역시 할리우드의 『스피드』."[63]

　『인디컴의 세계영화기행 1』(거름, 1996)은 홍콩 영화에 대해 위와 같이
말하고 있다. 같은 맥락에서, 1970년에 설립돼 이소룡과 성룡을 키우는
등 홍콩 최대의 영화사인 골든 하베스트의 레이먼드 초우 회장은 95년에
다음과 같이 말했다.

> 홍콩 영화는 국내 시장만으로는 살아 남을 수 없다. 한국이나 일본은
> 자국 시장만으로 살아 남을 수 있으니 행복한 편이다. 홍콩 영화가
> 생존하기 위해서 선택한 전략은 수출이다. 여러 나라에 수출하기 위
> 해서는 각 나라에 공통적인 영화 요소가 필요하다. 그래서 우리는
> '액션'을 택했고, 그 작전은 성공했다. 우리의 계산은 간단하다. 일
> 단 만들면 홍콩 시장에서 기본 제작비를 건져야 한다. 시장은 적지만
> 다행히 홍콩인들은 홍콩 영화를 많이 본다. 그 다음 대만에서는 홍콩
> 시장의 두 배를, 일본에서는 세 배를, 한국을 포함한 아시아 전체 시
> 장에서는 4배를 벌어들인다. [64]

　97년엔 80년 이후 처음으로 자국내 박스오피스 집계에서 홍콩 영화가

---

63) 조재홍 지음, 인디컴 엮음, 『인디컴의 세계영화기행 1』(거름, 1996), 61, 65쪽.
64) 조재홍 지음, 인디컴 엮음, 위의 책, 64쪽에서 재인용.

할리우드 영화를 포함한 외국 영화에 뒤졌다. 이에 대해 『씨네 21』 2000년 12월 12일자는 다음과 같이 말한다.

> 할리우드 영화를 포함한 외화의 흥행수익이 7850만 달러였고, 홍콩 영화는 이보다 750만 달러가 적은 7100만 달러를 벌어들였다. 최고조에 달했던 92년의 1억6000만 달러에 비하면 50% 이상 감소한 수치다. 96년 이후 홍콩의 박스오피스 총수입이 줄어드는 상황에서 외화에 추격을 허용했다는 것은 관객이 더 이상 홍콩 영화의 팬임을 자처하지 않는다는 증거였다. 특히 98년 아시아 경제에 먹구름이 끼면서 대만, 한국, 타이 등 '단골' 거래국들과의 거래가 현저히 줄었고, 총이윤의 70% 이상을 차지하던 판권수출이 저조해지면서 제작비 회수가 어려워졌다. 다음 작품을 제작하기 위한 펀딩이 쉽지 않은 건 불보 듯 뻔했고, 제작편수는 50~60편으로 하락했다. 지지 않는 태양이었던 골든하베스트 역시 지난 97년과 98년 12편의 홍콩 영화에 투자했지만, 단 한 편도 수익을 내지 못했다. 재정난이 가중되면서 골든하베스트는 한국 등에서 펼쳤던 멀티플렉스 사업의 규모를 줄이거나 처분했다. …… 올해 홍콩 영화계가 추산하는 제작편수는 110편 정도. 예년보다 편수가 늘었지만, 섣부른 낙관은 이르다는 분위기다. …… 기존의 동남아 시장을 유지하는 것이 중요하지만 무엇보다 홍콩이 관심을 갖는 건 중국이다. 홍콩과 같은 국가에 속하지만, 홍콩 영화 개봉편수는 제한을 둔다. 현재는 한해 평균 제작편수의 3분의 1 수준이다. 중국 시장에 지대한 관심을 갖고 있는 골든하베스트는 내년 초로 예상되는 중국의 WTO 가입이 홍콩에서 만들어진 영화의 유입을 활발하게 할 것으로 기대하고 있다. [65]

STAR TV

홍콩의 STAR(SATELLITE TELEVISION ASIAN REGION) TV는 1990년 5월에 허치슨사의 소유로 설립돼 91년 12월부터 홍콩에 기반을 두고 통신위성을 이용해 범아시아 대상으로 5개 채널 서비스를 시작하였다. 세계적인 미디어 거물 루퍼트 머독이 93년 8월에 주식의 64%를, 95년 7월에 잔여분인 36%의 지분을 인수하였다.

STAR TV는 초기에는 아시아인들 중에서 고소득 계층을 주시청자로 하여 서구 프로그램을 주로 편성하였으나, 머독 인수 이후 범아시아 지역 채널과 지역별, 언어별 편성으로 전환하였다. 94년 중국 정부의 반발을 의식해 북부 빔(beam)의 『BBC World』를 방영 중지하고 인도를 대상으로 힌두어에 의한 ZEE TV를 방송하였다. 또한 94년부터 대만과 인도를 대상으로 한 최초의 유료채널인 Star Movies를 시작하였다. [66]

스타TV는 인도의 영화 채널인 Zee Cinema와 필리핀 현지 채널인 Viva Cinema 주식의 50%를 소유하고 있는데, 전북대 정용준 교수는 Star Movies의 성공 요인으로 ① 94년 폴리그램과 2년 간의 프로그램 계약을 맺고 96년 초 대만에서 골든하베스트 영화사와 장기계약을 맺는 등 방대한 타이틀 확보, ② 서비스의 일부를 지역화, ③ 각 지역에서 지역 영화산업 추진 등을 들고 있다. [67]

94년 5월 스타TV는 MTV와 요금배분 문제로 결별하고 독자적으로 채널 V를 구성하였는데, 채널 V는 뉴스코퍼레이션과 Viacom 합작으로 94년

---

65) 〈추락하는 것은 날개가 있다: 홍콩영화산업의 어제와 오늘, 그리고 내일〉, 『씨네 21』, 2000년 12월 12일, 54~55면.
66) 정용준, 『디지털 위성방송과 영상소프트웨어』(나남, 2000), 111쪽.
67) 정용준, 위의 책, 113쪽.

5월에 방송을 시작하여 아시아 70여 개국에 서비스를 제공하고 있다. MTV Asia, 스타 TV Music Channel이라는 이름을 거쳐 현재의 이름이 되었고, 세계 5대 레코드회사 중 4개(워너뮤직, 소니뮤직, BMG, EMI)가 주식의 절반을 소유하고 있다. 아사아인 VJ 30명이 7개 언어로 하루 총 96시간 분량의 프로그램을 방송하고 있다. [68]

또한 채널 V는 2000년 9월 한국의 도레미미디어와 합작으로 채널 V 코리아를 개설하기로 하였다. 스타TV가 33% 지분(400만 달러)을 가지며, 한국측이 경영권과 프로그램 제작권을 가지기로 하였다. [69]

스타TV는 27개 채널을 운영하며 8천만 가구의 3억 시청자를 확보하였지만, 아직까지는 계속 적자를 보고 있어, 머독이 인수한 1993년 이래 누적 적자가 10억 달러에 이르렀다. [70]

홍콩의 새로운 방송정책

2000년 7월 4일, 홍콩 정부는 유료 TV 사업을 허가하면서 10개의 유료 TV 신청자 중에서 5개 사업체를 선정했다. 그 내용에 대해 『방송 동향과 분석』 2000년 8월 31일자는 다음과 같이 말한다.

"선정된 사업자는 루퍼트 머독의 Star TV가 운영하는 Hong Kong Digital TV와 공중파 방송국인 TVB 소유의 Galaxy Satellite Broadcasting, 영국 회사 Elmsdale, 대만 유료 TV회사 Pacific Digital Media, 인터넷 회사인 Sino-i.com 소유의 Hong Kong Network TV 등이다. 홍콩 정부의 정보 기술 및 방송 정책을 담당하는 Information

---

68) 정용준, 앞의 책, 113쪽.
69) 정용준, 앞의 책, 114쪽.
70) 정용준, 앞의 책, 118쪽.

Technology and Broadcasting Bureau(ITBB)의 담당자인 캐리 유는 5개 유료 TV 사업자들이 총 149개의 새로운 채널을 공급할 것이라고 하였다. …… 홍콩 방송은 전통적으로 상업방송 위주로 운영되어 왔다. 지상파 방송인 Television Limited(TVB)와 Asia사는 각각 영어와 중국어 채널을 가지고 있다. 그리고 정부기관인 Radio Television 위성방송은 1991년 Hutchvision Hong Kong Limited에서 Star TV Network라는 이름으로 시작했다. Star TV는 유료 방송인 Star Movies와 무료 방송인 Channel V, Star World, Star Sports, Phoenix Channel을 방송하며 8개 국어로 동북아, 동남아, 인도, 중동 지역까지 방송하고 있다. 케이블 방송은 Hong Kong Cable TV가 1993년 처음 시작한 이후 독점을 해왔다. 동축케이블과 광케이블을 통해 24시간 광동어 뉴스 채널을 비롯해 36개 채널을 공급하고 있다. 이렇게 유지되어 오던 방송구조가 바뀌게 된 것은 홍콩 정부의 'Open Sky' 정책 때문이다. 1998년 『Review of Television Policy』라는 자체 보고서를 기초로 하여 ITBB는 의회에 방송 시장의 개방과 경쟁 도입을 골자로 한 법안을 제출하였다. 최근에 통과된 방송법에 따르면 방송과 통신시장을 개방할 뿐만 아니라, 매체 융합에 대비해 다른 종류의 미디어마다 다르게 적용되던 법률을 하나로 통합시켰다. 그리고 유료 형태의 통합 서비스 공급업자 모집을 공고했다."[71] ■

---

71) 강원석, 〈홍콩의 방송산업 구조〉, 『방송 동향과 분석』, 2000년 8월 31일, 23~24쪽.

제3장 인도의 대중매체

제3장 인도의 대중매체

인도의 정치

인도의 면적은 한반도 15배(328만7천5백90km²)로 세계 7위이며, 인구는 10억으로 세계 2위이다. 인구는 지난 100년 사이 5배가 늘어, 40년 뒤엔 중국의 인구를 추월할 것으로 예상되고 있다. 인도는 빈부의 격차가 심하고 평균 소득이 일본의 1백분의 1에 지나지 않지만 워낙 인구가 많은 탓에 중산층이 2억이나 된다.[1] 법적 공용어만 15개이며, 방언을 포함해 1천6백 개의 언어가 사용되고 있으며, 190개 종교와 더불어 3천7백여 개의 계급(카스트)이 있을 정도로 복잡다단한 사회이다.

인도는 1947년 8월 15일에 독립하였다. 마하트마 간디가 이끌어 온 국민회의당은 독립투쟁의 기간을 포함 112년의 역사를 갖고 가난한 자들의 권익을 대변해 왔다고 자부하는 정당이다. 1947년 독립 후 국민회의당

---

1) 정용준, 『세계의 디지털 위성방송』(커뮤니케이션북스, 1998), 125쪽.

정부가 초대 총리 자와할랄 네루(1947~1966년 재임)의 사회주의 경제정
책에 따라 사회복지제도를 도입하는 것을 시작으로 빈곤 퇴치 사업은 인
디라 간디 전 총리(1966~1984년 재임), 라지브 간디 전 총리에게로 이어
졌다. 그러나 이 과정에서 부패 관리들의 착복 행위가 극심하게 일어났
다. 라지브 간디 때에는 빈민층에게 돌아가야 할 기금의 80%가 빼돌려졌
을 정도였다.[2]

 네루는 17년 간 외무장관을 겸임한 총리로 비동맹외교를 펼쳤지만 내
부적으론 '네루 왕조'를 세웠다. 50년 동안 네루 일가는 대를 이어 38년
이나 통치한 것이다. 딸 인디라 간디는 1966~1977년, 1980~1984년 두
차례 정권을 잡았고 인디라의 아들 라지브 간디는 1984년부터 1989년까
지 5년 간 총리를 지냈다. 라지브 간디 전 총리가 91년 선거 유세 중에 살
해된 이래 이젠 그의 아내 소니아 간디가 활동하고 있다.

 1991년 라지브의 뒤를 이은 나라시마 라오 전 총리가 이끌어 온 국민
회의당 정부는 경제 번영을 어느 정도 이루었음에도 불구하고 계급 종교
문제에 휘말려 96년 총선[3]에서 힌두 원리주의적으로 반회교주의를 표방
하는 극단 민족주의 성향의 인도인민당(BJP)에게 참패하였다.[4]

 98년 3월 15일 재집권한 인도인민당(BJP)은 '1민족 1국가 1종교'와 핵
개발을 선거 공약으로 내세웠는데, 아탈 비하리 바지파이 BJP 당수를 총
리로 하는 집권 연립정부는 핵무기 생산을 선언하였다. 국내적으로 19개
정파와의 불안한 연정을 이끌고 있는 BJP가 주도권 장악과 대중적 인기

---

2) 정은희, 〈정치 일선에 나선 소니아 간디〉, 『내일신문』, 1998년 1월 21일, 44면.
3) 인도의 선거는 매우 독특하다. 유권자만 6억5백만 명으로 미국 인구의 2.5배에 이른다.
 25개 주와 7개 연방직할구역에서 치러지는 선거에 참여하는 정당만 해도 전국적 정당이
 7개, 지역 정당이 35개에다 군소 정당도 4백 개가 넘는다. 투표일이 분산돼 있어 투표에
 서 개표까지 5개월이나 걸리며, 총선 때마다 부정투표 종교갈등 분리독립 요구 등으로 발
 생하는 유혈 사태를 방지하기 위해 투표소에 경찰을 배치한 뒤 선거를 치른다.
4) 정은희, 위의 글.

몰이를 위해 내린 결단으로 평가받고 있다. [5]

인도의 종교적 갈등

BJP의 정책이 시사하듯이, 인도는 종교적 갈등이 심한 나라인데, 특히 봄베이를 중심으로 이뤄지는 힌두 민족주의자들의 반회교적 문화 활동은 주목할 만하다. 98년, 간디의 암살범이었던 나두람 고드세를 주인공으로 내세운 연극 『나두람 고드세는 이렇게 말했다』는 큰 사회적 파장을 불러일으켰다. 이 작품은 1948년 1월 30일 78세 고령의 간디를 자택 뒤뜰에서 암살한 고드세의 법정 최후 진술을 바탕으로 작가 프라디프 달비가 80년대에 쓴 창작극이다. 고드세는 법정 최후 진술에서 "간디는 파키스탄이 독립할 수 있도록 방치함으로써 조국이 분열되도록 만든 악마다. 나는 악마를 살해한 것이다"고 말했는데, 이 진술은 수년 동안 인도에서 공개가 금지됐다. 고드세는 인도 독립 과정에서 있었던 힌두교도와 회교도 사이의 치열한 분쟁에서 힌두교도들이 많이 죽은 것에 대해 울분을 느끼며 이에 대한 책임이 간디의 비폭력 철학에 있다고 주장하였던 것이다. 이 연극은 암살자 고드세를 순교자처럼 묘사하면서 "간디의 비폭력 사상은 힌두교도에 대한 학살을 묵인하는 또다른 폭력"이라고 주장했다. 연극은 고드세의 입을 빌려 "비폭력이 다 뭐냐. 힌두교도들이 학살당하는데 침묵을 지키라니. 학살을 허용하는 것이야말로 폭력이다"며 간디 사상을 정면으로 비판하였다. 98년 간디 암살 50주년을 맞아 비폭력과 관용, 공존으로 요약되는 간디 사상이 인도인의 궁핍한 처지에는 어울리지 않는 이상론일 뿐이라는 반대파의 주장이 설득력을 얻고 있다는 평가도 나

---

5) 인도는 98년 5월에 핵실험을 하였으며 최초의 핵실험은 1974년에 이루어졌다.

왔다.[6]

인도의 정보화 물결

1999년 5월 한국의 과학탐사위성 '우리별 3호'는 인도에서 발사되었다. 위성발사 기술에 뒤이어 인도는 새로운 정보기술 강국으로 부상하고 있다. 2000년 현재 미국 실리콘밸리의 전문 인력 30%가 인도계이며, 인도는 99년 말 기준으로 세계 소프트웨어 시장의 약 18.5%를 차지하고 있다(미국, 아일랜드에 이어 3번째). 또 세계 최첨단 정보통신 기술을 보유한 21개 기업 가운데 12개가 인도 기업이다.[7] 2000년 8월, 『아시아 위크』지 특집기사는 인도에 대해 다음과 같이 말했다.

> 인도는 예전의 인도가 아니다. 새롭고, 자신감에 가득 차 있다. 올해 인도의 경제성장률은 중국을 뛰어넘을 것이다. 미국 실리콘밸리에서 인도 방갈로르에 이르기까지 인도인들은 질과 양의 양쪽에서 소프트웨어 분야의 세계적 강자로 자리잡고 있다. 인도의 경이적 성장을 추진하는 원동력 중 하나는 아탈 비하리 비지파이 총리가 이끄는 현정부라고 할 수 있다. 비지파이 정권은 오랫동안 인도 경제를 속박해왔던 사회주의적 억압적 요소들을 일거에 해소하는 조치를 취하고 있다. 인도가 중국을 앞지를 것으로 예상하는 데는 IT 외에 인도인들의 영어 구사 능력도 한몫하고 있다. …… 인도의 교육수준 또한 세계 정상급. …… 또한 인도엔 비참할 정도의 '빈곤'이 자리잡고 있다. …… 유엔개발기금의 통계에 따르면 인도 인구의 약 53%가 하루에

---

6) 이영미, 〈간디 모독 연극에 인도가 '술렁'〉, 『국민일보』, 1998년 11월 3일, 22면.
7) 김태윤, 〈인도는 지금 … 정보통신 강국〉, 『동아일보』, 2000년 2월 28일, B5면.

1달러 미만의 돈으로 생활하고 있다. 중국의 경우 극빈층은 37%다. 하지만 낙관적인 분위기가 보다 지배적이다. 규모의 경제가 아니라 지식에 기반을 둔 신경제라면 인도가 선두주자로 나설 가능성이 크다는 것이다.[8]

영어와 발렌타인 데이

인도를 휩쓰는 정보화의 물결은 영어의 인기를 높여주고 있다. 이에 대해 2000년 2월 『크리스천 사이언스 모니터』지는 다음과 같이 보도하였다.

"90년대 초 전 세계를 휩쓴 민족주의 물결로 인해 인도는 언어는 물론, 지명조차 봄베이를 뭄바이로 바꾸는 등 전통문화 보존에 열중했다. 이에 따라 각급 학교에서는 모든 교육이 힌두·벵골어 등 고유 언어로 이뤄졌고 그 결과 현재 영어 해득자는 10억 인구 중 5~7%에 머물고 있다. 그러나 영국의 식민지 시절 특권층 언어였던 영어가 최근 세계화 및 인터넷 확산의 바람을 타고 사회 곳곳에 널리 쓰이면서 다시 각광을 받고 있다. …… 인도 최대 일간지 『인디안 익스프레스』의 세카 굽타 편집장은 '정보화로 통칭되는 21세기의 생존 조건은 영어'라며 '동아시아 각국이 영어를 공용어로 강제 채택하려는 움직임도 이와 무관치 않다'고 지적했다. K R 나라야난 대통령도 지난 1월 국경일 축하 연설을 영어로 했다. 인도의 각 주는 이 같은 현실을 인식하고 영어를 정식 교과목으로 속속 채택하고 있다. …… 영어는 1천여 종의 언어가 통용되는 인도에서 일종의 교량어 역할도 하고 있다. 뿌리 깊게 반복해온 남부와 북부는 각각 타

---

8) 김영번, 〈인도경제, 중국 앞지른다〉, 『문화일보』, 2000년 8월 20일, 9면.

밀어와 힌두어를 사용하고 있고, 영어는 이 두 지역을 연결하는 고리역을 해낸다." [9]

그러나 이 기사가 미국적 관점에서 '희망 사항'을 반영한 점이 있다는 건 지적할 필요가 있겠다. 외래 문화와의 갈등은 앞으로도 계속될 것이 분명하기 때문이다. 예컨대, 2001년 2월 12일 인도 연립 내각의 한 구성원인 쉬브 세나당의 발 태커레이 총재는 당 기관지 『삼나(대결)』를 통해 발렌타인 데이가 "서방의 미치광이 놀음"이므로 발렌타인 축제가 열리는 레스토랑 밖에서 방해 시위를 벌이라고 촉구하였다. [10]

인도의 신문과 언론자유

인도의 일간지는 1998년 402개로 2천6백53만 부를 발행하였으며, 발행부수가 1백만이 넘는 일간지로는 『Times of India』(129만 부)와 『Malayala Manorama』(101만 부)가 있다. [11] 인도는 주요 언어만 15가지가 돼 수도인 뉴델리에서만 13종류의 언어로 신문이 발행되고 있다. 인도의 공용어는 힌디어이지만 인도의 22개 주 가운데 다만 6개 주에서만 이 용어가 다수에 의해 통용되고 있을 뿐이다. 영어는 인도 전역에서 사용되고는 있으나 주로 교육 수준이 높은 층에서만 통용된다. 인도의 주요 신문인 『더 타임스 오브 인디아』 『더 스테이츠맨』 『더 힌두』 등이 모두 영어를 사용한다. 『더 스테이츠맨』은 발행부수 50만으로 비교적 과감한 논평이나 사설을 게재한다는 평가를 받고 있는데, 이 신문은 75년 6월부터 77년 말에 이르는 기간 동안 간디 정부가 비상사태를 선포하고 언론의 자

---

9) 이병모, 〈인도, 몰아냈던 영어 '다시 배우기' 열풍〉, 『국민일보』, 2000년 2월 17일, 8면.
10) 〈"밸런타인 데이는 미치광이 놀음"〉, 『동아일보』, 2001년 2월 14일, A12면.
11) 『해외언론동향』, 1999년 10월호, 91쪽.

유를 제약했을 때 반대하기도 했다. [12]

신문의 자유는 잘 보장되고 있는 편이다. 예컨대, 88년 9월 라지브 간디 수상은 '명예훼손에 관한 법' 제정을 시도한 적이 있었다. 88년 8월 일체의 토론도 거치지 않고 곧바로 표결에 들어가 하원을 통과한 이 법안의 문제 조항은 '명예훼손 소송시 피고가 정당행위를 증명해야 한다' 는 조항이었는데, 이 같은 조항은 거증을 검사의 의무로 규정한 인도 일반법의 원칙에 정면으로 위배되는 것이었다. 공직자의 명예훼손을 막자는 것이 입법 취지라는 정부측의 설명과 달리 인도 언론은 이 법안이 폭로성 보도를 조직적으로 규제하는 언론 탄압을 위한 것이라고 규정하면서 대대적인 반대에 나섰다. 각 언론사가 단결, 정부측의 브리핑과 기자회견을 전면 거부했으며 친정부 신문들마저 대놓고 간디 정부를 공격하였다. 각 야당과 시민단체들도 합세해, 결국 간디 수상은 9월 22일 이 법안을 전면 폐기한다고 발표하였다. [13]

2000년 2월, 『타임』지 3천 부가 압수되는 사건이 벌어졌는데, 『타임』지의 한 인터뷰 기사가 마하트마 간디를 "인도 역사상 가장 잔인한 인물"로 묘사하는 등 "국부인 마하트마 간디를 비난하는 내용을 담고 있어 국가권위를 명백히 훼손했다"는 이유였다. 인도 법에는 정부가 '국가권위와 공공질서를 훼손하는 특정 내용을 담은 문서' 의 배포를 금지할 수 있다는 것이 정부의 주장이었다. [14]

인도 정부는 99년 5월에 발생한 카길 지역분쟁 이후 파키스탄 텔레비전(PTV) 시청금지 조치를 취했는데, 이는 5개월 후에 해제되었다. BBC 뉴스는 10월 22일에 다음과 같이 보도하였다.

---

12) 유재천, 〈세계의 신문: 더 스테이츠맨〉, 『바른언론』, 1995년 9월 23일, 6면.
13) 〈간디 수상, '언론악법' 으로 치명타〉, 『한국일보』, 1988년 9월 25일.
14) 〈인도-타임지 3,000부 압수〉, 『KPF 해외언론동향』, 2000년 3월호, 80쪽.

　"언론분석학자인 아미타 말릭은 이 조치가 매우 잘된 일로서 분별력 있는 인도 시청자들이 무엇이 진실이고 허위인지 잘 판단할 것이라고 말했다. 인도 정부는 파키스탄의 반(反)인도 선전정책을 색출해야 한다는 이유로 검열행위를 정당화하고 있다. 가정 드라마가 주종인 파키스탄 방송은 인도 시청자들에게 인기가 높다. 특히 국경과 가까운 지역에서 PTV 프로그램은 인기를 끌고 있다. 때문에 인도 정부는 전국 네트워크 TV의 출력 강화를 줄곧 추진해왔다." [15)

국영 두르다르샨

　인도의 대표적인 방송은 국영 라디오 AIR(All India Radio)과 6개의 TV 채널을 갖고 있는 국영 두르다르샨 또는 DDI(Doordarshan India)이다. DDI는 1976년 첫 상업광고를 내보냈으며, 1980년 이래 광고 스폰서가 허용되었다. [16)] 2000년 현재 인도의 방송 환경은 거의 무규제 상태로 100개의 채널이 수신 가능하다.

　인도는 1972년 TV 방송을 시작해 17년 간은 흑백 방송을 했다. 그나마 송신과 제작 수준이 매우 낮았는데, 정부가 TV는 사치품일 뿐이라고 생각했고, 오랜 식민지 생활의 경험을 갖고 있는 국민들도 외국의 선진 제작기술 도입에 반발했기 때문이었다. 1977년까지 전체 TV 수신기 수는 67만6천여 대에 지나지 않았으나 1982년 뉴델리 아시안게임을 계기로 국영 TV이자 유일한 지상파 방송인 두르다르샨이 중계를 위해 컬러방송을 시작했고 인도 여러 지역에 송신 시설을 세우기 시작하면서 급속히 발전하게 되었다. 90년부터 시작한 전 분야에 걸친 자유화가 방송에도

---

15) 〈인도-파키스탄TV 시청 허가〉, 『해외언론동향』, 1999년 11월호, 76쪽.
16) 〈인도의 TV 산업〉, 『MBC 세계방송정보』, 121(1989년 4월 18일), 58쪽.

영향을 미쳐 외국자본 또는 방송사가 인도에 프로그램을 공급하거나 방송을 할 수 있게 돼, 처음엔 CNN, 다음엔 STAR TV가 진출하였다. [17]

미국의 시사주간지 『타임』 1990년 12월 10일자는 〈인도의 뉴스 혁명〉이라는 제목의 기사에서 비디오 뉴스가 인기를 끌고 있다는 내용을 보도하였다. 『뉴스트랙』의 경우 90분짜리 테이프를 월 2만 개나 판매하며 불법 복제 등으로 560만 명이 시청한다는 것이었다. 경제뉴스를 전문으로 다루는 『비즈니스 플러스』와 『업저버 뉴스 채널』까지 생겼다고 한다. [18]

아닌게 아니라 91년까지만 해도 국영 두르다르샨 방송은 두 개밖에 없던 채널을 독점하곤 정부 담화, 공식 검열 과정을 거친 뉴스, 농업 관련 성공담, 재탕에 재탕을 거듭한 힌디어 영화 등만 방영했기 때문에 그러한 비디오 뉴스가 인기를 끌 수밖에 없었을 것이다. [19]

92년 10월에 생긴 위성방송 Zee TV는 젊은 세대의 취향에 맞는 오락 프로그램과 인도 고유의 문화와 전통을 잘 배합해서 힌두어로 방송하였는데, 오락 프로그램이 큰 성공을 거두어 그 해 전체 TV 광고시장의 25%를 차지하였다. [20]

Zee TV는 스타TV의 성공에 자극받아 스타TV가 임대한 아시아새트 위성의 중계기를 재임대하여 방송을 시작한 것이었는데, 출범 6개월 만에 흑자를 내는 성공을 거두었다. 루퍼트 머독은 93년 7월에 스타TV의 대주주가 되자 Zee TV의 50% 소유주인 Asia Today에 압력을 가해 Zee TV의 주식 50%를 인수하였다. Zee TV는 인도의 독립프로그램 제작사인 Zee Telefilm사의 사장인 스바쉬(Essel 그룹)가 방송면허를 따지 못해

---

17) 강원석, 〈인도 TV 방송의 역사와 새 방송법의 골자〉, 『방송 동향과 분석』, 2000년 9월 15일, 32~33쪽.
18) Edward W. Desmond, 〈India's News Revolution〉, 『Time』, Dec.10, 1990, p.61.
19) 〈볼거리 풍성해진 인도 텔레비전〉, 『뉴스위크』(한국판), 1994년 11월 9일, 84~85면.
20) 강원석, 위의 글, 33~34쪽.

Asia Today가 대신 면허를 획득하였고 주식의 나머지 50%는 스바쉬가 소유하고 있었다. 95년 6월 Zee TV는 인도에서만 1천6백만 가구에서 시청하였고 인근 지역까지 합하면 44개국의 5천2백만 가구 이상이 시청하였다.[21]

'볼거리 풍성해진 인도 TV'

그런 변화로 인해 인도 TV는 엄청난 변화를 겪게 되었는데, 『뉴스위크』 94년 11월 9일자는 〈볼거리 풍성해진 인도 텔레비전〉이라는 제목의 기사에서 다음과 같이 보도하였다.

"나라시마 라오 총리의 경제 자유화 정책에 힘입어 인도는 이제 12개 이상의 채널을 보유한 국가가 됐다. …… 인도 TV 방송국은 미국의 음악 전문 방송 MTV나 멜로드라마뿐 아니라 『MASH』, 『다이너스티』같이 미국에선 이미 10여 년 전 황금 시간대에서 사라진 프로들을 내보내고 있다. …… 인도 정부의 개혁안은 TV 방송부문에 일대 혁신을 일으켰다. 외국 방송사의 국내 진출을 가로막고 있던 무역장벽을 제거함으로써 인도 대륙에 교두보를 구축, 급증하는 인도 중산층에 접근하려고 혈안이던 외국 방송사들간에 불꽃튀는 경쟁을 불러일으켰다. 최근 언론재벌 루퍼트 머독 소유의 아시아 위성 방송망 스타TV는 94년 영어에 힌디어 자막을 삽입한 영화 채널을 24시간 가동하기 시작했다. 영국 BBC 방송은 뉴델리에 지국(해외 지국 중 가장 큰 규모 가운데 하나)을 개설했다. 영어·힌디어 프로그램을 제작, 스타TV를 통해 방영할 예정이다. 게다가 지난 10월엔 미국의 스포츠 전문 방송 ESPN이 인도 시장에 뛰어들었다. 프랑스의

---

21) 정용준, 『세계의 디지털 위성방송』(커뮤니케이션북스, 1998), 130~131쪽.

카날 플뤼도 곧 인도에 상륙할 예정. …… 현재 인도의 TV 보유 가정은 4천만 가구. 보유율은 해마다 10%씩 증가하고 있다. …… 그러나 채널 신설을 달갑지 않게 여기는 사람도 있다. 일부 도시의 경우 케이블TV 방송국이 노골적인 포르노 영화를 방영, 규제 강화의 목소리를 높이는 결과를 낳고 있다. 라오 총리는 지난달 케이블 방송국에 대한 외국인 지분율을 49% 이하로 못박은 법안에 서명했다. 나체·폭력·성애(性愛) 장면 방영 한도도 못박았다. 설립 이후 처음 경쟁에 직면하게 된 두르다르샨 방송은 모방전략을 채택, 경쟁 방송사가 황금 시간대에 새 프로를 내보내기 시작하면 그와 흡사한 프로를 같은 시간대에 방영하는 수법을 쓰고 있다. 현재 5개 채널로 매주 연 1억2천만 명의 시청자를 붙들어 놓고 있는 두르다르샨 방송은 할리우드 영화를 방영하기 위해 컬럼비아 영화사, 월트 디즈니사와 계약을 맺기도 했다. 두르다르샨 방송의 새 프로가 모두 보잘 것 없는 건 아니다. 그들은 검열을 거치지 않은 경제뉴스, 시사문제 전문 채널 DD3로 BBC 시청자를 공략할 계획이다." [22]

DDI와 위성방송

Zee TV의 성공에 자극을 받은 두르다르샨도 서둘러 위성방송을 시작했다. 94년 MTV도 Star TV에서 DDI의 위성방송으로 옮겼으며, 95년 4월엔 24시간 'Movie Club' 채널이 출범하였다. [23] 인도의 기후는 큰 변화가 없이 예측가능성이 높아 전에는 거들떠보지도 않던 일기예보 프로그램마저도 위성방송 Star Plus가 매력적인 앵커와 화려한 그래픽을 동

---

22) 〈볼거리 풍성해진 인도 텔레비전〉, 『뉴스위크』(한국판), 1994년 11월 9일, 84∼85면.
23) Pradip N. Thomas, 〈South Asia〉, Anthony Smith/Richard Paterson eds., 『Television: An International History』(Oxford: Oxford University Press, 1998), p.206.

원해 제작하면서 높은 인기를 누리게 되었다.[24]

DDI의 그런 공격적인 경영에 대해 이젠 역으로 상업방송사들의 DDI 견제가 시작되었는데, 이에 대해 『Broadcast』 95년 8월 18일자는 다음과 같이 보도하였다.

"인도의 상업방송사들은 자국을 겨냥하고 있는 국제 방송사들의 유입을 저지하기 위해 결집했다. Zee TV, Business India TV, Srishti Videocorp, Hindustan Times TV, Modi-Disney 채널, Ennadu 미디어 그룹, 그리고 이름이 확정되지 않은 또 하나의 채널 등 7개 방송사가 모여 정부를 상대로 로비 활동을 펼 인도방송사연합(IBA)의 결성을 추진 중이다. 이 로비그룹은 …… Doordarshan과 CNN International(CNNI)이 최근 손을 잡은 데 대해 분개하여 활동을 개시했다. 양사간의 협정에 따르면 국내의 상업방송사들은 인도 내에서 업링크할 수 없는 데 반해 CNNI는 인도 내에서의 업링크가 허용된다. 이에 대해 야당이, 정부가 인도의 이익을 팔아버렸다고 비난하기 시작하면서 심각한 정치적 문제로 비화됐다. Zee TV와 Modi 채널은 CNNI에 대한 특혜조치에 불만이긴 하지만, Zee TV 자신도 일부는 News Corp. 소유이며, Modi 그룹도 Disney와의 연계가 있다. IBA의 초대 의장으로는 Zee TV의 Subash Chandra가 임명되었다."[25]

텔레비전 보급대수는 94년 4천5백만 대에 이르렀는데, 이는 85년에 비해 6배 이상 증가한 것이었다. 96년 TV 보급대수는 5천만 대로 늘었고, 이 가운데 2천만 대가 케이블에 연결되었으며, 연간 TV 광고료는 3억

---

24) K. P. Jayasanker and Anjali Monteiro, 〈India〉, Klaus Bruhn Jensen ed., 『News of the World: World Cultures Look at Television News』(London: Routledge, 1998), p.65.
25) 〈인도의 방송사들 외국의 경쟁사 퇴치를 위해 결집〉, 『방송 동향과 분석』, 1995년 9월 15일, 20쪽.

달러에 달했다. 또 96년엔 50개 이상의 채널이 생겨났으며 중계 유선업자도 6만 개에 이르렀다. DDI의 시청자점유율은 93년 84%에서 97년엔 60%로 떨어졌다. [26]

다채널 시대용 방송법 제정

인도 정부는 97년 5월 16일 방송용 전파를 민간에게 개방하는 한편 외국의 위성방송에 대한 규제를 강화하는 방송법안을 하원에 제출하였는데, 이 법안의 골자는 정부로부터 독립한 '인도방송위원회'를 설치하는 것이었다. 이 법안은 케이블TV 사업자가 일반 가정에 제공하고 있는 외국의 위성방송의 경우에는 뉴스, 시사문제, 스포츠 프로그램에 상업광고를 넣는 것은 인정하지만 영화나 애니메이션 등 여타 프로그램에는 상업광고를 인정하지 않고 있다. 그러나 외국의 사업자가 인도 사업자와의 합병 사업에 참가할 경우 인도 국내에서 상업광고를 넣은 프로그램을 방송할 수 있다. 단 출자비율은 49%를 초과해서는 안 된다. [27]

그러나 이 법안은 통과되지 못했으며 4년 만에 다시 빛을 보게 되었는데, 이에 대해 『방송 동향과 분석』 2000년 12월 20일자는 다음과 같이 말한다.

"계속된 무규제는 미래의 매체융합과 방송발전을 위해서라도 이익이 될 수 없다고 판단한 인도 정부는 1997년 법안을 수정해서 4년 만인 올해 다시 상정한 것이다. …… 인도의 방송환경의 변화는 채널 수의 변화로 이어져 1991년까지 2개의 채널이었으나 1996년에는 50개 이상의 채널이 생겨났다. 중계유선업자도 늘어나서 1996년에는 약 6만 개의 중계유선업

---

26) 정용준, 『세계의 디지털 위성방송』(커뮤니케이션북스, 1998), 128쪽.
27) 한국언론연구원, 『세계언론법제동향』, 1997년 하권, 112쪽.

자가 난립하고 유료 TV의 무단 복제 송신이 난립했지만, 정부는 그저 뒷짐 지고 지켜만 보고 있었다. 더욱이 매체융합으로 인터넷방송까지 우후죽순 생겨나고 통신회사도 방송에 뛰어들지만 아무런 규제가 없었다. 큰 이변이 없는 한 통과될 것으로 예상되는 이 방송법은 방송 · 위성 · 인터넷 · 통신 · 케이블을 모두 통합하는 동시에 그 동안 방치되어 왔던 방송환경을 정리하는 법으로서, 만일 통과될 경우 기존의 난립한 사업자 정리와 더불어 매체융합에 대비한 정부기구 정비를 통해 인도 방송환경에 큰 변화를 가져올 것이다.”[28]

머독의 스타TV

97년 1월 현재 인도에서 스타TV 시청 가구는 1천4백만에 달한다. 스타TV는 Zee TV와 연계하여 또다른 영화 및 오락 채널을 제공하고 있다.[29] 스타TV는 스타TV의 디지털 서비스인 ISkyB로 인해 인도 정부와 갈등을 빚었다. 인도의 새로운 방송법안을 염두에 두고 스타TV측에서는 스타TV India의 사장을 인도인인 Basu로 내세워 96년 10월에 방송면허 신청을 했는데, 이게 오히려 역효과를 냈던 것이다. 이에 대해 전북대 정용준 교수는 다음과 같이 말한다.

“스타TV측에서는 1997년 7월 하순 인도의 대법원에 위성방송금지법이 헌법상의 정보에 대한 접근권리에 위배된다는 이유로 제소하였다. 하지만 8월에 인도 법원은 국가안보의 문제가 걸려있을 때 정부는 위성방송 수신을 제한할 수 있다는 판결을 내렸다. 또한 인도 정부는 ISkyB의

---

28) 강원석, 〈동남아시아: 싱가포르, 홍콩, 인도의 방송환경 변화〉, 『방송 동향과 분석』, 2000년 12월 20일, 36~37쪽.
29) 정용준, 『세계의 디지탈 위성방송』(커뮤니케이션북스, 1998), 133쪽.

사장인 Basu와 주요 경영진들을 블랙리스트에 올려놓고 이들이 정부관료들을 만나 면허획득을 위한 로비를 하는 것을 감시하고 있다. 특히 사장인 Basu는 이전에 국영방송인 DDI의 회장으로 재직할 당시의 활동 내용으로 인도중앙조사국의 면밀한 심문을 받고 있다. …… 인도 정부는 ISkyB를 겨냥하여 새로운 방송법안이 의회에서 통과될 때까지 허가를 받지 않은 위성방송의 개인 수신을 강력히 규제하고 있다. 하지만 현재의 법체계 하에서도 BBC World Service와 CNN 같은 국제뉴스 채널들은 광고를 하지 않는 한 허용된다고 밝혔다.”[30]

98년엔 루퍼트 머독이 수백만 달러에 이르는 인도내 재산을 몰수당할 위기에 처했다는 보도가 나오기도 했다. 머독이 소유하고 있는 스타TV가 인도에서 외설 영화를 방영한 것이 문제가 되었기 때문이다. 뉴델리 사법 당국은 머독에게 소환장을 보냈지만 그가 불응하자 인도 내에 있는 그의 모든 유동 자산과 부동산을 조사해 목록을 작성토록 명령을 내렸다. 이미 머독에 대해 체포 영장을 발부한 뉴델리 사법당국은 여차하면 그의 전 재산을 몰수하겠다는 강경 방침을 고수하였고, 이 소송과 관련해 스타TV 인도 지사장과 케이블TV 업자 등 30명이 소환되는 일이 벌어졌었다.[31]

위성방송의 명암

미국의 저널리스트 토머스 L. 프리드먼(Thomas L. Friedman)은 그의 저서 『렉서스와 올리브나무: 세계화는 덫인가, 기회인가?』에서 98년 여름 『뉴욕 타임스』의 뉴델리 소장 존 번스를 방문한 이야기를 소개하고 있다. 번스의 말이다.

---

30) 정용준, 앞의 책, 135~136쪽.
31) 〈머독, 인도 재산 몰수 위기〉, 『주간조선』, 1998년 11월 12일, 94면.

"우리 집 옥상에는 커다란 위성수신 안테나가 4개나 있지요. 매년 그 유지비로 회사 돈이 수천 달러나 들어갑니다. 장비로 치자면 우리 집은 위성 송수신소 못지 않을 정도입니다. 하지만 난 정말 진저리가 나요. 이렇게 비싼 장비인데도 바로 이곳 인도 방송사에서 중계하는 월드컵 경기 하나 받아보지 못하니 말입니다. 아무래도 이곳 기상변화와 연관이 있어 보이긴 한데, 우리 집에 정기적으로 장비를 손봐 주기로 한 수리공은 가뭄에 콩 나듯 얼굴을 비친다니까요. 어느 날 아침엔가는 너무 화가 나서 아침식사 중 다른 사람들에게 마구 불평을 늘어놓았지요. 그랬더니 인도 독립 전에는 구두닦이를 했고 지금은 우리 집 요리사로 일하는 올해 일흔 한 살의 압둘 토히드가 하는 말이, '도대체 무엇 때문에 그렇게 화를 내십니까? 저는 도무지 이해할 수 없군요. 제 TV에는 온갖 것이 다 나오는데요. 소장님은 혹시 쓸데없이 위성에다 시간과 돈을 낭비하는 것 아닙니까? 제 방에 한번 와 보세요' 하는 겁니다. 그와 그의 아내는 우리 집 뒤편의 조그만 별채에 살고 있었는데, 저는 즉시 그리로 한번 가보았습니다. 그랬더니 그의 부인이 BBC 방송을 보고 있는 겁니다. …… 그가 내게 리모컨을 넘겨줘서 채널을 1에서부터 27까지 하나씩 돌려보니, 중국, 파키스탄, 오스트레일리아, 이탈리아, 프랑스 등 온갖 나라 방송이 다 나오는 것이었습니다. 그런데 이 모든 채널의 시청료가 얼마인지 아십니까? 한 달에 150루피(우리 돈으로 4,000원 정도)라는 겁니다. …… 토히드 말이, 자기 친구 하나가 해적 케이블 시스템 회사를 운영하는데, 그 곳에서 전화선을 따라 케이블을 자기 방까지 연결시켜 주었다는 것입니다."[32]

　　세계화 예찬론자인 프리드먼은 위성방송을 인도의 축복으로 보고 있는 듯하다. 그러나 전혀 다른 의견도 있다. 한 개발분석가는 기업들의 메

---

32) 토머스 L. 프리드먼(Thomas L. Friedman), 신동욱 옮김, 『렉서스와 올리브나무: 세계화는 덫인가, 기회인가?』 전2권(창해, 2000), 128~129쪽.

시지가 위성방송을 통해서 전파됨에 따라 그들이 "인도의 시장을 손에 넣기가 훨씬 쉬워졌다"고 지적하면서 다음과 같이 말한다.

현재 인도에 보급된 텔레비전 수상기 3,500만 개의 절반이 위성방송이나 유선방송을 수신함으로써 6,000만 명이 넘는 사람들에게 바깥 세상을 보는 새로운 창을 제공하고, 거의 하룻밤 새에 거대한 소비자 시장을 창출하고 있다. [33]

인도의 영화

지구상의 영화 4편 중 1편은 인도 영화라는 말이 있을 정도로 인도는 세계 최대의 영화 제작 국가이다. 1985년 유네스코문화통계연감에 따르면, 인도는 인구 1인당 연간 6.8회 영화를 관람하는 반면 미국은 4.5회, 일본은 1.3회에 지나지 않았다. [34]

연간 영화 제작편수 최고 기록은 90년에 세워진 948편이다. 그 이후 제작편수가 줄기 시작했는데, 영화계는 케이블TV를 그 주범으로 지목하였다. 지난 91년엔 봄베이의 영화 거리에서 정부에게 케이블 사업자에 대한 단속을 강화하도록 요구하는 대대적인 항의 시위가 열린 적도 있었다. [35] 『세계일보』 98년 11월 14일자의 다음과 같은 보도는 영화계와 케이블TV가 여전히 안 좋은 사이라는 걸 시사해주기에 충분하다.

"인도 극장가에는 최근 '에이즈 환자들이 극장 좌석에 바이러스에 감

---

33) 헬레나 노르베리-호지/ISEC, 이민아 옮김, 『허울뿐인 세계화』(따님, 2000), 82쪽에서 재인용.
34) 구니야스 도쿠마루, 김재봉 역, 『디지털 혁명과 매스미디어: 매스컴 빅뱅』(나남, 2000), 190쪽.
35) 〈인도, 외국전파 홍수에 당혹〉, 『MBC 세계방송정보』, 1991년 12월 31일, 106쪽.

염된 바늘을 떨어뜨려 놓았다'는 뜬소문이 나돌면서 대부분 초등학교들이 학생들의 영화관람 예약을 줄줄이 취소하는 등 관객이 크게 줄어 극장주들의 애를 태우고 있다고. 인도의 최고 인구 밀집 지역인 우타르프라데시주(州) 극장주들은 '지난 몇 주 동안 극장 수입이 15% 이상 줄었다'고 울상을 지으며 '케이블TV 업자들과 비디오 대여점 주인들이 못된 소문을 퍼뜨렸다'고 맹비난."[36)

극장은 1만3천여 개가 있으며, 95년엔 795편, 96년엔 683편, 97년엔 697편, 98년엔 693편, 99년엔 744편이 제작되었다.[37] 98년 기준으로 해 주요 국가별 연간 극영화 제작편수를 비교해보면 인도 693편, 미국 661편, 일본 249편, 프랑스 183편, 이탈리아 92편, 홍콩 92편, 영국 87편, 중국 82편, 스페인 65편, 한국 43편 등이다.[38]

영화 편수로는 할리우드를 능가해 Bollywood라 불리며, 실제로 인도는 할리우드 영화가 유일하게 뿌리내리지 못한 나라이다. 10억 인구 열 명 중 한 명은 매주 극장에 간다고 할 만큼 세계 최대의 관객층을 갖고 있거니와 인도인들의 자국 문화 사랑 또는 보수성이 워낙 강하기 때문이다.

그러나 96년 현재 홍콩 스타TV 등 위성방송망을 통해 외국 영화가 자주 소개되면서 할리우드 영화 등 서구 영화가 점차 젊은이들의 인기를 모으고 있다는 관측도 나오고 있다. 또 할리우드가 언어의 차이에서 오는 벽을 허물기 위해 자막 대신 아예 더빙을 해 영화를 상영하는 등 인도 시장을 향한 재진군을 시작해 앞으로 지켜 볼 일이다.[39]

---

36) 〈'극장좌석에 에이즈감염 바늘'인 헛소문에 관객 크게 줄어〉, 『세계일보』, 1998년 11월 14일, 12면.
37) 황혜림 정리, 〈발리우드를 아시나요: 스크린쿼터는 없어요〉, 『씨네 21』, 2000년 8월 8일, 26~27면.
38) 구문모 · 임상오 · 김재준, 『문화산업의 발전 방안』(을유문화사, 2000), 80쪽.
39) 이인우, 〈할리우드가 점령못한 '발리우드'〉, 『한겨레신문』, 1996년 6월 6일, 11면.

그러나 나라야난 인도영화진흥공사 이사가 지적한 다음과 같은 인도 관객의 특징 4가지가 사실이라면 할리우드가 아무리 독한 마음을 먹어도 발리우드를 정복하는 건 어려울 것 같다는 생각이 든다.

1. 인도인들은 춤과 노래, 액션 그리고 해피엔딩 영화를 절대적으로 좋아한다. 2. 다양한 지역 언어를 가진 인도인들은 자기 언어로 된 영화를 원한다. 같은 인도 영화라도 다른 지방에 가면 외국 영화나 다름없다. 3. 인도의 전통적 정서와 문화를 반영하지 않으면 흥행에 성공하기 어렵다. 4. 인도 영화는 상영 시간이 할리우드 영화보다 훨씬 길다.

왜 인도인은 영화에 몰두하나?

그런가 하면 인도 근대사를 전공하는 숭실대 사학과 강사 이옥순 씨는 '발리우드' 현상을 인도의 독특한 문화적 정서에 연결시켜 다음과 같은 진단을 내린다.

인도는 또한 할리우드 영화가 맥을 못 추는 유일한 국가다. 인도는 전국에 영화관이 1만2천여 개나 있는 시네마 천국이지만 인구 1천만 명이 넘는 수도 델리에서도 외국 영화를 개봉하는 극장은 두어 개에 불과하다. 수도가 그 정도니 나머지 지역은 말하지 않아도 짐작할 것이다. …… 인도는 '발전'과 '자기문화 보존'의 경계를 아슬아슬하게 걸어간다. 어쩌면 인도의 더딘 변화는 정복된 후 '독립'을 부르짖고 애쓰기보다 아예 정복당하지 않으려는 한 방편인지 모른다. 또한 외국 문화의 공격과 세계화 또는 발전이라는 이데올로기 아래 진행되는 문화적 동질화의 거대한 불도저 앞에서 자기 문화를 지킬 권리를 주장하는지도 알 수 없다. [40]

다른 관점의 해석도 있을 수 있겠다. KBS 김정수 TV1국 PD는 『KBS 저널』 2000년 4월호에 기고한 글에서 인도 영화에 대해 다음과 같이 말한다.

'인도 영화에는 사람들이 일상을 탈출해 현실의 고통을 잊을 수 있는 아름다운 음악과 화려한 춤, 그리고 비현실적인 환상의 스토리가 있다. 조금은 환상적이고 약간은 과장과 허황이 섞인 영화를 보면서 사람들은 현실의 고통을 잊고 대리만족에 빠진다' 는 게 영화평론가이자 영화잡지 편집장인 쏘마야 여사(46세)의 말이다. 자신의 힘으로는 도저히 헤어날 길이 없는 계급과 가난의 굴레와 고된 현실. 인도인들은 영화를 보면서 자신의 고통을 잊고 영화에 나온 주인공이 문제를 해결하는 것을 보며 대리만족을 얻는다. …… 우리가 인도 영화를 마살라(양념을 뜻하는 인도어)라고 부르는 이유도 여기에 있다. 한 영화 속에 춤과 음악, 사랑과 폭력, 그리고 기쁨과 눈물이 한데 어우러져 있는 영화 형식이 음식의 양념과 비슷하기 때문에 이런 이름이 붙여진 것이다. 만일 인도에 영화가 없었다면 하층 계급들이 폭동을 일으켰어도 수백 번은 일으켰을 거라는 한 영화감독의 말이 결코 과장된 표현이 아니란 생각이 든다. [41] ■

---

40) 이옥순(숭실대 사학과 강사 · 인도근대사), 〈코카와 펩시 인도시장 진입전쟁: 인도인은 저항과 폭력으로 콜라문화에 맞서〉, 『월간중앙 윈』, 1999년 2월호, 187쪽.
41) 『KBS 저널』, 2000년 4월호, 79~80쪽.

제4장 아시아의 대중매체

아시아의 언론자유

1998년 10월, 세계은행은 세미나에서 아시아 각국의 언론매체들이 권력으로부터 보다 자유롭고, 보다 비판적이며, 보다 공격적이었다면 현재의 경제위기의 주범이라고 말할 수 있는 각 정부의 부정부패와 연고주의적 자본주의에 제동을 걸 수 있었을 것이라고 지적했다. 마크 말로크-브라운 세계은행 커뮤니케이션 담당 부총재는 "자유로운 언론 매체만이 경제정책의 시시비비를 가릴 수 있으며 이 같은 비판을 공개해야 국민들이 권력남용 등에 대한 정확한 사실을 알고 대응할 수 있을 것"이라고 강조했다. 세계은행 관계자들은 특히 언론매체가 경제적 독립 없이는 정치권력으로부터 독립할 수 없다는 점을 지적하면서 경제위기를 맞고 있는 국가의 비판적이며 독립적인 언론에 대한 지원이 시급하다고 밝혔다. 각국 대표들은 그러나 아시아 각국과 러시아 등 경제위기가 심화되고 있는 국가들의 독립적인 신문 방송 등이 자금 부족 등 경제적 사정으로 이 같은 역할을 제대로 하지 못하고 있는 점에 주목했고, 세계은행은 이에 따라 각종 공공재단이나 기금, 자선단체 등에 개발도상국의 독립언론을 지원해 줄 것을 촉구했다. 이와 관련, 미 투자회사 퀀텀펀드의 조지 소로스 회장은 러시아의 독립언론매체에 1천만 달러의 지원자금을 내놓았다.[1]

2001년 1월, 1985년 파리에서 결성돼 언론인 탄압에 대항해 싸워온 국경 없는 기자협회(Reporters Sans Frontieres)는 국민이 인터넷 사용을 금지하거나 제약하는 나라가 모두 45개국에 이른다고 발표했다. 『동아일보』 2001년 1월 22일자는 국경 없는 기자협회가 웹사이트(www.rsf.fr)에 공개한 통제사례 가운데 통제의 정도가 심한 몇 나라들의 실태를 보도하였는데, 거의 대부분 아시아 국가들이다.

▽북한 = 북한 주민들은 인터넷을 구경조차 할 수 없다. 외국인을 대상으로 한 방송국과 신문사 등 소수의 공식 사이트들은 일본에 있는 서버컴퓨터를 통해 관리된다. ▽미얀마 = 컴퓨터를 소유한 사람은 정부에 신고하도록 하는 내용의 법안을 96년 통과시켰다. 이 법을 어기면 최고 징역 15년형을 선고한다. ▽시리아 = 개인은 인터넷을 사용할 수 없다. 이를 어기면 불법적으로 외국인을 접촉한 것과 마찬가지로 징역형에 처해진다. ▽사우디아라비아 = 인터넷을 '사람들의 마음을 서구화하는 해악'이라고 공식 규정하고 있다. 37개의 민간 인터넷서비스제공업체(ISP)가 있지만 이슬람의 가치에 반하는 모든 정보는 정부기관 서버를 통하며 걸러진다. ▽이라크 = 국민이 직접 인터넷에 접속할 수 없다. 정부기관이나 언론기관 사이트는 요르단에 있는 서버를 통해 관리된다. 경제 제재 때문에 극소수만 컴퓨터를 갖

---

1) 이장훈, 〈'아 위기극복 언론 역할 크다'〉, 『한국일보』, 1998년 10월 13일, 9면.

고 있다. ▽베트남＝인터넷을 사용하려면 내무부의 허가를 받아야
한다. 국제인권단체나 해외 베트남인들이 운영하는 사이트는 막혀
있다. ▽중국＝인터넷 사용 인구가 급증하고 있지만 정부통제는 완
화되지 않고 있다. 99년 한 망명자가 미국에서 운영하는 인터넷 잡
지 사이트에 회원 3만여 명의 E메일 주소를 제공한 컴퓨터 기술자에
게 징역 2년을 선고했다. 또 99년 6월 톈안먼 사태 10주년이 다가오
자 소요 사태를 우려한 중국 정부는 300여 개의 사이버카페(PC방)
에 대해 영업정지명령을 내렸다. 이밖에 벨로루시 우즈베키스탄 카
자흐스탄 수단 등은 민영 ISP를 금지시키고 국영 ISP만을 인정한다.
튀니지는 2개의 민영 ISP가 있지만 하나는 대통령의 딸이 운영하고
하나는 친정부 인사가 운영한다. [2)]

아시아의 영화

2001년 1월, 미국의 『뉴욕 타임스』는 "최근 미국과 유럽에서는 이른바
'아시아 영화의 대공세' 가 펼쳐지고 있다"며 아시아 영화에 대한 찬사를
아끼지 않았는데, 그 주요 내용은 다음과 같다.
　"예전에는 예술 영화관에서만 상영되던 아시아 영화들이 미국과 유럽
의 일반 극장에 진출해서 상업적으로도 성공을 거두기 시작한 것은 최근
몇 년 사이의 갑작스러운 현상이다. 중국 대만 한국 홍콩 등 경제적 번영
을 누리는 나라들뿐만 아니라 베트남 태국 필리핀 등에서도 서구로 수출
하는 영화의 수가 크게 늘고 있다. 또 한때 아시아 영화들을 다루지 않았
던 국제영화제들도 이제는 아시아 영화 분과를 따로 개설하는 일을 당연

---

2) 천광암, 〈시리아서 인터넷 하면 "감옥행"〉, 『동아일보』, 2001년 1월 22일, B2면.

하게 여기고 있다. …… 최근 서구에서 아시아 영화가 이처럼 커다란 관심과 인기를 끄는 이유는 무엇일까. …… 할리우드 영화가 아니라는 점이다. 이것은 할리우드에 대한 대안이 형편없을 정도로 드문 요즘 세상에서 아주 중요한 특징이라고 할 수 있다. 실제로 『하나 그리고 둘』은 할리우드의 영화 제작자들이 결코 좋아하지 않는 일상 생활의 현실을 잔잔하게 다루고 있다. 한편 『와호장룡』은 일상을 초월하려는 인간의 모습을 그 어떤 미국 영화도 감히 시도하지 못했던 방법으로 보여주고 있다. 아시아 영화의 이런 특징들은 컴퓨터 특수효과를 할리우드보다 훨씬 나중에 도입했던 것이 오히려 장점으로 작용하면서 생긴 것이다. 미국 영화 『버티칼 리미트』에서 크리스 오도넬이 정복한 산은 컴퓨터로 합성된 가짜 산이지만, 80년대에 만들어진 홍콩 영화에서 청룽(成龍)은 어려운 스턴트 장면들을 직접 연기했다. 따라서 그가 영화 속에서 보여주는 죽음과 재앙에 대한 공포는 대단히 현실적인 것일 수밖에 없다. 또 마치 뺨을 한 대 후려갈기듯이 강렬한 장면들을 연속적으로 배열해서 빠르게 이어나가는 미국 액션 영화들과는 달리 아시아 영화는 롱테이크와 롱샷을 비교적 즐겨 쓴다는 점에서도 차이를 보이고 있다.”[3]

인도네시아의 대중매체

1억9천7백만에 이르는 큰 인구를 갖고 있는 인도네시아는 1959년부터 TV 방송을 시작했으며, 텔레비전 세트는 4천만 대에 이른다. 국영 TV 네트워크인 TVRI가 중심이 된 가운데 88년 방송가유화 조치에 따라 89년 3월 최초의 민영상업 TV가 등장한 이후 현재 5개의 민영 TV 방송사가

---

3) 〈The New York Times: 아시아 영화 “미국으로 … 유럽으로 …”〉, 『동아일보』, 2001년 1월 26일, A17면.

치열한 경쟁을 벌이고 있다. 자체 프로그램이 전체 편성의 80% 이상을 차지하도록 요구하고 있다. 다른 방송사들은 TVRI의 뉴스를 메인 뉴스 시간인 저녁 7시와 9시에 의무적으로 내보내게끔 돼 있다. [4]

인도네시아는 390만4천5백69km^{2}의 면적에 1만7천5백여 개의 섬으로 이루어진 지형적 특성상 TV 프로그램 전송에 최초로 위성을 이용한 국가 중 하나이다. 인도네시아는 미국, 캐나다에 이어 3번째로 국내 위성을 발사하였는데, 1976년 7월에 발사된 Palapa - A1 위성이 바로 그것이다. 높은 문맹률은 TV 산업엔 유리하게 작용하고 있는데, 유럽의 평균 TV시청 시간인 3.1시간과 비교할 때 인도네시아인들은 1일 평균 3.7시간이다. [5]

인도네시아 언론은 수하르토 체제하에서 극도의 탄압을 받았다. 94년 수하르토는 자신에 대한 반감 분위기가 확대되자 "정부 관리들을 이간시키는 기사를 실어 국가 안정을 교란했다"는 이유를 들어 『템포』와 『에디터』 등 주간지 2개와 타블로이드판 신문으로서 일간지였던 『데틱』을 발행 정지시켰으며, 이에 반발해서 평화적인 시위가 발생하자 즉각 무력을 동원해 시위대를 강경 진압하는 철권을 휘둘렀다. [6]

95년엔 간접 언론통제 논쟁이 있었는데, 이는 신문 용지의 부족 때문에 빚어진 일이었다. 신문 용지의 부족과 용지 가격 급등으로 언론사들이 큰 어려움을 겪자 정부는 그 상황을 이용해 신문 면수를 줄이도록 함으로써 양측간에 공방이 오고갔던 것이다. 당시 인도네시아에서 신문 발행면 수는 최대 20면으로 제한된 상태였다. 수하르토 대통령이 용지난에 대해

---

4) 백승권, 〈특파원이 본 80년 광주와 98년 인도네시아: 보도 통제—앵무새 언론 '닮은 꼴'〉, 『미디어 오늘』, 1998년 6월 3일, 6면.
5) 김광옥, 『동아시아의 방송과 문화』(경인문화사, 1997), 88~90쪽.
6) 허원순, 〈인니 언론 탄압 반대 확산〉, 『경향신문』, 1994년 7월 1일, 15면.

"신문사들은 가격을 올리기보다 페이지 수를 줄여서 대응하는 것이 좋을 것"이라고 충고하자 신문들은 대통령 측근 신문용지업체들이 독점 가격으로 횡포를 부리고 있다고 주장하였다. [7]

『한겨레』 1996년 6월 17일자에 따르면, 기자들이 취재원으로부터 받는 촌지가 일상화돼 있다. 촌지를 거부하는 언론은 『콤파스』『자카르타 포스트』『비즈니스 인도네시아』와 94년 폐간당한 주간지 『템포』『데티크』 등 극소수에 지나지 않고 대부분 촌지를 받는데, 기자회견장에서 직접 돈봉투를 돌리기도 하지만 일부에선 기자의 은행 계좌로 입금을 하기도 한다는 것이다. 기업들도 돈봉투를 돌리는 데 적극적인데, 비용절감 효과 때문이라는 것이다. 다국적 은행의 한 고위 간부는 "신문에 광고를 내는 것보다 훨씬 싸게 먹힌다"고 말했다. [8]

IMF 환란은 인도네시아에도 밀어닥쳐 98년 초 신문 제작비가 97년보다 5배나 불어 280여 개를 헤아리던 신문·출판사 가운데 70%인 약 200개사가 도산 위기에 직면하였다. 인도네시아에서 발행되는 언론매체는 모두 289개로 종사원은 모두 4천5백여 명인데, 이 중 자카르타에만 일간지 20개, 주간지 24개, 잡지 30개가 몰려 있었다. 광고가 40~50%씩 줄자, 매일 24면씩 50만 부를 발행하는 『콤파스』지의 경우 지면을 16면으로 줄였고, 20면을 발행했던 『리퍼블리카』지도 4면을 줄이고 기자들의 휴대폰 사용을 금지하는 등의 조치를 취했다. [9]

98년 4월 수하르토 대통령을 비롯한 일부 권력자들은 이 같은 신문의 곤경을 흐뭇한 마음으로 지켜보았다는데, 수하르토는 경제위기가 언론의 책임이라고 비난한 바 있었다. [10]

---

7) 지해범, 〈인니 '간접 언론통제' 논쟁〉, 『조선일보』, 1995년 7월 2일, 12면.
8) 〈기자 돈봉투 제공 인도네시아 일상화〉, 『한겨레신문』, 1996년 6월 17일, 6면.
9) 진세근, 〈감면·폐간 … 언론도 '환란' 몸살〉, 『중앙일보』, 1998년 2월 23일, 10면.
10) 톰플레이트, 〈경제위기와 아 언론의 쇠퇴〉, 『경향신문』, 1998년 4월 10일, 6면.

98년 인도네시아 '5월 혁명' 시 인도네시아 언론은 몸을 사리기에 급급했다. '인도네시아판 한겨레'로 통하는 『자카르타 포스트』를 제외하곤 대다수의 언론들은 민주화를 요구하는 시위가 갈수록 거세어지는 상황하에서도 1면에 〈자카르타 평온 되찾아〉라는 내용의 기사를 게재하는 등 권력에 굴종하는 모습을 보였다.[11]

수하르토가 물러난 이후 언론계엔 그간의 금기를 건드리기 시작하는 변화의 바람이 불었으며, 언론정책도 바뀌었다. 98년 6월 5일 인도네시아 정부는 언론 탄압의 주요 수단이었던 출판허가 취소권을 폐지했으며 정간시켰던 신문과 잡지의 복간 계획도 발표했다. 또 출판 허가도 과거처럼 40개 이상의 행정절차를 거치는 대신 신청서 작성, 등록, 간부 명단 제출 등 세 가지로 간소화했다.[12] 『뉴스위크』 99년 4월 7일자는 다음과 같이 보도하였다.

"수하르토의 후임자인 B. J. 하비비 대통령은 대세에 밀려 자카르타의 음울한 현실을 비판하는 목소리들을 허용하지 않을 수 없었다. 언론규제 철폐로 출판간행물은 2백에서 8백 종으로 우후죽순처럼 늘어났다. 하비비는 신규 방송 허가도 내줘 현재 국영 TV 한 개와 5개 민영방송으로 국한돼 있는 채널 선택권을 확대할 계획이다."[13]

마하티르의 '아시아적 가치'

말레이시아의 수상 마하티르 모하마드는 기회 있을 때마다 '아시아적

---

11) 백승권, 〈특파원이 본 80년 광주와 98년 인도네시아: 보도 통제-앵무새 언론 '닮은 꼴'〉, 『미디어 오늘』, 1998년 6월 3일, 6면.
12) 〈정권교체와 언론〉, 『해외언론동향』, 1999년 1월호, 24쪽.
13) Ron Moreau, 〈하고픈 말 속 시원히 하는 자카르타의 자유인들〉, 『뉴스위크』(한국판), 1999년 4월 7일, 38면.

가치'와 서방과 구별되는 독자 노선을 강조해 왔다. 그의 '반미 의식'은 지나칠 정도로 투철해 일본의 우익 인사인 이시하라 신타로 의원과 함께 쓴 『아니오 라고 말할 수 있는 아시아』에서 "미국과 일본의 통상 마찰은 황인종에 대한 미국의 편견 때문"이라고 주장하기도 했다.

그는 '아시아인에 의한 아시아'를 강조한다. 총리가 된 직후 영국 상품 불매운동을 펼쳤던 그는 이제까지 미국과 중국의 제국주의를 비난했고 호주를 '죄수의 후손'으로 멸시하는가 하면 루퍼트 머독이 위성방송을 통해 아시아인의 정신을 타락시킨다고 비난한 적도 있다. 아닌게 아니라 서방 세계의 문화제국주의에 대한 비난은 그의 단골 메뉴이다. 그런가 하면 그는 서방의 환경운동은 베어낼 밀림이 남아 있는 국가들에 대한 신식민주의적 음모라고 주장한 적도 있다.

마하티르는 97년 10월 초 홍콩에서 열린 국제통화기금 및 세계은행 연차회의에서의 연설을 통해 환거래를 "불필요하고 비생산적이며 비도덕적인 것"으로 규정하고 거래행위를 "불법화해야 한다"는 주장까지 했다. 환투기꾼들에 대한 비난이 빠질 리 없었다. 그는 이번엔 그들을 '세계화의 악마들'이라고 비난했다.

또 97년 11월엔 '유대인 음모론'을 떠들어댔다. 소로스를 비롯한 국제 환투기꾼들의 대부분이 유대인이라는 점을 겨냥해 "유대인은 회교 국가의 번영을 원치 않는다"느니 "유대인들이 회교국을 죽이려 하고 있다"느니 하는 독설을 마구 퍼부어댔다. 그 유대인들 대부분이 또 미국인이니 미국에서 가만히 있을 리 없다. 미 의원 34명은 마하티르의 공식 사과 또는 사임을 요구하는 결의안 초안을 작성해 마하티르에게 보냈다.

그렇다고 기죽을 마하티르가 아니었다. 그는 그 이후에도 계속 각종 음모론을 역설했다. '언론 음모론'이 빠질 리 없다. 마하티르는 140여 중국계 언론인이 참석한 회의에서 미 언론들이 무차별로 통화 위기를 부추

긴다며 맹공을 퍼부었다. 미국 언론이 선정주의와 상업적 이익에 눈이 멀어 상황을 왜곡하고 있다는 것이다.

마하티르의 서방 언론에 대한 비판은 거의 신경질적 수준인데, 94년 2월 영국의 『선데이 타임스』가 말레이시아 정치인들의 뇌물 스캔들을 폭로하자 마하티르는 "영국 언론이 진실을 잘못 보도할 뿐 아니라 말레이시아를 여전히 식민지 시대의 '바나나 공화국'으로 인식하고 있으며 이는 그들이 여전히 식민지 통치시대의 사고를 가지고 있다는 걸 말해준다"고 비난하였다.[14]

말레이시아에서는 TV 프로그램 모두가 정부의 사전검열을 받아 왔다. 그런데 96년 7월, 마하티르 수상은 "앞으로는 TV 방송국 내에서의 자주적 검열로 한다"고 천명하였다.[15] 그러나 그는 여전히 "언론자유에 대한 억제는 말레이시아가 여전히 깨어지기 쉬운 체제이기 때문에 계속하여 필요하다"고 역설하였다.[16]

그러나 부수상 안와르 이브라힘은 96년 8월 27일 제21차 영연방 방송협회 총회에서 언론 검열을 비판하는 발언을 했다.[17] 마하티르는 98년 9월 2일 안와르를 국가보안법 위반으로 구속하고 친(親)안와르 언론인들도 대거 교체하였다.

98년 11월 16일 앨 고어 미국 부통령의 마하티르 비판 발언에 대해 신문들은 민족주의를 앞세우며 대대적으로 고어를 비판하고 마하티르를 옹호하였다.[18] 이는 마하티르의 서방 비판이 국내적으론 속된 말로 '남는

---

14) 오남웅, 〈정치권력과 언론통제의 변화 양상에 관한 연구: 말레이시아 마하티르 정권의 언론통제를 중심으로〉, 전북대학교 행정대학원 석사학위 논문, 2000년.
15) 〈말레이시아: '보도의 자유' 일보 전진〉, 『신문과 방송』, 1997년 1월호, 146쪽.
16) 오남웅, 위의 글.
17) 오남웅, 위의 글.
18) 오남웅, 위의 글.

장사'라는 걸 말해주는 사례로 보아도 무방할 것이다.

2000년 9월 21일, 마하티르 총리는 서방 언론이 사실을 왜곡하고 있는데도 제3세계 국가들은 서방 언론의 종속에서 벗어나지 못하고 있다고 비난하였다. 그는 콸라룸푸르에서 열린 비동맹 언론의 역할에 대한 국제 언론회의에서 서방 언론은 사실을 왜곡하면서도 모든 것을 다 알고 있다고 생각하는 태도를 버리고 스스로 개혁해야 한다고 경고하였다. [19]

말레이시아의 대중매체

말레이시아의 면적은 32만9천km²인구는 2천만 명인데, 말레이계 55%, 중국계 35%, 인도계 10%로 구성돼 있다. 말레이시아의 일간지는 98년 현재 33개로 총발행부수는 248만 부이다. 20만 부 이상 발행하는 신문으로는 『Utusan Malaysia』 26만 부, 『Sin Chew Jit Poh』 26만 부, 『Berita Harian』 25만 부, 『The Star』 22만 부 등이 있다. [20]

말레이시아의 일간지는 93년엔 39개로 당시의 필리핀(25개), 태국(8개), 싱가포르(8개)보다 많았지만, 대부분의 신문들이 사실상 두 개의 언론재벌에 의해 지배되고 있으며, 이 언론재벌들은 권언유착에 푹 빠져 있다.

말레이시아의 언론계에서 가장 이색적인 신문은 회교근본주의 정당인 PAS가 발행하는 『하라카흐』지(紙)다. 이 신문은 98년 6월 6만5천 부에서 석 달 만에 30만 부로 급성장하였다. 기자 13명이 만드는 타블로이드판으로 주 2회 발간하는 이 신문은 말레이시아 최대 일간지 『우투산 말레이시아』의 발행부수에 육박하고 있는데, 그 성공 비결은 마하티르 체제에

---

19) 『기자협회보』, 2000년 9월 25일, 4면.
20) 『해외언론동향』, 1999년 10월호, 87쪽.

대한 과감한 도전이었다. 다른 신문들은 안와르 이브라힘 전 부총리의 남색 혐의에 대해 스타 검사의 르윈스키 스캔들 보고서보다 더 낯뜨거운 묘사로 지면을 도배질하면서도 안와르측 주장은 거의 외면하였으며 최대 관심사의 하나인 매 주말의 개혁 요구 시위 기사도 싣지 않았다. 그러나 『하라카흐』는 안와르 소식을 1면에 대서특필하고 시위 사진도 대문짝만 하게 실었던 것이다.[21]

말레이시아의 방송은 국영방송인 RTM(Radio Televisyen Malaysia)의 TV1과 TV2, 민영방송인 STM(System Televisyen Malaysia Berhad)의 TV3과 1995년도에 시작된 MetroVision의 TV4로 구성돼 있다. 또한 2개의 유료 TV 운영업자가 있다. MBNS(Measat Broadcast Network Systems)와 TV3의 후원을 받는 MMDS 시스템인 Mega TV가 바로 그것이다.[22] 케이블TV 사업은 96년에 시작되었으며, 정부의 위성접시안테나 금지법안은 1992년에 시행되었으나 96년 7월에 폐지되었다.

위성방송인 Astro(All Asia Satellite Television and Radio)는 96년 9월 25일에 시작하여 97년 10월 현재 9만여 명의 가입자를 확보한 가운데 23개 채널을 방송하고 있다. 말레이시아 정부는 Astro에게 위성방송의 독점권을 부여하는 대신 외국 프로그램의 범람을 막기 위해 뉴스와 오락 채널에 한해 MBNS가 말레이시아 내에서 재전송하기 전에 검열이 가능하도록 1시간을 유예할 것과 특별히 고안된 60cm 접시안테나와 필립스사에서 만든 디지털 위성수신기에 의해 수신 가능한 DTU(Direct-to-User) 서비스를 통해서 위성 서비스에 의한 전파월경을 차단하고자 하였다.[23]

---

21) 손영옥, 〈두 신생신문 '깜짝 도약'〉, 『국민일보』, 1998년 11월 12일, 23면.
22) 정용준, 『세계의 디지털 위성방송』(커뮤니케이션북스, 1998), 142쪽.
23) 정용준, 위의 책, 145쪽.

마하티르 정부는 98년 8월 인터넷보안법을 만들어 인터넷을 통해 사회 불안을 야기하는 소문을 퍼뜨리는 사람을 체포해 최소 60일 이상 구금할 수 있게끔 했다.[24] 2000년 4월 현재 인터넷 사용자는 120만 명이다.

싱가포르의 역사와 지정학

싱가포르는 서울시와 비슷한 6백41㎢의 면적에 4백15만 명의 인구를 가진 작은 도시 국가이지만(인구는 중국계 76%, 말레이계 15%, 인도계 7%), 거의 선진국 대열에 들어선 나라다. 96년 1인당 국내총생산(GDP)은 2만8천7백20달러로 세계 8위를 기록했다. 싱가포르는 세계적 규모의 은행이 1백30여 개나 모여 있는 아시아 금융의 중심지이며 세계 6대 관광국의 하나다. 저축률은 세계 수위권에 속하며 97년 외환 보유고는 7백50억 달러에 이르렀다.

싱가포르는 '전략적 계획'을 신봉하는 나라다. 싱가포르의 눈부신 발전은 처음부터 끝까지 전략적으로 입안되고 실행된 계획에 근거한 것이다. 65년 8월 9일 싱가포르의 분리 독립 선포는 결코 경축할 만한 일은 아니었다. 2년 전 말레이시아의 한 주로 합병됐다가 이광요를 중심으로 한 화교 세력의 성장을 우려한 말레이시아의 집권동맹당으로부터 축출당하다시피 쫓겨난 것이나 다름없었다.

독립 당시 그 조그마한 땅덩어리에 무엇이 있었겠는가. 가진 건 아무것도 없었다. 오직 사람뿐이었다고 해도 과언이 아니다. 성공을 이룬 오늘날에도 싱가포르는 국가라고 부르기엔 너무도 결핍된 것이 많다. 원자재와 식량을 거의 100% 외국에 의존한다. 심지어 물까지도. 서비스 산업

---

24) 오남웅, 〈정치권력과 언론통제의 변화 양상에 관한 연구: 말레이시아 마하티르 정권의 언론통제를 중심으로〉, 전북대학교 행정대학원 석사학위 논문, 2000년.

으로 돈은 많이 번다고 하지만, 늘 불안할 수밖에 없다. 외국과의 관계가 끊어지면 당장 먹을 건 둘째치고 물이 없어 죽게 돼 있다. 실제로 그런 일이야 일어나진 않는다 하더라도 싱가포르 사람들의 마음 속에 내재돼 있는 그런 불안감이 있으리라는 건 미루어 짐작하기 어렵지 않다.

한때 유혈 시위까지 벌어졌던 인도네시아 사태에 대해서도 가장 불안하게 생각한 나라가 바로 싱가포르였다. 싱가포르는 2억 인구를 가진 인도네시아로부터 겨우 36km 떨어져 있기 때문이다. 말레이시아와의 갈등도 만만치 않다. 98년 6월 말 세계적 규모의 싱가포르 창이공항의 지척에 콸라룸푸르 국제공항이 들어서자 두 나라 교통장관까지 나서 상대방을 비난하는 싸움을 벌이기도 했는데, 당시 말레이시아는 싱가포르에 30년 이상 제공해 오던 식수 공급을 중단하겠다는 위협까지 했다.

또 이광요가 말을 함부로 하는 바람에 갈등을 낳은 경우도 여러 번 있었다. 이광요는 지난 97년에도 말레이시아를 비난해 말레이시아인들이 거리로 나와 그를 비난하는 시위를 벌인 바 있고, 이번에 낸 자서전에서도 말레이시아 비난이 또 등장하자 말레이시아 국방부는 98년 9월 17일 싱가포르 항공기가 영내에 들어오는 것을 제한한 뒤 19일에는 싱가포르 선박이 수색이나 구조 목적이라도 사전 승인 없이 말레이시아 영해에 들어올 수 없다고 통보한 바 있다. 이광요의 말레이시아 비난은 그만큼 말레이시아에 대해 속으로 맺힌 게 많다는 걸 말해주는 것으로 보아야 할 것이다.

이광요의 '아시아적 가치'

이광요는 "싱가포르는 굶주린 바다 가운데 떠 있는 작은 새우다"고 말한 바 있다. "말레이시아가 삼키려면 30분, 인도네시아가 삼키려면 1시간

이면 족하다"는 농담 아닌 농담과 궤를 같이 하는 말이다. 싱가포르 곳곳에 "나의 싱가포르, 나의 고국"이라고 쓰인 플래카드가 걸려 있는 것도 싱가포르가 작은 '사이즈'로 인한 국가 정체성 문제가 매우 심각하다는 걸 잘 말해주고 있다. [25]

어디 그뿐인가. 겉으론 평온한 것 같지만 중국계, 말레이계, 인도계, 아랍계 등이 섞여 사는 다인종 국가라는 점도 싱가포르의 불안 요소다. 싱가포르의 정치적 불안 요소는 앞서 지적한 국가 '사이즈'의 문제와 더해져 싱가포르 국민에게 자신들도 이해할 수 없는 불안의 그늘을 갖게 만든다. 우리로선 이해하기 어려운 이 불안감을 이해해야 싱가포르라는 나라가 제대로 이해된다. 왜 싱가포르가 전략적 계획의 입안과 실천에 몰두하며 싱가포르 국민이 왜 권위주의적 정치 체제를 용인하고 지지해 왔는지 말이다.

이광요가 말하는 '아시아적 가치'의 핵심은 엘리트주의다. 그는 "대중보다 앞서가는 사고와 식견을 가진 엘리트를 중심으로 깨끗하고 능률적인 현대 국가를 건설"해야 한다고 역설한다. 즉, 지도자가 모범을 보여야 한다는 것이다. 엘리트주의에 가부장제가 결합된 것이다.

엘리트주의와 가부장제의 결합이 무조건 잘못됐다고 말하기는 어렵다. 그건 싱가포르라고 하는 특수한 도시 국가의 실정에서 비롯된 건 아닐까. 『이광요』의 저자 제임스 민친의 다음과 같은 지적은 이광요가 늘 싱가포르의 '사이즈' 문제로 고민했다는 것을 잘 말해주고 있다.

수년 전 이광요는 국제연합(UN)의 유력한 사무총장 후보로 거명된 적이 있었다. 그는 이 사실에 대하여 흥미로워 하면서도 그 제안에

---

25) 유승삼, 〈싱가포르식 설득〉, 『중앙일보』, 1996년 8월 30일, 7면.

거절의 의사를 표하였다. 그는 항상 유명무실한 권력보다는 실질적인 권력을 추구했으므로, 그가 UN 사무총장 후보에 출마하지 않는 것은 그리 놀라운 일이 아니다. 그가 지정학(地政學)적인 분석과 적용에 치중했던 것은, 바로 그의 조국 싱가포르의 국제적 위상을 높이고 국가 이익을 최대화하려는 열정에서 비롯된 것이었다. UN 사무총장 자리는 이러한 그의 목적을 달성하는 데 아무런 도움이 되지 않는다고 그는 판단한 것이다. …… 우리는 이광요 안에서 전형적인 편집광적인 태도를 엿볼 수 있다. 그가 편집광적인 태도를 보인 것은 강력한 외세에 초점을 맞추어 놓고 있었기 때문이다. 그는 작은 섬나라인 싱가포르가 냉혹한 세계에서 살아남으려면 항상 강인하고 영리하게 행동해야 했으며, 그렇게 되려면 싱가포르가 처한 상황을 의식적으로 생각하지도 않으면서 항상 무엇에 억눌린 듯한 싱가포르인들을 자각시켜야만 했던 것이다. [26]

인민행동당의 장기집권

어찌됐건, 독립 직후 이광요는 때마침 해외 공장을 찾고 있던 선진국의 노동집약적인 산업을 유치하는 것만이 싱가포르의 살길이라고 믿었으며, 그렇게 해서 일자리와 경제 발전의 터전을 마련했다. 70년대 초 아시아 각국에서 개발 붐이 일자 금융과 무역의 중계 기지로 방향을 잡고 인프라 확충에 들어갔고 그것이 큰 성공을 거두었다.

나라의 '사이즈' 때문이겠지만, 싱가포르의 경영은 마치 대재벌의 경영과 비슷하다. 지도자의 인간적인 호소가 먹혀 들어간다는 것은 좋은 점

---

26) 제임스 민친, 이성복 역, 『이광요』(삼호미디어, 1994), 31, 427쪽.

도 있지만 좋게만 볼 수 없는 점도 있다. 너무도 일사불란하고 획일적이
다. 지난 94년 미국 경제학자 폴 크루그먼은 싱가포르 경제에 대해 "스탈
린 통치하의 소련과 쌍둥이"라는 혹평을 내린 바 있다. 좀 지나친 독설이
긴 하지만, 전혀 일리가 없는 건 아니다. [27]

　마냥 좋게만 볼 수 없는 싱가포르 시스템의 결함은 특히 정치에서 잘
드러난다. 집권 인민행동당은 1968년 이후 지금까지 장기집권을 하고 있
다. 인민행동당은 이제까지 총선에서 4차례나 전 의석을 독점했고 97년
1월 총선에서는 83석 중 81석을 석권했다. 68년부터 80년까지 전 의석을
휩쓸었을 때엔 단 한 명의 야당 국회의원도 없었던 것이다!

　그러나 인민행동당의 득표율은 점차 떨어지고 있다. 민주주의의 관점
에서 보자면 다행스러운 일이겠지만 이광요나 인민행동당의 관점에서 보
자면 싱가포르의 위기일 것이다. 인민행동당의 득표율은 68년 84%, 80년
75%, 91년 61%, 93년 58%로까지 떨어졌다. [28]

　이는 싱가포르 국민들이 먹고사는 문제가 해결되자 권위주의적 통제
에 염증을 느끼고 있다는 증거로 해석할 수 있을 것이나, 또 달리 생각하
면 앞서 지적한 바와 같이 싱가포르 국민이 느끼는 '사이즈'에 대한 불안
감이 영원히 해소될 수 없다는 걸 말해주는 것인지도 모르겠다.

　인민행동당의 권위주의적 정치 행태는 여전하다. 97년 8월 11일 오작
동 총리를 비롯, 이광요 전 총리 등 집권 인민행동당 소속 11명의 정치인
들이 야당인 노동당 당수이자 국회의원인 J. B. 제야레남을 고소한 것도
싱가포르 정치의 현주소를 잘 말해주고 있다. 고소 이유는 제레야남이
97년 1월 선거 유세에서 여당에 대한 근거 없는 비방으로 오 총리와 집권

---

27) Ron Moreau, 〈싱가포르 경제가 가라앉고 있다〉, 『뉴스위크』(한국판), 1996년 11월 27일,
　　30면.
28) 정종근, 〈이광요 전 싱가포르 수상〉, 『내일신문』, 1997년 12월 17일, 51면.

당에 막대한 피해를 끼쳤다는 것이었다. 제레야남 당수는 당시 유세에서 "우리 당의 탕량홍 의원이 오 총리 등 몇몇 정치인들을 경찰에 고소했다"고 언급해 여당이 뭔가 잘못된 것이 있음을 암시했으며, 고소인들을 '반기독교 중국인 국수주의자'로 지칭했다는 것이다.

거액의 명예훼손 소송은 인민행동당이 즐겨 쓰는 정치 탄압 수법이다. 집권 이래 여당은 정부에 비판적인 야당 인사를 상대로 수백만 달러에 달하는 거액의 명예훼손 소송을 제기해 정부에 우호적인 법원으로부터 승리를 얻어낸 바 있다. 그런 소송에서 패배할 경우 보통 엄청난 액수의 피해 보상이 뒤따르기 때문에 야당 정치인은 의원직을 박탈당하기 십상이다. 싱가포르법상 파산한 사람은 의원직을 가질 수 없기 때문이다. [29]

집권 여당은 97년 5월에도 야당 지도자인 탕량홍을 상대로 명예훼손 소송을 제기해 8백8만 달러를 요구했는데, 고등법원은 하급 법원이 부과한 4백50만 달러의 배상금을 2백30만 달러로 삭감해주는 은전(?)을 베풀었다. 탕량홍은 파산은 물론이고 생명의 위협마저 느낀 나머지 호주로 망명하고 말았다.

싱가포르 정부는 세금 포탈 혐의로 그에 대한 구속 영장을 발부함으로써 탕량홍이 영원히 돌아오지 못하게끔 쐐기를 박았다. 중국계 변호사인 탕량홍은 96년 이광요와 그 아들의 부동산 매입에 관한 조사를 그들의 측근이 아닌 국가 수사기관에서 맡았어야 마땅하다고 말한 직후부터 고초를 겪기 시작했다고 하니, 이건 아주 고난도의 정치 탄압이 아닌가 생각된다. [30]

---

29) 강수진, 〈싱가포르 정국 또 명예훼손소 망령〉, 『동아일보』, 1997년 8월 21일, 10면; 정의길, 〈망신살 뻗친 싱가포르 총리〉, 『한겨레 21』, 1997년 9월 4일, 108면.
30) 〈이광요 비리 조사 의혹 제기한 변호사 수난〉, 『뉴스위크』(한국판), 1997년 11월 26일, 36면.

싱가포르의 언론 통제

싱가포르의 신문 구독률은 1989년 인구 1천명당 신문 289부였으며, [31] 98년엔 380부로 세계 제6위, [32] 2000년엔 333부로 세계 제8위를 차지했다. [33] 98년 현재 일간지는 8개로 1백여 부를 발행하고 있다. 20만 부 이상 발행하는 일간지로는 『The Straits Times』(39만 부)와 『Lianhe Zaobao』(20만 부)가 있다. [34] 신문은 정부의 엄격한 통제하에 놓여 있는데, 이에 대해 일본의 『월간 민방』 96년 5월호는 다음과 같이 말한다.

싱가포르에는 일본계와 구미계 신문을 비롯해서 10개 이상의 신문이 발행되고 있다. 그런데 이 나라에서 발행되는 현지 신문은 모두 발행원이 한 곳으로(십수 년 전에 정부 주도하에 합병됐기 때문이다) 각료를 포함한 정부 수뇌 등과 정기적으로 회합을 통해 사론(社論)과 정부 견해를 적당히 절충하고 있다. …… 정부는 매스컴에 대해 강력한 지도와 간섭을 일삼아 왔으며 이것이 오늘날까지 그대로 이어지고 있는 것이다. 한 예를 들면 작년에 현지 신문인 『헤럴드 트리뷴』이 건국의 아버지로 일컬어지고 있는 이광요 상급상(上級相)이 지금도 정부 방침에 큰 영향력을 주고 있음을 빗대 '이 왕조'라고 논평한 일이 있었는데, 정부가 이에 대해 맹렬히 항의함과 동시에 이광요 상급상과 고촉턴 수상이 명예훼손으로 소송을 제기해 법원이 약 1억 엔의 손해배상을 이 신문에 명령한 바 있다. 뿐만 아니라 때를 같이해

---

31) Eddie C. Y. Kuo, 〈Singapore〉, George Wang ed., 『Treading Different Paths: Informatization in Asian Nations』(Norwood, New Jersey: Ablex, 1994), p.149.
32) 오상석, 『일본의 신문·방송과 언론노동운동』(전국언론노동조합연맹, 1999), 15쪽.
33) 『해외언론동향』, 2000년 8월호, 95쪽.
34) 『해외언론동향』, 1999년 10월호, 89쪽.

서 이 신문사는 정부 각 부처로부터 여러 가지 행정지도를 받아야만 했다(여기서 특별히 말하고 싶은 것은 다른 싱가포르 신문들이 이 사건에 대해 언론의 자유 등과 연계한 보도 같은 것은 전혀 하지 않았다는 사실이다). 판결 후 정부와 의논을 가진『헤럴드 트리뷴』은 배상금 지불 여부는 물론 합의 내용에 관해서는 일체 언급하지 않았다.[35]

2000년 3월 6일, 조지 여오 무역산업장관[36]은 싱가포르는 모든 분야를 개방하는 자유화 정책을 펴고 있으나 국내 언론에 대한 외국자본의 투자는 계속 엄격히 규제할 것이라고 밝혔는데, 이에 대해『한겨레』2000년 3월 8일자는 다음과 같이 보도하였다.

"여오 장관은 이날『스트레이츠 타임스』회견에서 '외국자본이 싱가포르 언론을 지배하면 우리도 모르는 사이에 국내 언론이 그들의 나쁜 목적에 이용될 수 있다'며 '언론사에 대한 외국자본의 투자지분을 3% 이내로 제한하는 법을 계속 유지해 나갈 것'이라고 말했다. 여오 장관은 이어 싱가포르인들은 주요 외국 언론매체들을 충분히 접할 수 있다는 점에서, 이러한 규제가 정보 차단을 위한 것은 아니라고 강조했다. 싱가포르에서는 텔레비전, 라디오, 일간 신문 등 언론매체들이 정부의 방침을 간접적으로 지지하는 태도를 취하고 있다. 또 가정용 위성텔레비전 안테나 설치는 금지돼 있고, 영화와 텔레비전 프로그램은 검열을 받도록 돼 있어, 언론자유가 보장되지 못하고 있다는 지적을 받고 있다."[37]

---

35) 〈싱가포르, 모든 방송 미디어를 일원적으로 운용: 단일 민간기업 SIM이 운영 … 나쁜 수익성, 강한 정부 통제가 약점〉,『MBC 세계방송정보』, 1996년 6월 30일, 31~32쪽.
36) 앞서 인용된 글에는 '정보예술부장관 조지 여'로 나와 있다. 인용한 매체들마다 번역과 표기에 다소 차이가 있음을 이해하여 주시기 바란다.
37) 〈외국자본 언론투자 3% 이내서 제한〉,『한겨레』, 2000년 3월 8일, 24면.

싱가포르의 방송

77만에 이르는 싱가포르의 총가구가 모두 TV 수신기를 보유하고 있으며 국영 TCS(Television Corporation of Singapore)와 STV 12가 각각 두 개씩 모두 4개 지상파 채널을 운영하고 있다. 이 두 방송사는 프로그램의 '국내화 정책' 을 추진해 왔는데, 이에 대해 『TV World』 97년 10월호는 다음과 같이 보도한 바 있다.

"국영방송인 TCS는 큰 힘을 들이지 않고 독점적인 지위를 누리고 있는데, 타이완 지역 250만 가구에 하루 18시간 방송하는 만다린어 위성방송인 TCS International도 소유하고 있다. …… 이외에도 1994년 방송산업 재편 과정에서 생긴 싱가포르 국제미디어(Singapore International Media)를 소유하고 있는 STV 12가 있다. STV 12는 두 개의 채널을 운영하고 있는데 스포츠, 예술, 문화, 여행, 시사문제 등을 다루는 Premiere 12와 주로 말레이와 타미르 지역에서 방송되는 교육 채널인 Prime 12가 그것. …… 지금까지 TCS의 두 채널인 채널 5(영어 채널)와 채널 12(만다린어 채널)의 연간 총방송시간인 8,000시간의 대부분은 방송사 자체 제작 프로그램이나 수입 프로그램이 차지해왔다. 그러나, 채널 5의 경우 프라임타임에서 수입 프로그램이 차지하는 비율은 1995년의 76%에서 1996년에 55%로 하락하고 있는 추세이다. …… 앞으로 싱가포르 국내 방송사들은, 다른 다국적 방송사들처럼 자신의 히트 프로그램을 다른 지역에 판매하려고 해외 시장을 둘러보게 될 것이다. 특히 만다린어나 영어로 제작된 드라마와 시트콤이 아시아 시장에서 매력적인 상품이 되고 있는 상황을 고려하면 더욱 그렇다." [38]

---

38) 〈싱가포르 방송 '국내화정책' 추진〉, 『MBC 세계방송정보』, 1997년 11월 30일, 36~38쪽. 자료마다 주장이 좀 다른데, TCS도 SIM(Singapore International Media) 산하로 흡

싱가포르에서 지상파 외의 방송 미디어가 인가된 것은 1992년 이후부터인데, 이는 1990년의 걸프전쟁 때 "정보가 생명인 경제입국 싱가포르에서 전황을 속보로 전하는 CNN을 시청하지 못한다는 것은 있을 수 없는 일이다"는 국민적 비판을 받은 정부가 여론에 밀려 인가한 것이 SIM 산하의 SCV(Singapore Cable Vision)이다. SCV는 CNN뿐만 아니라 영화·음악 전문 채널을 운영하고 있지만, CNN은 정부의 검열을 받고 있다. 위성방송의 개별 수신은 공식적으로 금지되어 있으며 모두 광통신망에 의한 수신에 한정되어 있어 정부 검열이 가능하다. [39]

홍콩을 대체하기 위한 싱가포르의 노력

싱가포르는 홍콩의 중국 반환을 앞두고 아시아 – 태평양 지역의 미디어 중심지가 되기 위한 노력을 치열하게 전개하였었다. 1997년 7월 1일 홍콩이 중국으로 반환된 시점까지 싱가포르가 자국에 유치한 해외 채널의 본사나 혹은 위성송신센터는 모두 19개에 이르렀다.

2000년 6월 현재, 싱가포르에는 20여 개의 프로덕션, 총 70개 채널을 통해 전파를 발사하고 있는 17개 위성방송사, 4개의 위성 업링크(up-link: 지상에서 위성으로 정보 전송) 시설, 대여섯 개의 메이저급 포스트 프로덕션 회사가 있으며, 싱가포르 정부는 계속 뉴미디어 시장을 선점하기 위해 발빠른 움직임을 보이고 있다. [40]

수되었다는 주장도 있다. 〈싱가포르, 모든 방송 미디어를 일원적으로 운용: 단일 민간기업 SIM이 운영 … 나쁜 수익성, 강한 정부 통제가 약점〉, 『MBC 세계방송정보』, 1996년 6월 30일, 31~32쪽.

39) 〈싱가포르, 모든 방송 미디어를 일원적으로 운용: 단일 민간기업 SIM이 운영 … 나쁜 수익성, 강한 정부 통제가 약점〉, 『MBC 세계방송정보』, 1996년 6월 30일, 31~32쪽; 정용준, 『세계의 디지털 위성방송』(커뮤니케이션북스, 1998), 121쪽.

40) 윤호진, 〈싱가포르, 미디어 합병시대에 맞춰 방송산업 개편〉, 『방송 동향과 분석』, 2000년 7월 31일, 26쪽.

  싱가포르 정부의 그런 노력에 대해 『Variety』지 97년 6월 9일자는 다음과 같이 보도한 바 있다.

  홍콩에서 싱가포르로 이전한 방송사들 예컨대 ESPN, MTV Asia, Discovery Channel은 싱가포르 정부의 적극적인 지원, 즉 세제 감면 혜택과 정부의 보조금, 그리고 보다 자유로운 위성전송 환경 등 복합적인 이유 때문에 옮긴 경우가 대부분이다. …… '홍콩이 중국에 반환된 후, 현재 미디어 센터로서의 홍콩의 이미지가 커다란 영향을 받게 될 것이다' 며 싱가포르의 정보예술부 장관인 조지 여(George Yeo)는 말한다. '국제 미디어들이 홍콩에서는 지금과 같은 자유를 즐길 수 없기 때문이다' 라고 그는 그 이유를 덧붙인다. 그러나 여 장관은 홍콩이 앞으로도 경제적으로 계속 번영하기를 기대한다는 말을 재빨리 덧붙이는 것을 잊지 않았다. 싱가포르가 홍콩에 대해 투자를 통한 상당한 직접적인 이해관계를 가지고 있고, 그 곳에 살고 있는 많은 싱가포르인들을 염두에 둔 듯하다. 싱가포르 장관이 자국이 아닌 아시아의 다른 영토의 미디어 자유에 대해 언급했다는 것이 다소 의미심장하게 들린다. 즉 싱가포르 내의 (자국) 방송사들과 국제 미디어 모두에 대해 싱가포르 정부가 미치는 영향에 대해 거리낄 것이 없다는 태도로 받아들여진다. 더구나 그는 싱가포르 정부의 언론에 대한 태도를 명확하게 표현한다. '우리는 국내 신문사들을 우리 제도의 일부로 간주하고 있다. 나는 기자들과 2개월마다 만나서 그들이 무책임하게 행동하지 말 것을 당부하기도 하고 가벼운 담소를 나누기도 한다.' 싱가포르에서 유통되고 있는 국제 출판물들에 대해서, 여 장관은 정부가 단지 한 가지 조건만을 규정하고 있다고 말한다. '그들이 부정확한 보도를 할 때 우리가 거기에 대해 논박할 권리를

허용하도록 하는 조건이다.'[41]

방송 복점체제로의 전환

『방송 동향과 분석』2000년 12월 20일자는 2000년에 일어난 싱가포르 방송산업의 가장 큰 변화는 그 동안의 독점체제에서 복점체제로 전환한 것이라며 그 내용과 의미에 대해 다음과 같이 말한다.

"지금까지 싱가포르의 미디어 구조는 정부의 직·간접적인 통제를 받는 MCS(Media Corporation of Singapore)와 SPH(Singapore Press Holding)가 각각 방송 영역과 신문 영역에서 독점적 위치를 차지하고 있었다. MCS는 산하에 영어 지상파 TV인 TCS 5, 중국어 방송국인 TCS 8, 말레이시아어 방송국인 Suria, 교양/문화/인도어 방송국인 Central, 스포츠 방송국인 Sportscity 그리고 뉴스 방송국인 Channel News Asia 등을 가지고 있고, SPH는 싱가포르의 대표 신문인 『The Straits Times』를 비롯한 10개의 신문을 보유하고 있었다. 이렇게 MCS와 SPH는 사실상 독점적인 위치를 이용한 안정적 구조 속에서 계속된 흑자를 누려왔던 것이다. 그런 면에서 방송에 대한 행정 및 정책을 담당하는 SBA(Singapore Broadcasting Authority)가 SPH에게 2개의 공중파 채널을 허가한다고 발표한 사실은, 방송·제작·뉴스·출판·멀티미디어 등 기능 및 사업별로 나누어 앞으로 있을 경쟁환경에 대응할 조직재편 작

---

41) 〈싱가포르, 21세기 아시아 방송의 축: 홍콩 반환으로 바빠진 싱가포르 방송계〉, 『MBC 세계방송정보』, 1997년 7월 30일, 43~44쪽. 정용준, 『세계의 디지털 위성방송』(커뮤니케이션북스, 1998), 123쪽도 참고하시기 바랍니다. 외국 언론의 보도와 관련, 이광요는 95년 말 "책임 없는 외국의 미디어가 싱가포르에 대해 이러쿵저러쿵 말할 권리는 없다. 말할 권리는 이 나라를 책임지고 있는 우리에게만 있다"고 말한 바 있다. 〈싱가포르, 모든 방송 미디어를 일원적으로 운용: 단일 민간기업 SIM이 운영 … 나쁜 수익성, 강한 정부 통제가 약점〉, 『MBC 세계방송정보』, 1996년 6월 30일, 32쪽.

업을 마친 MCS의 계획과 더불어 싱가포르 방송환경에 큰 변화를 예고하
는 것이다. 각각 방송과 신문에서 독점적인 지위를 이용해 안정적인 흑자
경영을 하던 미디어 산업을 급격히 경쟁체제로 전환시키려는 싱가포르
정부의 이유는 다수 매체의 필요성 때문인데, 싱가포르 경제가 개방산업
구조를 바탕으로 한 금융 중심지의 특성을 지니고 있어서 다양한 정보가
꼭 필요하기 때문이다. 싱가포르 국민들 역시 한 가지 정보원에 싫증을
느끼고 인터넷을 통해 다양한 정보를 요구하고 있다. 뿐만 아니라, 이미
개방된 통신시장으로 여러 외국 미디어가 어차피 진출할 것이 예상되어
이러한 경쟁체제는 피할 수 없는 일이었다. 그러나 경쟁의 불가피성을 인
식하면서도 경쟁이 가져올 통제의 공백을 걱정하는 정부로서는 민감한
사안에 대한 정부의 반론권을 보장받을 수 있는 통제적 복점체제
(controlled duopoly)야말로 현재 언론의 위계질서를 유지시키는 동시에
장차 외국의 거대 미디어와의 경쟁을 대비한 경쟁 연습 및 다양성을 확보
할 수 있는 현실적인 방법으로 여겨졌다."[42]

싱가포르의 정보화 문화

세계 많은 나라들이 정보화에 박차를 가하고 있으나 아마도 싱가포르
만큼 그 열기가 뜨거운 나라도 드물 것이다. 싱가포르는 '미스 인터넷'
미인대회까지 열었다. 『USA 투데이』는 1999년 1월 19일자에서 왕관을
쓴 젊은 싱가포르 여성 사진을 싣고 그 밑에 다음과 같이 썼다.
 "싱가포르는 디지털 시대에 대해 얼마나 진지한지 미스 인터넷 미인대
회까지 열고 있다. 트렐라 탠은 지난 8월 대회에서 미스 인터넷으로 선발

---

42) 강원석, 〈동남아시아: 싱가포르, 홍콩, 인도의 방송환경 변화〉, 『방송 동향과 분석』,
　　2000년 12월 20일, 33~34쪽.

되었다. 미스 인터넷은 비즈니스 복장과 웹 디자인 등 다양한 분야에서의 경쟁을 거쳐 선발된다."[43]

싱가포르가 97년부터 시도해온 또 하나의 발전 전략은 화교들의 '인맥 만들기'이다. 싱가포르는 21세기를 준비하는 화교들의 새로운 '관시'(관계)를 만들겠다는 야심을 갖고 최근엔 인터넷을 통한 '컴퓨터 관시'를 만드는 작업을 총지휘하고 있다. 지난 91년 이광요의 발의로 중국 - 싱가포르 - 제3국을 연결하는 싱가포르중화총상회(SCCCI)가 결성된 바 있으며, 95년 12월에는 인터넷에 세계 화상네트워크(WCBN, http://wcbn.com.sg)를 탄생시켰다. 이 네트워크는 세계 화교자본과 관련된 모든 정보를 수집 · 제공하는 인터넷 서비스망인데, 이 곳에는 각국의 화교상인들 동정과 기업 소개, 출신지와 언어 등으로 조직된 친목회에 이르기까지 화교 상인과 관련된 모든 정보가 끊임없이 입력되고 있다.[44]

싱가포르는 지난 98년 3월 세계 최초로 '전자정부'의 본때를 보여준 바 있다. 싱가포르는 세계에서 최초로 종합정보통신망(ISDN)의 전국망이 구축돼 있는 나라다. '전자정부'에 관한 한 세계에서 가장 앞선 수준을 자랑하고 있는 것이다. 예컨대, 민원인은 싱가포르 내 전 대학의 특성, 교과목 등을 볼 수 있고 입학신청서 제출과 입학허가 여부 등도 통보받을 수 있다. 이 프로젝트는 창업투자 · 회사설립 · 의료보험 · 호적관리 · 혼인신고 등 40여 개 서비스까지 단계별로 확대될 예정이라고 한다.[45]

싱가포르에서 '전자정부'는 정부의 가부장제적 역할을 강화하는 데에 기여할 것이 틀림없다. 지난 98년 7월 싱가포르 정부 산하기구인 사회개발국은 대졸 이상의 학력을 가진 남녀의 만남을 주선하기 위한 전용 웹사

---

43) 토머스 L. 프리드먼(Thomas L. Friedman), 신동욱 옮김, 『렉서스와 올리브나무: 세계화는 덫인가, 기회인가?』 전2권(창해, 2000), 349쪽.
44) 이상엽, 〈21세기 정보 항구로 오라〉, 『한겨레 21』, 1997년 10월 2일, 72면.
45) 〈싱가포르 세계 첫 '전자정부' 출범〉, 『중앙일보』, 1998년 1월 8일, 31면.

이트까지 개설한 바 있다. 대학에 진학하는 여성은 점점 늘어나고 있으나 대부분의 싱가포르 남성들은 자신보다 학벌이 낮은 여성과 결혼하려 해 대졸 이상의 고학력 노처녀들이 늘어나는 추세를 막아보겠다는 것이다.[46]

어디 그뿐인가. 남편이나 아내의 부정이 의심스러우면 국가에 도움을 청할 수 있는 나라가 또 싱가포르다. 경찰의 범죄 수사를 돕는 싱가포르 과학법의학연구소는 일반 고객들로부터 요금을 받고 서비스를 베푸는데, 남편들은 부인들의 얼룩진 팬티를 갖고 오고 부인들은 남편들의 자동차로부터 얼룩진 휴지 같은 것들과 피묻은 팬티, 그리고 베개에 붙어 있던 머리카락 같은 것들을 가져온다는 것이다.[47]

대만과 중국의 관계

대만의 면적은 3만6천㎢이며, 인구는 2천1백만 명이다. 미국의 저널리스트 토머스 L. 프리드먼(Thomas L. Friedman)은 북경에서 한 중국 경제학자에게 중국이 대만[48]을 침공할 수 있는 재력을 지니고 있는가 라는 질문을 던졌다고 한다. 프리드먼은 그 이야기를 그의 저서 『렉서스와 올리브나무: 세계화는 덫인가, 기회인가?』에서 다음과 같이 말하고 있다.

그는 잠시의 주저함도 없이 '아니오' 라고 대답했다. 그는 '그리하면 중국에 대한 투자는 중단될 것이고, 경제성장이 멈출 것입니다. 그러면 우리가 세계 다른 나라를 따라잡을 수 있는 마지막 기회도 없어집니다' 라고 말했다. 당시 내가 만났던 중국 정부 관계자들처럼 그 역

---

46) 강수진, 〈남녀 대학생 짝찾기 정부가 '중매쟁이' 노릇〉, 『동아일보』, 1998년 7월 14일, A9면.
47) 정성희, 〈싱가포르 '범죄실험실' 개방〉, 『뉴스플러스』, 1998년 10월 1일, 13면.
48) 한국은 대만과 92년 8월에 국교를 단절하였다.

시 중국이 타이완을 침공할 대의명분은 충분하다고 느끼고 있었다. 독립에 대해 다시는 생각조차 못하도록 타이완을 혼낼 필요가 있다는 당위성에 대해서는 그도 같은 입장이었다. 그러나 그는 중국의 모든 간부급 지도자들이 알고 있으면서도 소리내어 말하기를 꺼리던 사실, 즉 중국은 자국 경제를 황폐화시키지 않고는 타이완을 침략할 수 없다는 사실을 있는 그대로 이야기했다. …… 타이완이 중국에 투자한 돈은 대략 46,000여 개 공장과 회사에 걸쳐 460억 달러에 이른다. 타이완의 비즈니스맨들은 이를 잘 알고 있다. 또 이 사실을 주저하지 않고 중국측에 상기시킨다. …… 중국측이 군사적 수단으로 타이완을 다루기 힘든 제약 요인은 이것만이 아니다. 중국이 타이완을 침공하면 미국 의회는 즉각적으로 중국 제품의 미국 수입을 전면 봉쇄하는 반격을 가할 것이다. 이는 중국 전체 수출의 40%에 해당된다. 1990년부터 1999년 사이, 중국은 미국과의 교역에서 650억 달러를 벌어들였다. …… 세계 무대에서 타이완이 독립국가로서 대접받기 위해 지나치게 욕심을 낼 경우, 나는 중국이 군사적 행동을 취할 것이라고 믿는다. 이 경우 중국은 그 어떠한 경제적 대가를 치르더라도 물불을 가리지 않을 것이다. 타이완이 독립국가가 되는 것을 내버려두고도 중국의 국가 지도자로 남아 있을 수 있는 사람은 아무도 없기 때문이다. 그러나 마찬가지로, 지속적인 외국인 투자와 대외무역 없이 오늘날 그 자리에 붙어 있을 수 있는 중국 지도자 또한 있을 수 없다. [49]

1987년 대만이 계엄령을 해제하고 대륙으로 친지 방문을 허용하면서

---

49) 토머스 L. 프리드먼(Thomas L. Friedman), 신동욱 옮김, 『렉서스와 올리브나무: 세계화는 덫인가, 기회인가?』 전2권(창해, 2000), 451~454쪽.

많은 대만 기자들이 친지 방문을 이용해 비공식적으로 중국에 대한 취재가 시작되었다. 1989년 3월 중국 정부는 제7기 전국인민대표대회 제2차 회의에 대만 기자들의 취재를 공식적으로 허용하였고, 대만 정부도 같은 해 4월 17일 자국 언론에 대해 대륙 취재를 허용하였다. 1990년 6월 대륙의 언론, 문화, 예술, 체육계 인사의 대만 방문을 허용하는 조치가 발표되었다. [50]

대만의 신문

계엄령하에서 31개였던 신문 해제 이후 88년 193개로까지 증가하였으나, [51] 94년에 100개로까지 떨어졌고 다시 97년 126개, 98년 149개로 늘었다. 각기 120만 부를 발행하는 신문으로는 『China Times』, 『Liberty Times』, 『United Daily News』 등이 있다. [52]

일간지 수의 증감 폭이 시사하듯이, 신문들간의 경쟁이 매우 치열하다. 『신문과 방송』 97년 4월호에 따르면, 대만 최대 일간지인 『연합보』와 『중국시보』가 판매 경쟁에 돌입하였는데, 오토바이까지 경품으로 제공하는 등 치열한 판촉전을 벌였다. 사건의 발단은 『연합보』가 96년 말 판촉 전략으로 '333' 전략을 채택하면서 시작됐다. 『연합보』는 3만3천3백 대만달러(약 100만 원)를 미리 내면 33개월 동안 신문을 구독할 수 있으며 3만 3천 대만달러짜리 오토바이를 제공한다는 판촉전략을 시행했다. 이에 맞서 『중국시보』도 3만6천 대만달러를 내면 36개월 동안 신문을 구독할 수

---

50) 한국언론연구원, 『남북교류시대 북한보도』(한국언론연구원, 1998), 93쪽.
51) Wei-Wen Chung et al., 〈Taiwan, Republic of China〉, George Wang ed., 『Treading Different Paths: Informatization in Asian Nations』(Norwood, New Jersey: Ablex, 1994), p.162.
52) 『해외언론동향』, 1999년 10월호, 86쪽.

있으며 『연합보』가 제공하는 오토바이보다 비싼 오토바이를 경품으로 내걸었다. TV를 통해 이 같은 판촉전략을 광고한 덕택에 두 신문의 부수가 늘었다. [53)]

　『연합보』와 『중국시보』는 광고시장의 3분의 2를 차지하고 있다. 이 양대 민간지와 정부 대변지 『중앙일보』가 있으며, 대만의 독립을 주장하는 『자유시보』가 빠르게 성장하여 양대 신문사와 함께 새로운 축을 형성하고 있다. 『연합보』와 『중국시보』는 대만 내부의 통일과 독립 논쟁에 적극 개입하지 않고 적당한 거리를 유지하면서 민족통일을 장기적 목표로 추구하는 반면, 『자유시보』는 대만 우선주의의 입장에서 중국을 외국 정권으로 간주하여 중국과의 회담에 반대하며 중국 소식에 고정면을 할애하지도 않는다. [54)]

대만의 방송

　대만의 지상파 TV 시스템은 매우 독특하게 정치적 대가와 흥정의 상이 돼 주요 세력이 나눠 갖는 방식으로 이루어졌다. 대만의 지상파 TV는 1962년에 개국한 대만 정부계의 대만전시대(臺灣電視臺), 1969년에 개국한 국민당계의 중국전시대, 1971년에 개국한 국방부·교육부계의 중화전시대, 1997년에 개국한 민진당계의 민간전민전시대(民間全民電視臺), 1998년에 개국한 공공재단이 운영하는 공공전시대 등으로 구성돼 있는 것이다. [55)]

　대만에서 케이블TV는 제 4대(臺)로 불리어 왔는데, 이는 97년 이후 2개

---

53) 〈대만: 오토바이 경품 등장〉, 『신문과 방송』, 1997년 4월호, 131쪽.
54) 한국언론연구원, 『남북교류시대 북한보도』(한국언론연구원, 1998), 91~92쪽.
55) 〈대만의 공공 텔레비전 개국〉, 『MBC 세계방송정보』, 1998년 12월 30일, 22~25쪽.

채널이 더 등장하기까지 오랫동안 대만 방송계를 지배해 온 3개 지상파 채널에 대해 4번째의 채널이라는 의미로 사용된 것이다. 일본보다 10년 늦은 1965년부터 시작된 대만의 케이블사업은 아시아권에선 가장 발달돼 있다. 97년 현재 전 국토의 약 80% 이상에 선로가 깔려 있으며, 이는 4백40만 가구에 해당하는데 그 가운데서 80%에 달하는 3백50만 가구가 케이블TV를 수신하고 있다. 이는 5백50만 TV 보유가구 가운데 65%의 가구가 케이블TV를 수신한다는 걸 의미하는 것이다. [56]

1999년 현재 그 비율은 65%에서 76%로 늘었는데, "역설적으로 아시아에서 가장 높은 보급률을 자랑하는 대만 케이블TV의 성공이 자국의 정보통신망 기반 구축에 장애 요인이 되고 있다"는 진단이 나오고 있어 흥미롭다. 이에 대해 『방송 동향과 분석』 2000년 11월 15일자는 다음과 같이 말한다.

> 대만의 케이블TV 시장은 Koo 그룹의 United Communication Group과 China Rebar Empire 그룹의 Eastern Multimedia가 거의 대부분을 장악하고 있다. 공식적으로는 Koo 그룹이 전체 74개 사업자 중 12개의 사업자를, Rebar 그룹이 13개 사업자를 가지고 있다고 나타나 있다. 그러나 이는 대만 공정거래법에 명시된 시장 점유 상한선인 33% 이내로 맞추기 위해서일 뿐 실제 케이블시장 점유율은 그 이상이다. …… (두 그룹이) 대만 전체 케이블시장의 88%를 장악하는데도, 대만의 공정거래위원회가 모르는 척하는 이유는 (두 그룹이) 국민당의 주요 인물과 가까운 관계에 있기 때문이다. …… 대만의 케이블TV 보급률이 높은 요인으로는 먼저 낮은 수신료를 들 수가 있는데

---

56) 정용준, 『세계의 디지털 위성방송』(커뮤니케이션북스, 1998), 117쪽.

…… 아시아에서 채널 대 수수료 비율이 가장 낮은 것으로 평가되었
다. …… 두 번째 이유는, 공중파에서 볼 수 없는 '대안 프로그램
(alternative programming)'들을 제공하였기 때문이다. 대만의 공
중파 TV에서는 볼 수 없는 일본 드라마, 미국 레슬링 그리고 심지어는
Exxxtasy나 True Blue 같은 성인 채널까지 제공함으로써, 케이블
TV가 합법화된 1993년 이전에 이미 50%의 보급률을 넘어섰다. ……
세 번째 이유는, 공중파 방송에 비해서 케이블TV가 대만 국민들에게
더 신뢰받는다는 사실에 있다. …… 네 번째 이유는, 철저한 자유방임
주의에 입각한 케이블시장 구조이다. …… (두 그룹은) 오래전부터 인
터넷 사업에 관심을 가지고 있었다. 그러나 기존 케이블TV가 발전할
수 있었던 자유방임주의 케이블 시장구조가 광대역 서비스로 갈 수 있
는 케이블 전환 가능성을 늦추고 있다. 대외적으로는 대만은 광대역
준비작업, 즉 50~100MHz 정도의 동축케이블을 광케이블로 바꾸는
작업을 진행 중이다. …… (두 그룹은) 좀처럼 늘지 않는 가입자 수 때
문에 더 이상 광케이블로 업그레이드하지 못하고, 케이블TV 수신료로
지금까지 투자한 기간 시설을 유지하면서 가입자가 늘기만을 바라고
있다. …… 결과적으로, 대부분의 다른 아시아 국가보다 빠르게 성장했
던 대만의 케이블TV가 (두 그룹의) 시장 독점으로 인해 정보 통신망의
기반 구축이라는 광대역 디지털망으로의 업그레이드를 못하고 있다. [57]

대만의 영화

대만의 영화는 아예 죽었다고 보는 것이 타당할 것 같다. 대만의 영화

---

57) 강원석, 〈대만, 케이블 TV의 성공이 정보통신망 구축에 역효과〉, 『방송 동향과 분석』,
2000년 11월 15일, 43~47쪽.

에 대해 『시사저널』 99년 5월 27일자는 다음과 같이 말한다.

"뉴 웨이브 1·2세대를 배출하여 명성을 얻은 대만의 경우, 아예 영화 산업이 존재하지 않는다. 양창덕 감독은 '대만은 경제대국이지만, 문화산업은 이렇다 할 것이 없다. 80년대에 뉴 웨이브가 탄생한 것은 사람들이 역량을 총동원해 열악한 기반을 극복했기 때문이다. 하지만 산업 기반이 뒷받침되지 않는 한 영화는 시장에서 계속 살아 남기 어렵다' 라고 암울한 심경을 털어놓았다. …… 대만에서 94년의 경우 흥행 1위부터 10위는 모두 할리우드·홍콩 영화였다. 이 안 감독의 『음식남녀』도 10위권 밖으로 밀렸다. 세계 영화계의 눈길을 모으고도, 국내 흥행은 늘 신통치 않았단 것이다. 대만은 1년에 20편 남짓 영화를 만드는데 자국 영화에 투자하기보다는 홍콩 영화에 돈을 대는 경우가 많다. 때로 중국에까지 손을 뻗친다(『패왕별희』를 제작한 톰슨 그룹이 그 예). 대만의 제작 ·배급은 정부기관인 중앙전영공사의 지원에 의존하는 경우가 많다. 중앙전영공사는 초기에 비상업적인 뉴 웨이브 영화를 지원한 공이 크지만, 대만의 민간 영화산업이 정상적으로 발전하는 데 장애가 되었다는 분석도 있다." [58]

필리핀의 대중매체

필리핀은 7천여 개의 섬으로 이루어진 나라(30만㎢)로 인구는 7천2백만 명이다. 1898년 330년 넘게 지배해온 스페인으로부터 독립했지만 다시 1946년까지 미국 식민지가 되었다. 50년대까지만 해도 동남아시아의 선두 국가였지만 그 후 뒤 처지게 되었다.

97년 현재 일간지는 42개로 총발행부수는 470만여 부이며, 발행부수

---

58) 노순동, 〈할리우드를 어찌하랴〉, 『시사저널』, 1999년 5월 27일, 109면; 조재홍 지음, 인디컴 엮음, 『인디컴의 세계영화기행 1』(거름, 1996), 347~349쪽.

가 20만이 넘는 신문은 『People's Journal』 38만 부, 『People's Tonight』 36만 부, 『Manila Chronicle』 30만 부, 『Manila Bulletin』 28만 부, 『The Philippine Star』 27만 부, 『Philippine Daily Inquirer』 24만 부, 『Manila Standard』 21만 부, 『Manila Times』 20만 부 등이다.[59]

TV의 도입은 1953년에 이루어졌고[60] 마닐라 수도권에만 5개의 TV 방송사가 있다. 96년 필리핀의 TV 보유대수는 10명당 한 명꼴로 다른 아세안 국가들보다 훨씬 낮은 편이다. 제1의 방송사는 ABS-CBN으로 지난 56년 필리핀의 명가 로페스 일가 소유로 첫 전파를 발사했다. 이 방송사는 마르코스 정권에 강탈당한 후 '마닐라의 봄'이 도래하면서 새롭게 탄생하였는데, 1996년 경제전문지 『파 이스턴 이코노믹 리뷰』는 96년 신년 특집호에서 '빅 5' 필리핀 기업의 하나로 선정했다. 94년부터 미국에서 방송하고 있는 '필리피노 채널'은 ABS-CBN의 의욕을 잘 보여준다. 필리핀 뉴스와 오락 프로그램을 생방송으로 중계하는 필리피노 채널은 인공위성을 통해 프로그램을 받은 뒤 미국에서는 케이블로 연결, 30만 재미 필리핀 가정에서 가장 즐겨보는 채널이 됐다.[61]

2000년 필리핀 방송계는 DTH[62]와 케이블 업계의 경쟁이 활발했는데, 『방송 동향과 분석』 2000년 4월 15일자는 필리핀 방송의 최근 동향에 대해 다음과 같이 말한다.

---

59) 『해외언론동향』, 1999년 10월호, 96쪽.
60) 필리핀의 TV 도입은 다른 아시아 국가들에 비해 대단히 빨랐다. 1953년 필리핀에 이어, 54년 태국(교육방송), 59년 인도네시아, 61년 한국, 62년 대만, 63년 싱가포르 · 말레이시아 등으로 이어졌다.
61) 이하원, 〈필리핀 방송사 ABS-CBN〉, 『조선일보』, 1996년 2월 21일, 9면.
62) "디지털 DTH(direct-to-home) 텔레비전은 개별 가구들이 위성접시안테나 또는 텔레비전 수상기에 부착된 디코더 박스를 통해 위성방송을 수신하는 시스템이라고 간단히 설명할 수 있다. 공급자가 디코더 박스를 프로그램해서 관리하기 때문에 개별 가구는 그들이 비용을 지불한 채널만을 시청할 수 있다." 이만제, 〈빠른 성장세를 보이고 있는 유럽의 디지털 DTH 시장〉, 『방송 동향과 분석』, 2000년 7월 31일, 22~24쪽.

"현재 필리핀에는 약 120만 다채널 서비스 가입 가구들이 케이블 네트워크에 연결되어 있다. 위성방송 서비스를 수신하는 가구는 아직은 도서지역과 케이블이 연결되지 않은 지역에 집중되어 있다. …… 그러나 필리핀의 다채널 방송사업은 지상파 방송의 거센 도전에 직면해 있다. 현재 필리핀에는 7개의 VHF 네트워크와 많은 수의 UHF 채널들이 있다. …… ABS－CBN은 필리핀에서 가장 큰 규모의 방송사로서 1999년에는 대략 62%의 점유율을 유지하였다. ABS－CBN의 모기업은 Lopez 그룹이다. Lopez 그룹은 이외에도 VHF, UHF 텔레비전과 라디오, 케이블텔레비전, DTH, 영화제작사 등을 소유하고 있다. 1996년에는 UHF 채널인 Studio 23을 개설하였다. …… ABS－CBN의 뒤를 잇는 기업은 GMA Networks이다. 이 방송사는 VHF 지상파 네트워크인 Channel 7, UHF 채널인 Citynet TV 등을 운영하고 있다. 특히 GMA 7은 필리핀에서 두 번째 규모의 시청자 점유율을 유지하고 있다. 최근에 GMA는 필리핀 각 지역의 44개의 방송국들과 제휴를 맺는 등 매우 공격적인 경영을 하고 있다."[63]

필리핀의 영화

『인디컴의 세계영화기행 1』(1996)은 필리핀의 영화에 대해 다음과 같이 말한다.

"필리핀은 1971년에는 영화를 251편이나 제작했다는 기록을 갖고 있지만, 20여 년이 지난 1990년대에는 반으로 줄어 평균 130편 안팎을 만들고 있다(1993년은 123편이다). 제작편수로만 따지면 현재에도 세계 10위

---

63) 이동훈, 〈필리핀, 싱가포르, 대만 방송시장의 최근 동향〉, 『방송 동향과 분석』, 2000년 4월 15일, 51~53쪽.

를 유지하고 있는 필리핀 영화계에서 가장 대중적인 인기를 끄는 영화는
한 해 제작량의 거의 반을 차지하는 액션영화이다. 그 제작 현장에서 만
난 필리핀 영화들은 소문처럼 낙천적인 성격 그대로 촬영장을 꾸려나가
고 있었다." [64]

필리핀의 영화감독 이슈마엘 베르날은 필리핀 영화에 대해 다음과 같
이 말한다.

> 우리들은 귀신, 괴물에 관한 공포영화를 좋아한다. 외국인에게는 이
> 영화들이 단순한 오락물로 보이겠지만 필리핀에게는 매우 사실적인
> 영화들이다. 필리핀 사람들은 독실한 카톨릭 신자로 알려져 있다. 스
> 페인 통치의 영향으로 국민의 90%가 카톨릭 신자이기 때문이다. 하
> 지만 필리핀인의 본성은 서구 종교보다는 동양의 정령 사상에 가깝
> 다. 필리핀에는 수백만 가지 미신이 있고, 필리핀인들은 귀신을 믿고
> 귀신과 접촉하는 독특한 행동방식을 가지고 있다. 그것은 필리핀 문
> 화의 일부이다. 따라서 귀신을 다룬 필리핀 영화들은 보통 생각하는
> 공포영화나 모험영화가 아니고 필리핀 국민의 본성과 깊이 연루된
> 문화적인 주제들이다. [65]

필리핀의 영화감독 페케 갈라가는 필리핀 영화에 대해 다음과 같이 말
한다.

> 현재 필리핀 영화는 최악의 상황이다. 예술영화나 진지한 주제의식
> 을 담은 영화들이 나오지 않는 이유는 필리핀 사람들이 영화를 오락

---

64) 조재홍 지음, 인디컴 엮음, 『인디컴의 세계영화기행 1』(거름, 1996), 220~221쪽.
65) 조재홍 지음, 인디컴 엮음, 위의 책, 222쪽에서 재인용.

으로만 생각하기 때문이다. 그들은 긴장을 풀기 위해 영화관에 간다. 그들은 영화를 즐기고 싶지 영화를 보고 생각하거나 토론하고 싶어 하지 않는다. 일주일 동안 힘들게 일한 다음 편하게 놀고 싶은 사람 에게 『쉰들러 리스트』를 보라고 하는 것은 너무 많은 요구를 하는 셈 이다. 필리핀 사람들은 쉬고 싶어하기 때문에 심각한 영화는 흥행에 실패한다. 필리핀에서 『터미네이터 2』는 성공했지만 『아버지의 이름 으로』나 『피아노』는 3일 만에 간판을 내렸다. [66]

인디컴 팀은 이슈마엘 베르날 감독의 집에 가서 그가 조감독과 연인처 럼 행동하는 걸 보고 놀랐다는데, 이에 대해 『인디컴의 세계영화기행 1』은 다음과 같이 말한다.

"통역자의 귀띔에 따르면 필리핀 영화인 중 절반 이상이 동성애자라고 한다. 누구나 자연스럽게 그 사실을 드러내고 누구도 이상하게 생각하지 않는다고. 필리핀 사회의 예기치 못한 개방성에 취재팀은 놀랐지만 그들 의 영화 이야기는 진지하기만 했다." [67]

그러나 그러한 개방성의 또다른 면이 있다. 베르날은 필리핀의 심각한 검열 문제에 대한 의견을 묻자, 다음과 같이 말했다.

"나는 외설적인 영화에 대해서는 평가위원회가 필요하다고 생각합니 다. 돈을 벌기 위해 폭력물이나 외설영화를 만드는 것에 자유를 남용할 수도 있으니까요. 그 외의 다른 영화들에 대해서는 검열해서는 안 됩니 다. 필리핀의 검열 사정은 외국영화에 대해서도 마찬가지입니다. 『피아 노』와 『쉰들러 리스트』가 수입되었을 때 이 영화들은 금지되거나 성인용 판정을 받았습니다. 『쉰들러 리스트』의 경우 극중에 나체가 나온다는 이

---

66) 조재홍 지음, 인디컴 엮음, 『인디컴의 세계영화기행 1』(거름, 1996), 223쪽에서 재인용.
67) 조재홍 지음, 인디컴 엮음, 위의 책, 229쪽.

유 때문이었습니다." [68]

태국의 신문

태국은 1932년에 입헌군주국이 되었는데, 그 후 17번의 쿠데타가 일어났지만 왕실의 권위로 큰 혼란 없이 안정을 누릴 수 있었다. 태국인들은 단 한번도 다른 나라의 지배를 받아보지 않았다는 강한 자부심을 갖고 있다.

태국은 면적 51만3천1백15㎢, 인구 6천만 명이다. 97년 외환 위기 전 한때 50개 일간지가 발행되었으며, 이 가운데 20개가 방콕에 집중되어 있었다. 98년 현재 일간지는 34개로 총발행부수는 1천1천75만 부이다. 40만 부 이상 발행하는 일간지로는 『Thai Rath』 1백만, 『Daily News』 75만, 『Matichon Daily』 40만, 『Khao Sod』 40만 등이 있다. [69]

태국의 경우도 족벌 언론권력의 위세가 만만치 않다. 96년 2월 한 언론재벌의 빈소에 10만 명이 조문하고 빈소에 진열된 조화만도 1만여 개가 넘은 '사건'이 있었다. 왕실 고위인사를 비롯 전현직 총리와 각료, 국회의원, 군장성, 경찰고위간부, 기업인, 연예인을 포함한 사회저명인사 등이 총망라되었는데, 태국 최대 발행부수를 자랑하는 태국어신문 『타이라트』지의 창업주이자 소유주인 캄퐁 와차라퐁 회장이 2월 21일 76세로 사망했던 것이다. [70]

태국 언론도 다른 아시아 국가들처럼 외환위기로 큰 타격을 받았다. 98년 2월, 금융위기 이후 폐간되거나 경영위기에 봉착한 신문은 10개사

---

68) 조재홍 지음, 인디컴 엮음, 앞의 책, 245~246쪽.
69) 『해외언론동향』, 1999년 10월호, 95쪽.
70) 〈태 언론재벌 빈소에 10만명 조문〉, 『문화일보』, 1996년 3월 19일, 10면.

나 되었고 해고된 기자만 1천5백 명에 이르렀다. 98년 4월, 언론인 중 3분의 1이 해고되었고, 문닫은 신문이 10여 개나 되었다. 98년 6월, 신문 광고수입은 최고 60%나 줄었고 발행부수 1백만 부로 업계 1위인 태국어 대중지 『타이 라트』도 고전을 면치 못했다.

『로스엔젤레스 타임스』 동남아지국장 데이비드 램은 국제언론인협회(IPI) 리포트 99년 3호에 〈위기속에 거듭난 태국신문〉이라는 글을 기고했다. 『한국일보』 99년 12월 14일자 기사를 인용한다.

이 글에 따르면 97년 7월 바트화의 평가절하와 함께 나타난 태국 경제 붕괴의 이면에는 경제적 투명성의 결여가 있다. 오랜 독재에 길들여진 태국 신문들은 이 같은 비합리적 상황을 방관했으며 여기에 일조하기도 했다. 덕분에 신문사는 스스로도 2,000여 명을 해고하는 아픔을 겪어야 했다. 이런 와중에서 태국 신문들이 공격적인 모습으로 변하기 시작했다. 대표적인 일간지인 『카오 소드』(신선한 뉴스), 『마티촌』, 『방콕 포스트』 같은 신문도 변화에서 예외는 아니었다. 이들은 부패와 부실경영을 경쟁적으로 취재하고 있다. 최근에는 부풀려진 가격으로 의료물자를 구매한 정부의 스캔들을 폭로, 리키아트 숙탄트 보건부장관을 사임시키기까지 했다. 『카오 소드』의 타쿤 분판 편집국장은 이에 대해 ‘왕실을 제외하면 사회 어느 곳이나 비판하고 있다’ 면서 ‘과거 같으면 상상조차 힘든 일’ 이라고 말했다. 이런 변신으로 IMF 이후 크게 줄었던 독자 수가 늘어나고 있다. 『카오 소드』의 경우 환경문제와 경제문제를 중심으로 한 개혁지를 표방, 지난 1년 새 판매부수가 3% 성장했으며 20%의 순이익도 창출했다. 태국 신문의 성공적인 제모습찾기는 동남아 다른 나라에까지 영향을 미쳐 필리핀 캄보디아 인도네시아에서도 언론 통제가 크게 완화되고 있

다. 이 같은 변화에 결정적인 공로자는 추안 리크파이 태국 수상. 그
는 97년 신헌법을 발효하면서 1914년 만들어진 언론통제법 등 반언
론법을 폐지하고 정부의 투명성을 증진하는 국가정보법을 만들었다.
또 언론자유 신장에 기여할 동남아언론연맹도 창립했다.[71]

태국 신문의 타락상

그런 긍정적인 면도 있었겠지만, 아직은 큰 변화를 기대하기는 어려울
것 같다. 거의 비슷한 시기에 나온 『한겨레 21』 99년 12월 2일자에 게재
된 〈"신문은 오물이야!": 황색신문으로 전락한 타이어 신문들 … 영자신
문만이 막강한 영향력 발휘〉라는 제목의 현장 취재 기사는 매우 어두운
모습을 보여주고 있기 때문이다. 이 기사를 길게 인용한다.

"신문 같은 건 보지 않는다." 피티 쿨시로랏(35)은 단호하게 말했다.
"그럴 돈이 있으면 담배나 실컷 사 피겠다." 그는 신문 이야기가 나
오자 흥분하기 시작했다. "타이엔 최고의 신문도, 최악의 신문도 없
다. 모두 똑같은 놈들이다. 이놈들이 타이 국민들을 바보로 만들고
있다." ……
그는 지난 96년 타이에서는 최초로 '미디어 소비자의 힘'이라는 언
론 감시운동단체를 조직한 바 있다. 타이 최대의 일간지 『타이랏』
(Thai Rath)이 당시 인기 여가수 마이의 누드 사진을 무단전제하면
서 사회적 물의를 빚자, 언론감시기구의 필요성을 느낀 피티가 앞장
서 이 단체를 조직한 것이다. 그는 '마이'의 누드 사진 문제를 물고

---

71) 이은호, 〈"태국신문들 공격형으로 거듭났다"〉, 『한국일보』, 1999년 12월 14일, 7면.

늘어지면서 『타이랏』과 법정소송을 벌였다. 그러나 그가 3년 간의 싸움 끝에 얻은 것은 절망뿐이었다. "『타이랏』의 소유주가 갱스터인 것은 공공연한 비밀이다. 나는 이 싸움을 하면서 생명의 위협까지 느꼈다. 그럼에도 싸움을 쉽게 포기하지 않은 것은 각 사회운동 부문들과 전문가 집단들이 우리의 싸움을 지원해 줄 것으로 기대했기 때문이다. 그러나 모두 우리를 못 본 체했다." 결국 '미디어 소비자의 힘'은 공중분해됐다. 크나큰 상실감을 얻은 그는 아예 신문을 보지 않을 정도로 노여움을 간직하게 된 것이다.

현재 타이에서는 34개의 일간지와 103개의 주 · 월간지가 발행되고 있다. 농촌의 높은 문맹률과 보급망의 미비로 신문과 잡지는 주로 방콕에서만 집중적으로 배포되는 형편이다. 타이의 신문 구독률은 아시아에서도 낮은 편에 속한다. 총인구 6천만 명 중 성인 인구를 3천만 명 정도로 잡을 때, 신문 구독인구는 200만 명이 채 안 된다. 이는 경제적 불균형의 상징이기도 하다. 부의 편중으로 많은 사람들이 10~20바트(300~600원)하는 신문조차 사볼 수 없는 형편인 것이다. 그래서 타이엔 라디오에서 신문을 읽어주는 특이한 프로그램도 있다.

"모두 다 옐로페이퍼들이다. 타이에 신문다운 신문은 없다." 출라롱콘대학 언론학과 우본랏 시리유와삿(42)의 비판도 피티의 그것과 별로 다르지 않다. 그는 방콕에서 독설가로 이름이 널리 알려진 언론학자. "신문은 악성 자본주의의 꽃이며 동시에 오물 같은 존재"라는 게 타이 신문에 대한 그의 가차없는 진단이다.

방콕 가판대에서 신문을 펼치면 우본랏 교수의 비판이 실감난다. 그것은 먼저 1면의 사진으로부터 다가온다. 바로 '시체' 사진들이다. 타이의 일간지마다 거의 매일 빠짐없이 1면에 그 날 교통사고나 화재로 죽은 '주검'들의 사진을 경쟁적으로 싣는 것이다. 온몸이 새까맣게 탄 시신, 머리가 깨져 피를 흘리며 죽은 사자의 얼굴, 팔다리나 목이 잘린 시신 ……. 방콕 독자들은 이 끔찍한 사진들을 보면서 쾌감을 느끼는 것일까? 어쨌든 시체 사진은 판매율과 불가분의 관계인 것만은 분명해 보인다. 타이어 신문 중 가장 권위 있다는 『마티촌』(Matichon)의 중견기자 부케로 수타위숩(45)의 변명 아닌 변명을 들어보자. "충격적인 시체 사진이 있어야 잘 팔리는 것은 야한 누드 사진이 있어야 잘 팔리는 것과 같은 이치다. 물론 『마티촌』도 이 문제에서 자유로울 수 없다. 그러나 『마티촌』은 적어도 인권적인 차원에서 '시체의 얼굴을 보여주지 않는다'와 '뉴스의 가치에 따른다'는 두 개의 내부원칙을 가지고 있다." ……

이런 상황 속에서 "타이의 정론지는 영자지"라는 말이 자연스럽게 나온다. 『더 네이션』(The Nation) 『방콕 포스트』(Bangkok Post)는 우리에게도 친숙한 이름이다. 이 신문들의 발행부수는 고작해야 5만 부 안팎. 『타이랏』이나 『마티촌』의 발행부수가 30만 부 정도임을 감안하면 미미한 부수다. 그러나 영향력이 부수에서 나오는 것은 아니다. 『더 네이션』과 『방콕 포스트』의 독자들이야말로 타이의 인텔리들이며 오피니언 리더라는 것은, 이 신문들의 저력을 말해준다. ……

신문장사만으로는 만족하지 못한 타이 언론사주들은 여전히 사업 확대에 혈안이 돼 있다. 그리고 그 '사업'이라는 게 대부분 오락산업이다. 여기서 우본랏 교수의 이야기를 들어보자. "단기 순환이익을 노린 신문사들이 식당, 커피숍, 게임장 같은 데까지 진출하고 있다. 이는 언론사로 하여금 필연적으로 정치집단과 교통하고 부정부패를 생산하는 구조를 낳게 만들었다. 신문이 사업의 방패와 창으로 이용되고 있는 것이다." ……

"모든 언론사 직원들은 사주들을 '아버지'라고 부르는 전통이 있다. 이런 상황에서 노동조합이 현실적으로 가능하겠는가." 『마티촌』 부케로 수타위숩 기자의 설명이다. [72]

태국의 방송과 영화

신문들이 시체 사진을 경쟁적으로 싣는다는데, 아무래도 태국인들은 독특한 '죽음의 미학'을 갖고 있는 게 아닌가 하는 생각이 든다. 방송도 그렇기 때문이다. 태국에서 경제위기 때문에 자살의 수가 폭발적으로 증가하자 뉴스 프로그램들은 건물 꼭대기에서 투신하는 사람들의 투신 장면을 슬로모션으로 여러 번 방영하였는데, 97년 6월과 98년 7월 사이에 태국의 방송들은 650여 건이나 되는 자살 장면을 대부분 생중계로 방영한 것으로 밝혀졌다. [73]

태국의 방송은 상당 부분 군부의 통제하에 놓여 있다. 군부는 대부분의 TV 방송국과 절반 이상의 라디오방송을 통제해 왔으나, 92년 5월 민주화 유혈 시위 이후 5개의 새 민간 TV 채널을 허용하였다. 태국은 디지털 방식에 의한 위성방송의 직접 수신을 아시아에서 가장 먼저 실시한 나라다(두 번째는 말레이시아).

태국은 자국 영화가 꽤 발달돼 있는 편이다. 태국의 영화인 돔 수크웡은 태국의 영화 현황에 대해 다음과 같이 말한다.

"태국은 영화를 한 해에 30편 정도를 제작한다. 영화관은 전국에 700개 정도. 야외극장은 4000개 가까이 된다. 편당 제작비가 300만 바트(약

---

72) 고경태, 〈"신문은 오물이야!": 황색신문으로 전락한 타이어 신문들 … 영자신문만이 막강한 영향력 발휘〉, 『한겨레 21』, 1999년 12월 2일, 68~70면.
73) 이냐시오 라모네, 원윤수·박성창 옮김, 『커뮤니케이션의 횡포』(민음사, 2000), 120쪽.

1억 원)인데 다행히도 거의 제작비를 회수하고 있다. 물론 불법거래까지 포함한 계산이다."[74]

'불법거래'라는 말이 시사하듯이, 태국의 영화 상영 공간은 매우 독특하다. 태국의 극장에 대해 『인디컴의 세계영화기행 1』은 다음과 같이 말한다.

> 태국의 특이한 영화 풍경 중 하나는 지하극장이다. 지하실에서 상영한다는 의미가 아니라 암거래 영화를 말한다. 지하극장은 필름을 복제하여 싸구려 극장에 다량 대여해주거나 야외극장을 공략한다. 영사기 한 대, 운전수 한 사람, 오토바이 한 대면 복제에서 운전·상영까지 완벽하게 끝난다. 물론 불법이다. 이런 불법 영화들은 '낭크랑 플렝'이라고 불리는데 논밭극장이라는 뜻도 갖고 있다. 관람료는 고작 20바트, 우리 돈으로 600원 정도이다. 관람료가 싸다는 장점 외에도 이런 영화들은 검열로 잘린 부분들까지 완전히 원상복구되어 있다. 이 곳을 찾는 관람객 역시 청소년이 대부분이지만, 어느 누구도 낯뜨거워하지 않으며, 정부에서도 굳이 단속하려 하지 않는다. …… 영화관보다는 논바닥이나 길에 앉아 관람하기를 더 좋아하는 태국 사람들의 취향 덕분에 지하극장 같은 암거래도 생겨나기 시작했다고 한다. 비록 불법이긴 하지만 이러한 지하시장은 외국 영화와의 경쟁에서 열악한 태국 영화가 자본을 회수하는 유일한 출구이기도 하다. 이 지하극장이 1990년대 태국 영화의 현주소이다. …… 영화인들에게 무엇보다 자신감을 주는 사실은 태국 관객들이 자국 영화를 무척 아낀다는 사실이다. 농촌은 물론 도시에서도 태국 사람들

---

74) 조재홍 지음, 인디컴 엮음, 『인디컴의 세계영화기행 1』(거름, 1996), 265쪽에서 재인용.

은 자국 영화를 즐겨 본다. 태국의 대중문화에서 영화만큼 사람들의 생활과 밀접한 것은 없다. 비록 외국 영화보다는 못하지만 그들은 자기들 영화 속에서 즐거움을 찾는다. 마치 어린 시절의 떠돌이 곡마단을 연상케 하는 야외극장은 영화의 수준을 떠나 영화가 얼마나 대중 속에 널리 퍼져 있는가를 가늠케 한다. [75]

그러나 모든 태국인들이 다 영화를 아끼는 건 아니다. 관객층이 극히 제한돼 있다. 이에 대해 태국의 콘살라 교수는 다음과 같이 말한다.

태국 영화시장은 10세부터 19세까지의 청소년과 여성 관객이 대부분이다. 25세가 넘으면 거의 영화를 보지 않는다. 설령 본다고 해도 외국 영화만 본다. 그래서 제작자들은 이윤을 얻기 위해 하이틴영화에만 투자를 하기 때문에 다른 영화를 원하는 관객층을 만족시키지 못하고 있다. 관객 대부분이 하이틴영화를 좋아하니까 하이틴영화만 만들고, 하이틴영화가 판을 치니까 진지한 독자들은 외국 영화로 빠져나간다. 이런 악순환이 태국 영화산업의 가장 큰 문제이다. [76]

태국의 영화진흥책

『국민일보』 99년 7월 30일자는 태국이 왕가의 자존심을 걸고 할리우드의 침공으로부터 역사 및 영화 지키기에 나섰다는 기사를 싣고 있어 흥미롭다. 다음과 같은 내용이다.

---

75) 조재홍 지음, 인디컴 엮음, 『인디컴의 세계영화기행 1』(거름, 1996), 263~265쪽.
76) 조재홍 지음, 인디컴 엮음, 위의 책, 251쪽에서 재인용.

태국에서 손꼽히는 감독 중 한 명이자 왕자인 차트리 유갈라 감독은 방콕 북부 아유타야 왕조의 고도에서 최근 대형 역사물 촬영을 시작했다. 16세기 미얀마의 침략에 맞서 전장에 뛰어든 전설적인 태국 왕비 수리요타이의 일대기를 다룬 이 작품에는 태국 영화사상 가장 큰 5백40만 달러의 왕가 재산이 투입된다. 작품의 기획은 시리키트 왕비가 맡았고 오는 12월 푸미폰 아둔야테 국왕의 72회 생일에 맞춰 개봉할 예정이다. 작품 제작의 직접적인 동기는 비슷한 시기 개봉 예정으로 말레이시아에서 촬영 중인 21세기 폭스의 리메이크 영화 『왕과 나』. 19세기의 개혁주의 왕 라마 4세를 다룬 이 영화는 율 브리너가 출연했던 전편과 마찬가지로 국왕을 비하시키는 등 그 내용이 무례하기 짝이 없다는 게 왕가의 판단이다. 태국의 문을 밀고 들어오는 할리우드 영화에 대한 경계심도 제작 동기의 하나. 태국은 80년대에만 해도 연간 2백 편의 영화를 제작하는 세계 10위 안에 드는 영화국가였다. 그러나 경제위기를 겪고 난 지난해에는 제작편수가 11편에 불과했고 할리우드 영화 상영관이 마구잡이로 생겨났다. 할리우드의 침공은 태국인의 자부심을 형성하는 동남아 유일의 식민지 무경험국이라는 역사 의식과 왕가의 신성불가침성 모두를 훼손하는 것으로 받아들여지고 있다. [77]

또 『국민일보』 2000년 12월 20일자는 태국과 캄보디아가 과거 앙코르 왕국의 문화유산이 산재해 있는 양국 국경 지역을 국제영화촬영지역으로 공동개발할 계획이라는 기사를 싣고 있다. 다음과 같은 내용이다.

"태국과 캄보디아는 이미 '두개의 왕국, 하나의 목적지'라는 표제 아

---

77) 김의구, 〈태국, 미 영화 막기 '비상'〉, 『국민일보』, 1999년 7월 30일, 25면.

래 외국 관광객이 한꺼번에 두 나라를 방문토록 하는 공동관광개발계획을 마련한 바 있다. 영화 촬영장을 만들면 촬영장 대여로 외화를 벌어들일 수 있을 뿐만 아니라 관광객 유치에도 도움이 된다는 것이다. 촬영장 운영에 대한 구체적인 내용은 아직 마련되지 않았지만 양국의 문화 홍보를 위한 영화를 권장하되 『인디애나 존스』나 『비치』 같은 단순 오락영화는 거절한다는 것이다. 또 영화 촬영으로 인해 유적이 훼손되는 것을 막기 위해 엄격한 규정을 적용할 예정이다. 올 상반기 태국에서는 다큐멘터리, TV 광고, 극영화 등 222편의 외국 영화가 촬영됐으며 지난해에는 346편이 촬영됐다. 이 중 대부분은 인도, 싱가포르, 중국, 홍콩 등 아시아 회사들이고 나머지는 독일과 프랑스 등 유럽 회사들이었다." [78]

미얀마의 대중매체

미얀마의 면적은 67만6천5백78㎢이며, 인구는 4천4백60만 명이다. 미얀마 군사정권은 지난 90년 5월 실시된 총선에서 야당의 선거 승리를 인정하지 않고 지금까지 계속 독재를 하고 있다. '미얀마 건국의 아버지'인 아웅산의 딸이며 미얀마 민주화의 상징인 아웅산 수지가 91년 노벨평화상을 수상함으로써 미얀마에 대한 국제 사회의 관심이 좀 높아지긴 했지만 아직 이렇다 할 진전은 이루어지지 않았다.

미얀마의 언론은 88년 9월 당시 국방장관의 친위 쿠데타 이후 지금까지 엄격한 통제하에 놓여 있다. 95년 7개의 일간지가 57만 부의 신문을 발행하고 있다. 대표적인 방송은 국영 MTRD(Myanma Television and Radio Department)로 TV는 78년에 첫 방송을 시작해 86년에서야 전국

---

78) 〈'앙코르 왕국'을 '시네마 천국'으로〉, 『국민일보』, 2000년 12월 20일, 8면.

에 방송을 보낼 수 있게 되었다. 88년 12월 1일 TV 프로그램을 보다 재미있게 만들려는 미얀마 정부의 의도에 따라 처음으로 미얀마 TV의 황금시간대에 광고 프로가 선보였다. MTRD는 90년부터 Asiasat 위성의 중계기를 이용, 벽지까지 전파를 송신하기 시작했으며, 95년부터는 군부가 운영하는 Myawaddy TV가 운영되고 있다. [79]

2000년 1월 19일 미얀마 우편통신부는 전국 TV방송을 통해 사이버공간에서 정치적 의견기사의 교환을 제한하고 나아가 접근 자체를 막는 강력한 인터넷 단속법안을 공표했는데, 이에 대해 『해외언론동향』 2000년 2월호는 다음과 같이 말한다.

"규제법은 인터넷상에서 '직간접적으로 정부시책이나 국가보안사항을 비난해 국익에 해로운 모든 출판물'을 대상으로 한다. 1962년부터 군부가 통치해 온 미얀마의 모든 언론은 국가의 통제를 받고 있다. 현행법상 컴퓨터와 팩스의 소유나 허가를 받지 않은 컴퓨터 네트워크의 설치는 최고 15년까지 징역형에 처할 수 있다. 지난해 12월에도 두 군데 지방 E메일 업자가 해외서버를 사용해 통신망을 운영하다 처벌을 받았다." [80]

『한국일보』 2000년 10월 16일자의 다음과 같은 보도도 미얀마 민주화의 전도가 험난하리라는 걸 잘 보여주고 있다 하겠다.

미얀마 군사당국은 반정부 포스터가 발견된 양곤의 일부 대학들을 폐쇄했다고 반정부 라디오방송이 15일 보도했다. 오슬로에서 송출되는 미얀마 반정부 라디오 '미얀마 민주 목소리'는 군사정부가 비상조치에 따라 다곤대학과 사범대학들을 폐쇄했다고 전했다. 방콕에서 청취된 이 방송은 경찰이 양곤 외곽에 있는 다곤대학에서 '국가평화

---

79) 한국언론연구원, 『세계의 미디어』(한국언론연구원, 1996), 44~45쪽.
80) 〈미얀먀 - 강력 인터넷 단속법 발령〉, 『해외언론동향』, 2000년 2월호, 81쪽.

개발위원회(SPDC)의 교육체제와 행정조직에 반대하는 내용의 벽보
들'을 발견한 뒤 다곤대학을 폐쇄 조치했다고 말했다. SPDC는 미얀
마 군사정권의 공식 명칭이다. 미얀마 군사정부는 1996년 12월 발생
한 학생 시위 이후 대학 2, 3학년들의 수업을 전면 금지하는 가혹한
제재를 내렸다가 지난달에야 해제한 바 있다. 민주화 운동가들은 그
러나 학생들이 군사정권에 대한 충성선서를 강요받는 등 받아들을
수 없는 조건에 따라 수업 재개가 허용됐다고 비난했다.[81] ■

---

81) 〈미얀마 군 당국 양곤 일부대(大) 폐쇄〉, 『한국일보』, 2000년 10월 16일, 14면.

제5장 중동의 대중매체

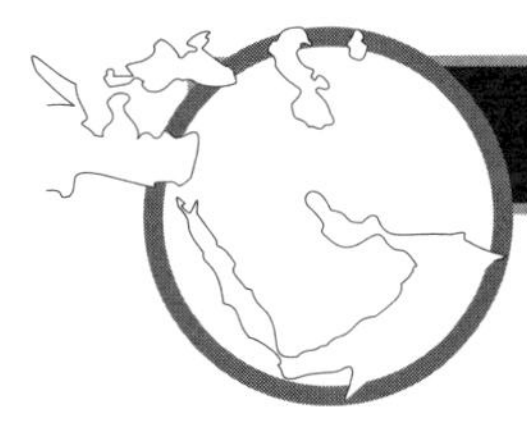

제5장 중동의 대중매체

중동의 방송 현황

김규 교수는 그의 저서 『비교방송론』(1988)에서 중동의 방송에 대해 다음과 같이 말한다.

"중동의 대부분의 나라들은 아랍어 인구가 지배적이지만, 식민지 당시 사용해온 영어·프랑스어·네덜란드어와 같은 유럽어나 고유 토속 언어를 사용하는 많은 소수 민족을 갖고 있다. 그래서 중동 국가의 매체는 아랍어, 고유 방언 및 하나 이상의 서구 유럽어를 사용하고 있다. 사우디아라비아, 쿠웨이트, 카타르, 아랍에미리트연방, 바레인, 오만 등이 위치한 아라비아만 지역의 TV 네트워크들은 아랍어와 영어로 제작된 프로그램이 지배적이다. 그 이유는 유럽, 아메리카, 아시아 등의 여러 지역에서 많은 이주민과 국외 추방자가 몰려와 아랍에 거주하고 있기 때문이다. 중동의 산유국들은 자체 제작을 위한 수준 높은 스튜디오를 건설하고 있으며, 또한 미국·영국·프랑스·이집트로부터 제작된 값비싼 외국 프로그램을 수입할 수 있는 충분한 자금도 보유하고 있다. 아랍 국가들은 고유의 언어로 제작된 방송을 시도하고 있으나, 이주민 사회에서는 수입 프로그램이 선호되고 있다. 바레인과 두바이는 자국에 거주하는 이주민을 위한 영어 방송 채널을 보유하고 있으며, 다른 아라비아만 국가에서도 아랍어 방송 편성에 많은 양의 외국 수입 프로그램을 삽입시키고 있다."[1]

오늘날 중동 방송의 주역은 위성방송이지 지상파 방송이 아니다. 지상파 방송은 자국의 엄격한 종교적 검열을 거쳐야 하는 반면 다른 나라에서 날아오는 위성방송은 비교적 덜 엄격한 통제를 받기 때문이다. 이에 대해 『Variety』지 96년 6월 17일자는 다음과 같이 보도하였다.

"아랍 지역의 신생 위성방송사들이 정부가 운영하는 지상파 텔레비전 방송사들에 대해 확실한 방법으로 교훈을 가르쳐 주고 있다. 그 교훈이란 광고주들은 거의 아무도 보지 않는 채널에 광고를 싣고 싶어하지 않는다는 자명한 사실이다. …… 사우디아라비아와 쿠웨이트처럼 부유하지만 보수적인 지역의 방송사들이 가장 큰 피해를 받고 있는데 이들 국가의 방송은 종교적인 내용과 집권 왕족들을 위한 선전으로 가득 차 있다. …… 사우디아라비아의 두 전국 채널은 1994년에 비해 1995년의 광고 수입이 1,000만 달러(약 20%) 줄어들었으며 쿠웨이트의 두 채널도 광고 수입이 300만 달러 감소했다. …… 같은 기간 중 아랍 지역 텔레비전 광고주들의 지출은 7,000만 달러 증가했는데 그 대부분이 위성방송사로 흘러 들어갔다고 한다. Egyptian Space Channel(ESC), Emirates - Dubai Satellite Television(EDST) 그리고 런던에 본사를 둔 다채널 방송업체 Arab Radio & Television(ART)등 4대 아랍어 위성방송이 이러한 변화를 가져온 주역들이다. …… 비록 이집트나 요르단, 시리아 등의 지상파

---

1) 김규, 『비교방송론』(나남, 1988), 278~279쪽.

텔레비전이 그나마 비교적 흥미 있고 '시청자에게 친근한' 프로그램을 제공하기 때문에 광고비의 이탈 현상에 큰 피해를 보고 있지는 않지만 굳이 위성 안테나의 숫자를 들먹이지 않더라도 텔레비전 광고주들이 위성 방송이 더 효과적이라고 믿는다는 사실은 분명하다."[2]

위성방송 '알 – 제지라'

카타르의 면적은 1만1천㎢이며, 인구는 53만 명이다. 95년 현재 4개 일간지가 10만 부를 발행하고 있다.[3] 그러나 지금 여기서는 카타르의 대중매체 전반에 대해 말하려는 건 아니다. 이 조그마한 토후국의 수도 도하에 거점을 두고 96년 11월부터 전파를 쏘아 올린 위성방송 '알 – 제지라(반도라는 뜻)'에 대해 이야기하려는 것이다.

1999년 『뉴욕 타임스』의 보도에 따르면, 알 – 제지라는 출범 30개월 만에 22개의 아랍 국가에서 최고 인기를 누리는 채널로 자리를 잡았는데, 이집트 카이로의 빈민가에서부터 알제리의 유흥가는 물론 사막 유목민들의 이동텐트에서까지 알 – 제지라를 수신하기 위한 위성 안테나를 심심찮게 발견할 수 있으며, 위성 안테나를 금지시키고 있는 이라크에선 방송녹화 테이프가 시장과 백화점을 통해 대규모로 밀거래되고 있다는 것이다.[4]

알 – 제지라의 인기는 2000년에도 여전했다. 연합뉴스를 전재한 『매일신문』 2000년 3월 23일자는 알 – 제지라가 미국의 CNN처럼 24시간 뉴스를 내보내면서도 자유로운 비판이 생생히 전해지는 토론 프로그램을

---

2) 〈아랍 지상파 방송사, 광고수입 격감〉, 『MBC 세계방송정보』, 1996년 7월 15일, 35~36쪽.
3) 한국언론연구원, 『세계의 미디어』(한국언론연구원, 1996), 149쪽.
4) 이종훈, 〈성역없는 보도, 화끈한 토론 '아랍판 CNN'으로 떠올라〉, 『뉴스플러스』, 1999년 7월 22일, 55면.

매 시간대 후반 30분간 집중적으로 방송해 엄청난 파문을 일으키고 있다
며, 다음과 같이 보도했다.

절대권력을 휘두르는 중동 각국 지도자들을 정면으로 비판하고, 여
권신장과 아랍의 민주화를 외치는 주장이 가감 없이 그대로 이슬람
가정으로 전해지고 있다. …… 이 때문에 일부 지역에서는 시청률이
40%를 넘는다는 통계까지 나오고 있다. 중동 각국 정부들이 거센 반
발을 보일 것은 어쩌면 당연한 일. 이집트 국영방송은 '알 제지라는
섹스·종교·정치를 혼합시키고, 센세이셔널리즘을 가미한 저질 방
송'이라는 광고까지 내보내며 그 영향력 확대 저지에 안간힘을 쓸 지
경이다. 아랍에미리트(UAE)는 알 제지라를 견제하기 위해 엄청난
돈을 들여 아부다비에 뉴스 방송사를 설립, 고액 봉급의 전문가를 끌
어들여 세계 각국에 특파원으로 파견했지만 결국 실패했다. 방송 내
용에 자유가 없었기 때문. 또 사우디 등은 알 제지라의 방송 내용을
방관하고 있는 카타르 정부에 대해 불만을 쏟아내고 있다. 그러나 알
제지라의 인기는 갈수록 치솟고 있다. 중동지역 유명 앵커와 기자가
속속 모여들어 200여 명 방송국 직원 중 카타르인은 몇 명에 불과하
게 됐다. 중동의 다국적 언론인이 모인 '언론자유 혁명기지'로 탈바
꿈한 셈. 그 덕분에 이 방송은 아랍권의 다른 방송이 넘보기 어려운
품질과 권위를 확보하기도 했다. 이런 가운데 이 방송이 자리한 카타
르 정부도 …… 느긋한 태도를 보이고 있다. 그 비판에서 벗어나 있
기 때문. '알 제지라는 민간 상업방송일 뿐'이라는 것이 공식 반응이
다. 자유를 무기로 한 알 제지라가 일으키고 있는 변화의 바람이 중
동 지역에 민주화의 태풍을 몰아넣을 수 있을지 주변에선 주목하고
있다. [5]

이스라엘의 신문과 TV

이스라엘의 면적은 2만1천㎢이며, 인구는 5백30만 명이다. 92년 기준으로 31개 일간지가 124만 부를 발행하고 있으며, 최대 발행부수를 가진 신문은 『Yedioth Ahronoth』로 30만 부를 발행하고 있다. TV는 1968년에 도입되었으며, 국영 TV방송인 IBA(Israel Broadcasting Authority)는 히브리어·아랍어·영어 등 3개 언어로 방송하며, 민영방송사로 Keshet – Channel2가 있다.[6] 93년 가을에 도입된 민영 제2채널은 영국 ITV식의 공공적 통제를 받지만 상업적으로 운영하고 있다. 케이블TV 보급률은 97년 현재 58%이다.[7]

이스라엘에선 TV 뉴스가 엄청나게 중요한 의미를 갖는다. 제2채널 도입 이전의 제1채널의 뉴스 프로그램인 『Mabat』(Viewpoint)는 이스라엘 국민의 70%가 시청했다. 이 프로는 밤 9시에 방영되었는데, 직장에선 전날에 본 TV 뉴스가 늘 화젯거리가 되었다. 아마도 강한 국가안보 의식 때문일 것이다. 그래서 이스라엘에선 사람을 만나는 시간은 물론 전화를 걸 때조차도 TV 뉴스 시간은 피하는 것이 예의였다고 한다. 그러나 아이러니칼하게도 제2채널 도입 이후 뉴스 열기는 강화된 게 아니라 오히려 약화되었다. 1년 이내에 뉴스 시청 인구가 70%에서 30%로 줄어든 것이다. 아마도 뉴스를 선택해 볼 수 있다는 것 자체가 TV 뉴스 시청을 삶의 한가운데에 놓았던 기존의 관행을 파괴한 것이 아닌가 추정된다.[8]

---

5) 석민, 〈중동 민주화 불댕길 방송혁명〉, 『매일신문』, 2000년 3월 23일, 13면.
6) 한국언론연구원, 『세계의 미디어』(한국언론연구원, 1996), 99~100쪽.
7) Sydney W. Head et al., 『Broadcasting in America: A Survey of Electronic Media』 8th ed.(New York: Houghton Mifflin, 1998), p.416.
8) Tamar Liebes, 〈Israel〉, Klaus Bruhn Jensen ed., 『News of the World: World Cultures Look at Television News』(London: Routledge, 1998), pp.89~90.

　　매체의 소유 집중이 심각하다. 97년 현재 3개 가문이 3대 신문과 지역 신문들을 소유하고 있으며 제2채널을 구성하는 방송국들과 케이블 방송까지 갖고 있다. 군부 검열과 정부 통제는 약화되고 있는 반면 미디어의 소유 집중과 상업주의의 위험은 강화되고 있다.[9] 심지어 경쟁자 암살 음모극까지 발생하고 있는데, 『한겨레』 99년 10월 30일자는 다음과 같이 보도하였다.

　　"암살모의, 불법도청, 공갈 ……. 이스라엘인들은 자국의 주요 신문들이 이들 범죄에 대한 기사를 쓰고 있을 뿐만 아니라 실제로 이를 저지르고 있다는 보도에 경악하고 있다. …… 이스라엘 언론계의 거물로 『마리브』의 발행인인 오페르 님로디가 자신의 주요 경쟁자 2명과 사설탐정 1명을 암살하려는 음모를 꾸민 혐의로 당국의 조사를 받고 있다. …… 이번 스캔들은 과열된 신문 판매경쟁에 의해 촉발됐다. 92년 신문 경쟁에 뒤늦게 뛰어든 『마리브』는 이스라엘 최대신문인 『예디오트아로노트』와 경쟁하기 위해 타블로이드판으로 신문 체제를 바꿨다. 그 후 이 두 신문은 놀라울 정도로 서로 비슷한 기사들을 게재하기 시작했다. 이에 의심을 품은 경찰이 94년 이 두 신문의 편집인과 기타 간부들을 소환해 서로 상대방을 도청하고 있는지의 여부를 심문했다. 수사 결과 『마리브』 발행인 님로드와 그가 고용한 사설 탐정 라피 프리단, 그리고 『예디오트』 편집인 모세 바르디 등 3명이 불법도청을 저지른 것으로 밝혀졌다. 바르디는 나중에 상급법원에서 혐의를 벗었으나 탐정인 프리단은 4년 간, 그리고 님로디는 『예디오트』에 대한 전화도청을 지시한 죄로 4개월 간 교도소 신세를 졌다. 그런데 복역을 마치고 석방된 프리단이 당시 님로디가 『예디오트』 발행인 아르논 모제스와 『하레츠』 발행인 아모스 쇽켄을 암살하려

---

9) Tamar Liebes, 〈Israel〉, Klaus Bruhn Jensen ed., 『News of the World: World Cultures Look at Television News』(London: Routledge, 1998), pp.88~89.

는 음모를 꾸몄다고 주장하면서 도청사건 뒤에 암살교사의 더욱 추악한 음모가 드러나 독자들을 경악시켰다. 님로디는 또 도청혐의 재판에서 검찰 쪽 증인으로 나와 자신에게 불리한 증언을 한 인물도 암살하려 했다는 혐의도 받았다." [10]

이스라엘의 국제적 언론플레이

이스라엘은 국제적 언론플레이에 매우 능한 나라다. 국제적인 언론플레이의 최대 성공작으론 단연 1950년대 초 이스라엘 탄생을 꼽는 데에 이의를 제기하는 사람은 없을 것이다. 당시 미국은 이스라엘의 건국에 대해 무관심했으나 이스라엘은 PR회사를 고용, 언론플레이를 담당할 사람들을 선정해 미국에 파견함으로써 미국의 여론을 이스라엘 건국에 유리하게 돌려놓는 데에 성공하였다. 반면 PLO는 언론플레이에 실패하여 그로 인한 손해와 고통을 지금까지 겪고 있다.

그때 언론플레이로 재미를 본 이스라엘은 지금도 정기적으로 자국 공무원들을 미국에 파견하여 미국 언론에 대한 교육을 받게 한다. 그 교육 프로그램 속엔 미국 언론사들을 순회 방문하고 미국의 유명 언론인들과 간담회를 갖는 것 등이 포함돼 있다. 즉, 미국 언론의 메커니즘을 파악케 하여 이스라엘에 유리한 언론플레이를 국제적으로 전개하겠다는 것이다.

이스라엘 다음으로 미국 여론을 대상으로 한 언론플레이에 신경을 쓰는 나라들은 대부분 군사독재국가들 아니면 개발도상국가들이다. 이 나라들은 미국이 인권 또는 통상과 관련하여 자국에 각종 압력을 행사하는 것을 막기 위해, 자국에 대한 이미지를 개선하기 위해 미국의 PR회사를

---

10) 〈이스라엘의 추악한 '언론거물'〉, 『한겨레』, 1999년 10월 30일, 13면.

고용한다.

　이스라엘이 국제적 언론플레이에 능한 건 유태인들이 미국 언론에 큰 영향력을 미치고 있는 사실과 무관하지 않을 것이다. 2000년 10월 팔레스타인과 이스라엘 사이의 전면 충돌 사태시에도 미 언론은 친(親)이스라엘 편향성을 드러냈는데, 이에 대해『한겨레』 2000년 10월 26일자는 다음과 같이 보도하였다.

　　미국 주요 언론들은 지난 7일 유엔 안전보장이사회가 '팔레스타인인에 대한 지나친 폭력 사용'과 '9월 28일 (이스라엘 극우 민족주의 정당인 리쿠르당 당수) 아리엘 샤론이 템플 마운트를 방문해 팔레스타인인을 자극한 것'을 비난하는 결의안을 14 대 0으로 채택한 것을 거의 보도하지 않았다. 『워싱턴 포스트』『보스턴 글로브』『시카고 트리뷴』은 10월 8일치에, 『유에스 투데이』는 9일치에 다른 기사의 일부로 이 사안을 다뤘으며, 36개 주요 일간지 가운데 독자적인 기사로 다룬 곳은 『뉴욕 타임스』와 『로스앤젤레스 타임스』『롱아일랜드 뉴스데이』 등 3개뿐이었다. 게다가 이들 세 신문사 모두 유엔 주재 특파원을 두고 있으면서도 기사는 총신으로 처리했으며, 미국이 유엔 결의안 채택에 참여하지 않았다는 것과, 영국·캐나다·네덜란드 등 미국의 우방들이 모두 결의안에 찬성했다는 내용은 모든 신문이 보도하지 않았다. 오히려 14일 유엔 주재 『뉴욕 타임스』 특파원은 유엔 결의안을 왜곡하기도 한다. 미국은 추가적인 안전보장이사회의 결의안 채택을 거부할 것이라는 유엔 주재 미국대사 리처드 홀브룩의 말을 인용해 '(미국은) 지난주 충돌의 재발을 널리 비판하는 안전보장이사회의 결의안 채택에서 기권했다'고 보도한 것이다. 하지만 유엔 결의안은 팔레스타인과 이스라엘 양쪽이 아닌 이스라엘만을 대상으로 한 것이었다. 미국의 3대 텔레비전 방송도 마찬가지였다. 8일 CBS 『이브닝 뉴스』 시청자들은 힐러리 클린턴과 릭 라조 상원의원 후보 토론회에 관한 보도에서 유엔의 이스라엘 비난 결의안 채택 및 미국의 기권 사실을 청취할 수 있었다. NBC와 ABC 역시 결의안이 통과됐는지 안 됐는지 알 수 없을 정도로 흐릿하게 이 문제를 다뤘다. 지금까지 이스라엘인은 몇 명만이 사망한 반면, 팔레스타인인은 이스라엘군의 실탄 및 무장헬기의 로켓포 발사 등으로 100여 명이 숨지고 2500여 명이 다쳤다.[11]

이스라엘은 왜 오만한가?

이스라엘을 가리켜 오만하다고 말하는 사람들이 많다. 미국내 이스라엘 커넥션을 믿기 때문에 그런 것일까? 미국의 칼럼니스트 토머스 L. 프리드먼(Thomas L. Friedman)은 그의 저서 『렉서스와 올리브나무: 세계화는 덫인가, 기회인가?』에서 오늘날의 이스라엘은 사우디아라비아보다도 더 큰 에너지 수출국이라고 주장한다. 오늘날 정보경제의 진정한 힘의 원천인 소프트웨어, 칩, 기타 하이테크 혁신 제품들을 수출하고 있으며 이 힘의 원천은 모든 나라가 원하기 때문에 그렇다는 것이다. 그래서 오만할 수 있다는 것이다. 프리드먼은 다음과 같이 말한다.

1970년대 아랍인들이 유대인들에게 어떤 짓을 하건 모든 사람들이 아랍인들로부터 석유를 구입하고자 했듯이, 지금은 이스라엘이 팔레스타인인들에게 어떤 짓을 하건 모든 나라가 이스라엘 앞에 줄을 서

---

11) 조준상, 〈미언론, 은근한 이스라엘 편들기: 유엔결의안 채택 축소보도 등 편향 심해〉, 『한겨레』, 2000년 10월 26일, 11면.

고 있다. 이것은 심대한 지정학적 의미를 갖는다. 이스라엘의 한 경제 신문 필자는 내게 이렇게 말했다. '세상 사람들이 원하는 기술을 갖고 있는 한, 우리가 팔레스타인 사람들을 얼마나 가혹하게 탄압하건 그들은 개의치 않습니다.' 통계자료가 이를 입증한다. 1998년 현재 이스라엘의 그 유명한 와이즈만연구소에서 연구활동을 하는 중국인 과학자가 52명이나 된다. 인도도 이곳에 52명의 과학자를 파견해 놓고 있다. 1970년대만 해도 이스라엘과는 상종조차 하지 않으려 했던 이 두 나라가 지금은 자국 과학자들을 이곳에 보내지 못해 안달인 것이다. 이스라엘이 오늘날 인근국들의 압박에 좀더 초연할 수 있게 된 또다른 이유는, 하이테크 지식기반 수출품은 매우 가볍고 교란시키기가 쉽지 않기 때문이다. 일부는 아예 모뎀을 통해 수출된다. 게다가 이스라엘에서의 하이테크 투자는 대부분 사람과 두뇌에 대해 이루어지는 것이지, 쉽게 파괴당할 수 있는 공장에 대해 이루어지는 것이 아니다. 뿐만 아니라 이스라엘의 하이테크 수출품들은 긴장관계에 있는 인근국으로 향하는 것이 아니라 아시아, 유럽, 북미 등 멀리 있는 시장으로 간다. 사실상 대부분의 이스라엘 하이테크 기업들은 아스라엘이나 중동 시장에서는 거의 아무 것도 팔지 않는다. 따라서 이들은 중동지역 정치역학 변화에 그다지 취약하지 않다. [12]

이란의 영화

이란의 면적은 164만8천㎢이며, 인구는 6천4백만 명이다. 1979년 발생한 이슬람 혁명으로 인해 이란은 그 동안 외부 세계와 단절한 채 지내

---

12) 토머스 L. 프리드먼(Thomas L. Friedman), 신동욱 옮김, 『렉서스와 올리브나무: 세계화는 덫인가, 기회인가?』 전2권(장해, 2000), 458~459쪽.

왔지만, 영화만큼은 국제적 명성을 누려왔다. 이란이 최초의 근대적인 영화를 만든 것은 지난 64년이 처음이었지만, 90년 한 해 동안만 국제 영화 페스티벌에 무려 330편을 출품, 11편이 최우수상을 받는 성과를 거둬 세계 영화계를 놀라게 했다. 팔레비왕을 몰아낸 혁명 이후 이란은 적은 예산으로 감정에 호소하는 영화 제작에 성공적으로 적응, 당국의 검열과 외국의 편견에도 불구하고 국제적인 명성을 얻은 것이다. 정부 당국은 회교에 대한 비판이나 회교 성직자들을 비난하는 내용은 엄격히 금하였지만, 혁명의 영향으로 회교 원리주의자들이나 교조적인 영화 심사위원들이 젊고 교육받은 신세대들에 의해 교체되면서 터부시하는 장면들도 상당히 완화되었다. [13]

1997년 개방적인 하타미 정권 출범 후엔 더 큰 자유를 누리게 되었다. 영화평론가 김지석 씨는 『씨네 21』 2000년 2월 29일자에 기고한 글에서 이란 영화에 대해 다음과 같이 전망하였다.

"21세기 이란 영화의 진정한 혁명은 단편 영화에서 시작될 것이다. 그것은 최근 단편 영화들의 수준이 세계 최고급인데다, 장편 극영화의 든든한 젖줄 노릇을 하고 있기 때문이다. 이란에서 단편 영화는 연간 400여 편이 만들어진다. 그것도 거의 16mm이거나 35mm 영화이다. …… 올해 이란 단편 영화의 약진은 이미 시작되고 있는데, 세계 곳곳의 단편 영화제에서 초청이 쇄도하고 있다. 이러한 이란 단편 영화의 힘은 정부의 체계적인 지원과 영화를 사랑하는 이란인들의 열정이 어우러진 결과일 것이다." [14]

우리 기준으로 볼 때에는 좀 우습기도 하지만, 연극에도 '숨통'이 조금 트이게 되었다. 『한겨레』 2000년 7월 19일자는 다음과 같이 보도하였다.

---

13) 김상도, 〈이란영화 '황금기'〉, 『중앙일보』, 1992년 8월 9일, 11면.
14) 김지석, 〈이란영화 제2의 혁명〉, 『씨네 21』, 2000년 2월 29일, 17면.

이 달 초 이란의 수도 테헤란에서는 작은 '파격'이 일어났다. 강경 이슬람 원리주의를 신봉하는 이 나라에서 남녀가 신체적으로 접촉하는 연극이 공연된 것이다. 영국 작가인 윌리엄 셰익스피어 원작『로미오와 줄리엣』의 공연 끝 무렵 줄리엣이 숨을 거둔 로미오의 뺨을 손가락 뒷부분으로 어루만졌다. 관객들은 놀란 듯 웅성거렸으나 막이 내리자 열띤 박수 갈채를 보냈다. …… 1979년 이슬람 혁명 뒤 한때 미술 전시조차 금지됐던 시절도 있었지만 현재 테헤란에는 미술관과 문화 공연장만 100여 개나 되며, 박물관도 70여 개에 이른다. 표현의 자유가 가장 높은 예술적 성취를 이룬 곳은 영화 쪽이다. …… 개펄에 고개를 처박고 있는 새들에게 '자유가 주는 느낌을 맛보기 위해 더 높이 날아보라'는 의미심장한 대사도 나온다. 이런 표현의 자유가 가능한 것은 문화행정을 담당하는 문화이슬람영도부가 하타미 세력의 수중에 있기 때문이라는 것. …… [15]

이란의 매체 통제

그러나 영화와는 달리 비교적 예술성을 주장하기 어려운 다른 매체들의 경우엔 적어도 97년까지는 엄격한 통제를 받았다. 몇 가지 사례를 들어보자. 이란은 지난 79년 회교혁명 뒤 금지했던 광고를 91년부터 허용해 한동안 차도르를 두른 채 가전제품을 선전하는 여성의 광고 사진이 등장했었지만, 2년 만인 93년 1월 이란 정부는 광고 사진에 여성이 등장하는 것을 금지시켰다. [16]

이슬람화에 역행하는 문화에 대한 규제에 정부만 나선 게 아니다. 바

---

15) 강성만, 〈'문화 르네상스' 움트는 이란〉, 『한겨레』, 2000년 7월 19일, 8면.
16) 〈여성모델 광고 금지 이란 허용 2년만에〉, 『경향신문』, 1993년 1월 26일, 5면.

시지스(Bassijis)라고 하는 일종의 자경단원들까지 가세했다. 알리 모하마디는 『뉴욕 타임스』 93년 7월 21자 보도를 근거로 하여 다음과 같이 말한다.

"점차적으로 소수의 기업가가 테헤란과 전국 지방 수도에 지하 비디오 클럽을 발전시키기 시작했다. 이란의 남부와 북서부에 사는 젊은 고등학교 졸업자들이 이웃나라의 재미있는 영화와 텔레비전 쇼를 해적판으로 만들기 시작했다. 이는 수수료를 조금 받고 이웃과 친구에게 복사하고 빌려주는 형태로 나아갔다. 해적판 비디오 사업은 점점 수지맞는 장사가 되었다. 해적판 비디오 사업은 정부가 이란 이슬람 공화국에 서구 문화가 침투하는 것을 막기 위해 바시지스 집단을 풀 만큼 빠른 시간 안에 발전했다. 원래는 1980년 이라크와의 전쟁을 돕기 위해 결성된 바시지스는 14세에서 20세 사이의 턱수염을 기른 청년과 소년 집단인데, 이제 이들이 서구 문화와 이란의 이슬람 생활에 미치는 서구 문화의 영향에 맞서 싸우는 중이다. 그들은 서구의 내용을 담은 비디오 카세트나 오디오 카세트를 갖고 있는 사람 누구든지 압수 또는 체포할 수 있는 권한을 가졌다."[17]

1995년 3월 이란 정부는 부도덕한 소재와 금지된 단어가 사용된 시를 게재했다는 이유로 『타카포』라는 월간지의 인가를 취소했다. 『타카포』는 이란에서 관습적으로 활자화가 금지된 '배설물'이란 단어를 사용해 '꿀은 벌의 배설물'이라는 내용의 구절이 포함된 레자 바라하니의 시를 게재했는데 출판물검열위원회는 이 구절을 부도덕한 것으로 간주, 『타카포』에 대한 인가를 취소한 것이었다. [18]

언론은 전반적으로 국가에 의해 통제되고, 이슬람 혁명의 엄격한 이념

---

17) 알리 모하마디, 〈커뮤니케이션과 개발도상국의 세계화과정〉, 알리 모하마드 외, 김승현·이경숙 공역, 『국제커뮤니케이션과 세계화』(나남, 1998), 149~150쪽.
18) 〈'배설물' 표현 잡지 폐간〉, 『동아일보』, 1995년 3월 17일, 7면.

적 틀 속에 갇혀 있었다. 자기 검열과 이념적 충성, 그리고 신문 허가권에 대한 정부의 엄격한 통제로 인해 독자들도 신문으로부터 많은 것을 기대하지 않았다. 테헤란의 한 비평가의 말이다.

"보통사람들은 광고나 보려고 중도 성향의 일간지 『함샤리』를 읽든가 출생, 부고기사나 보려고 보수 성향의 일간지 『카이한』을 읽었다. …… 자유적 종교 지식인들은 『키안』이나 『이란 – 에 – 파르다』 같은 잡지를 보는데, 이들 잡지는 지적이고 이론적인 문제에 지면을 많이 할애하고 있기는 하지만 사회적 이슈는 거의 다루지 못했다." [19]

이란에서는 이스라엘 등지에서 송신되는 위성방송을 수신하는 경우가 많았는데, 이란 정부는 95년 3월에 칼을 빼들었다. 위성방송 수신용 안테나를 '악마의 접시'로 규정짓고 철거를 명령한 것이다. 이에 대해 『방송동향과 분석』 95년 7월 31일자는 다음과 같이 말했다.

"수도 테헤란에서는 수만 명의 사람들이 위성방송을 즐기고 있었으나, 구미의 영화나 마돈나 등의 과격한 록 프로그램이 이슬람 원리주의 체제를 '오염시킨다'고 하여 당국은 지난 3월부터 위성방송 수신을 금지했다. 최고지도자 하메네이는 '서양 문화는 인류를 행복하게 할 수 없다는 사실을 스스로 증명하고 있다. 부패로 나가고 있으며 미국은 그 원흉이다'라고 주장한다. 이란은 미국이 정치적인 압력을 가함과 동시에 '전파침략'을 통해 국민을 '타락'시키는 것을 경계하고 있는 것이다. 이란에서는 국영방송밖에 없고, 내용도 딱딱한 뉴스나 종교적 프로그램, 교통 안전 캠페인 등 사회개발 프로그램이 중심이다. …… 최근에는 터어키의 프로그램을 수신할 수 있으며, 집밖에서는 설치 여부를 알 수 없는 소형 안테나와 구미의 영화 비디오테이프가 인기를 끌고 있다. 비디오테이프는

---

19) 이상기 편역, 〈인동초! 이란 언론: 보수세력, 개혁파 신문 폐간에 언론인 폭행까지〉, 『KPF 해외언론동향』, 2000년 8월호, 28~32쪽.

불법이지만, 업자가 호별 방문하여 고객에게 대출하며 1주간 대출에 2000리알(약 6200원)로 월평균 수입이 8만7000원 정도인 이 나라에서는 비싼 편이지만 수요가 많다고 한다."[20]

하타미의 개방정책

그러나 97년부터 크게 달라지기 시작했다. 97년 모함마드 하타미가 대통령으로 당선되면서 새로운 변화를 겪게 된 것이다. 하타미는 비교적 '친(親)서방' 적인 인물로 알려져 있어 이란 언론들은 하타미의 대통령 당선을 "79년 이란 혁명 이후 18년 만의 혁명"[21] 이라고 평했다. 투표율은 88%로 이란 역사상 최고를 기록했고, 하타미는 전체 유효 투표의 69%라는 높은 득표율을 얻어 당선됐지만, 개방에 대한 거센 정치적 저항에 직면해 있다.

이란의 정계는 양분된 갈등을 벌이고 있는데, 아야톨라 하마네이를 정점으로 하는 보수파와 하타미를 정점으로 하는 개혁파의 갈등이 그것이다. 이란은 신정(神政) 일치 체제를 지향함으로써 국가의 종교 지도자인 아야톨라가 실권을 행사하는 국가로 이란 헌법상 군과 경찰, 사법부 등의 권력 기관은 종교 지도자의 손에 있기 때문에 보수파의 저항을 가볍게 볼 일이 아니다.[22]

하타미가 믿는 건 국민적 지지다. "미국이 패권외교를 바꾸지 않았는

---

20) 〈이란, 위성방송 수신 금지로 외국 비디오테이프 암거래 성행〉, 『방송 동향과 분석』, 1995년 7월 31일, 23쪽. 이 기사는 일본의 『산케이』 신문 95년 7월 20일자에 근거한 것 같은데, 『MBC 세계방송정보』 95년 8월 30일자는 2000리알을 6200원이 아닌 600원으로 밝히고 있다.

21) 배국남, 〈검은터번 쓴 온건개혁주의자〉, 『한국일보』, 1997년 5월 26일, 11면.

22) 박중언, 〈하타미, 보수의 태클을 넘어!〉, 『한겨레 21』, 1998년 7월 23일, 62면.

데 하타미측만 추파를 보낸다"는 보수파의 반발에 일리가 없는 건 아니나,[23] 이란 국민은 그런 외교적 문제보다는 실제 삶에 있어서의 개방에 목말라 있기 때문이다.

1997년 8월 13일, 하타미 신임 대통령은 국영 TV[24]와의 인터뷰에서 1979년의 이슬람 혁명 이래 사실상 금지되어 왔던 복수 정당제와 자유로운 보도 활동을 앞으로 용인하겠다고 말했다. "국민의 여망을 정부에 전달하는 통로를 제공하기 위해 조직화된 복수 정당과 독립적인 보도기관이 필요하다"고 강조한 것이다. 하타미는 97년 5월의 대통령 선거에서 공약한 '언론·표현자유의 실현' 등을 이행하겠다는 뜻을 밝힌 것이었다.[25]

물론 곧 보수파의 반격이 시작되었다. 국영 이란 통신에 의하면 테헤란 법원은 98년 6월 10일 온건파 일간지인 『자메(사회)』의 발행 면허를 취소했으며 편집장에게는 1천6백만 리알(약 7백만 원)의 벌금을 부과하는 결정을 내렸다. 이유는 하타미 정권의 자유화 노선을 비판한 이란 혁명방위대 사령관의 발언을 이 신문이 보도한 것이 '명예훼손이며 미풍양속에 반한다'고 인정할 수 있다는 것이다. 이번의 신문에 대한 발행금지 처분은 하타미 대통령의 언론 자유화 방침에 대한 이슬람 보수파의 반격이라는 분석이 유력했다.[26]

이란을 흔드는 위성방송과 비디오

굳게 닫혀 있던 나라의 새로운 개방정책을 언론자유의 관점에서만 보

---

23) 조무제, 〈시험대 오른 이란 개방정책〉, 『문화일보』, 1998년 4월 14일, 9면.
24) 이란은 1958년에 TV를 도입하였으며 국영 네트워크인 IRIB(Islamic Republic of Iran Broadcasting)만 운영되고 있다.
25) 〈이란 새 대통령 '보도자유 용인'〉, 『신문과 방송』, 1997년 10월호, 142쪽.
26) 〈이란: 일간지 발행 취소〉, 『신문과 방송』, 1998년 9월호, 140~141쪽.

는 건 전체 모습을 놓칠 수 있다. 대중문화 전반을 보아야 할 것이다. 아마도 보수파나 보수파의 지지자들이 하타미의 개방정책에 대해 가장 불편하게 생각하는 건 서구 대중문화 유입이 아닐까? 미국의 칼럼니스트 토머스 L. 프리드먼(Thomas L. Friedman)은 그의 저서 『렉서스와 올리브나무: 세계화는 덫인가, 기회인가?』에서 다음과 같이 말한다.

이란의 수도 테헤란의 남쪽 지역은 아주 가난한 동네로, 아직 TV가 없는 가정이 상당수 있었다. 내가 이 마을을 방문한 것은 1997년이었다. 이때 TV를 갖고 있는 집들 가운데 일부가 의자 몇 개를 갖다 놓고 입장권을 파는 모습이 눈에 띄었다. 미국 캘리포니아 남부를 무대로 한 드라마 『베이워치』가 방영될 시간이었다. 위성 덕분에 이 프로그램을 볼 수 있게 된 이란의 일반 가정이 달동네 이웃에게 관람료를 받고 이를 보여주었던 것이다. 36-24-36의 몸매를 자랑하는 미녀들이 비키니만 입고 출현하는 이 TV 쇼는 미국뿐만 아니라 테헤란에서도 큰 인기를 누리고 있었다. 물론 이란 정부는 일반인들의 위성 안테나 소유를 금지하고 있었다. 하지만 나의 친구들을 비롯한 많은 이란인들은 위성 안테나를 널어놓은 세탁물 사이에 숨기기도 하고, 어떤 사람들은 발코니에 키 큰 화분들을 늘어놓아 그늘을 만들어 숨겨놓기도 했다.[27]

또 『한겨레 21』 98년 7월 23일자에 의하면 『타이타닉』은 불법으로 복제되어 이란 암시장을 장악했으며 영화의 주인공인 레오나르도 디카프리오의 사진은 여성들의 안방을 차지하는 등 선풍적인 인기를 끌고 있다고

---

27) 토머스 L. 프리드먼(Thomas L. Friedman), 신동욱 옮김, 『렉서스와 올리브나무: 세계화는 덫인가, 기회인가?』 전2권(창해, 2000), 141쪽.

한다. 『뉴스위크』 98년 5월 6일자에 따르면, 오늘날 이란의 혁명은 "바리케이드에서가 아니라 영화관 매표소와 경기장 관람석에서 이뤄지고" 있다는 것이다. [28]

언론을 통한 대리 전쟁?

2000년 4월 17일, 회기가 끝나가는 가운데 보수층이 장악하고 있는 이란 의회는 일련의 언론법 수정안을 통과시켰다. 이 법안에는 언론 탄압을 더욱 가할 수 있도록 되어 있다. 한 수정 조항에 따르면 불법조직에 속해 있는 개인이나 이슬람 정부를 저해하려고 의심되는 자는 어떠한 언론 활동도 할 수 없도록 되어 있다. 과거에는 폐간 조치당한 신문사들이 새로운 제호로 재발간하곤 했다. 그러나 새 수정법안에 의하면 폐간된 신문의 발행인이 다른 이름으로 출판 행위를 하기가 어렵게 되었다. 이러한 탄압 때문에 개혁파측은 5월 5일로 예정된 의회 2차 결선투표에 앞서 언론의 지지를 거의 받지 못했다. 개혁파 목소리의 부재 속에서 보수파 언론이 선거 보도를 선점해 버렸기 때문이다. [29]

2000년 4월 20일, 이란의 이슬람 최고 지도자인 아야톨라 알리 하메네이는 개혁파 신문들을 통렬히 비판하였다. 그는 테헤란에서 10만 명의 군중 앞에서 개혁파 신문들은 외세의 대리인이라고 주장하면서 "10~15개의 신문들이 마치 어느 지도부로부터 지시를 받은 것처럼 이슬람의 원리와 혁명 정신을 훼손하고 헌정을 모욕하며, 사회 혼란을 야기하고 있다.

---

28) Christopher Dickey, 〈축구로 지피는 테헤란의 봄〉, 『뉴스위크』(한국판), 1998년 5월 6일, 46면.
29) 이상기 편역, 〈인동초! 이란 언론: 보수세력, 개혁파 신문 폐간에 언론인 폭행까지〉, 『KPF 해외언론동향』, 2000년 8월호, 28~32쪽; 〈보수파 이란의회 언론통제 법 강화〉, 『한국일보』, 2000년 4월 19일, 8면.

그들은 체제 전복 세력의 근간을 이루고 있다"고 주장했다. 연설 이틀 후 사법부는 16개 신문과 잡지에 폐간 조치를 취했는데, 이들은 모두 개혁파 언론의 핵심으로서 모하마드 하타미 대통령과 개혁 세력의 중심이었다.[30]

어찌 보면 정치세력간 전쟁의 무대가 언론으로 옮겨진 것 같은 느낌이 든다. 언론이 대리 전쟁을 하고 있다고나 할까. 물론 보수파 신문은 얼마 되지 않으며 영향력도 별로 크지 않다. 문제는 보수파 쪽이 방송을 장악하고 있다는 점이다.[31]

그 전쟁은 지금도 계속되고 있다. 2001년 2월 서울을 방문한 이란의 개혁파 신문 『함바스타기』의 라만골리 골리자데 편집국장을 인터뷰한 『동아일보』 2월 12일자는 다음과 같이 말했다.

'이란에서 보수와 개혁 세력이 가장 첨예하게 대립하는 분야는 언론입니다. 보수파가 장악하고 있는 법원이 지난달 개혁 성향의 언론인 4, 5명을 체포하면서 정국이 한층 불안해졌습니다.' …… 그는 '지난해 초 20여 개에 달하던 개혁파 신문이 사법부의 폐간 조치로 현재 4개밖에 남지 않았다' 면서 '6월 대통령선거 때까지 보수파의 개혁 언론 탄압은 계속될 조짐' 이라고 말했다. '결속' 이라는 의미의 『함바스타기』 신문은 하루 판매 부수가 30만 부 정도로 개혁파 신문 중 최대부수를 자랑한다. …… 지난해 2월까지 국회의원을 역임하기도 했던 골리자데 국장은 이란 개혁을 주도하는 모하마드 하타미 대통령과 친분이 두터운 사이. …… 그는 '하타미 대통령과의 친분 때문에 『함바스타기』 신문도 이란 헌법수호위원회로부터 폐간 위협에 시달리고

---

30) 이상기 편역, 앞의 글, 28~32쪽.
31) 윤양섭, 〈이란 언론 실태〉, 『동아일보』, 2000년 4월 27일, A11면.

있다'고 털어놨다. [32]

립스틱의 정치학

이란의 여성들은 1936년 이란의 통치자 샤(왕)의 명령에 따라 베일을
벗었다가 83년 다시 정부의 명령으로 베일을 쓰게 되었다. 오늘날 이란
에서 여성이 립스틱을 바르면 감옥에 간다. 미국 버지니아대학의 파르자
네 밀라니 교수는 이란 여성들의 민주화 시위가 한창이던 7월 이란을 방
문했을 때 겪은 일을 『뉴욕 타임스』에 기고했다. 그는 그 일을 통해 '립스
틱의 정치학'을 깨달았다며 다음과 같이 말한다.

친구와 함께 쇼핑을 갔다가 시장 한가운데 있는 여성 전용 식당에 케
밥(중동식 꼬치구이)을 먹으러 들어갔다. 주문한 음식이 나오고 막
먹기 시작하려고 할 때 갑자기 식당주인이 불을 끄고 문을 잠갔다.
순식간에 식당은 공포 분위기에 휩싸였고 한 여성이 '자경단이 시장
에 들어 왔대요' 하고 소리를 쳤다. 난 그 순간 '도덕 경찰'을 자처하
는 자경단원들이 시장을 공격한 것을 깨달았다. 그들은 여성의 복장
이나 외양을 단속하는 데 혈안이 된 사람들이었다. 내가 겁에 질려
있는 동안 친구는 능숙하게 종이 냅킨으로 입술에 바른 립스틱을 박
박 문질러 지웠다. 손톱에 매니큐어를 칠한 다른 여성은 짙은 장갑으
로 감췄다. 또다른 한 여성은 머리에 쓰고 있던 화려한 스카프를 벗
고 핸드백에서 검은색 베일을 꺼내 썼다. 샌들을 신고 있던 내 옆의
한 젊은 여성은 페디큐어 바른 발가락을 가리기 위해 무릎까지 오는

---

32) 정미경, 〈"이란 개혁 신문 수난" 방한 골리자데 편집국장〉, 『동아일보』, 2001년 2월 12일,
A21면.

양말을 꺼내 신었다. 머리에 쓴 스카프 사이로 모양을 낸 머리 스타일이 엿보이던 한 중년여성은 '지긋지긋해 정말. 이제 마음대로 살든지 아니면 차라리 죽어버려야지' 하고 소리쳤다. 옆에 있는 남성용 식당에서는 강경파와 개혁파 남성들간에 싸움이 벌어졌다. …… 그 무더운 여름날 아랍식 전통의상으로 머리끝부터 발끝까지 가린 채 땀과 공포에 절어 있었던 우리는 에어컨도 없는 갇힌 택시 안에서야 비로소 안도할 수 있었다. 시장통을 완전히 벗어난 후 옆에 앉은 친구를 본 나는 내 눈을 믿을 수가 없었다. 30분 전 미친 듯이 립스틱을 지웠던 그가 다시 립스틱을 입술에 바르고 있는 것이었다. 그가 립스틱에 투자하는 속도와 기술, 열정은 가히 예술의 경지였다. '이란에서 립스틱은 단순한 립스틱이 아니라 정치적 메시지를 주는 하나의 무기나 마찬가지야' 라고 그 친구가 말했다. [33)]

사우디의 아랍 매체 지배

사우디아라비아의 면적은 215만㎢이며, 인구는 1천7백만 명이다. 사우디의 석유 생산량은 전 세계 석유 생산량 6천3백만 배럴의 40%를 차지하고 있는 석유생산국기구(OPEC) 12개국의 1일 생산량 2천4백만 배럴의 3분의 1을 차지하는 8백만 배럴이며, 그 가운데 7백만 배럴을 수출하고 나머지는 비축하고 있다. 석유 생산량과 수출량에서뿐만 아니라 석유 매장량에서도 사우디는 전 세계 석유 매장량의 4분의 1에 해당하는 2천5백90억 배럴을 보유하고 있는 세계 최대의 석유 매장지이다.

사우디아라비아의 일간지는 95년 현재 13개로 110만여 부를 발행하고

---

33) 유숙렬 정리, 〈해외논단: 아랍여성의 립스틱 정치학〉, 『문화일보』, 1999년 8월 22일, 7면.

있다. 사우디아라비아는 국내보다는 해외의 아랍계 언론에 더 큰 관심을 갖고 있는 것 같은데, 『한겨레신문』 95년 8월 2일자는 사우디아라비아의 아랍계 언론 지배가 가속화되고 있다며 다음과 같이 보도하였다.

> 현재 런던에 있는 아랍계의 가장 권위 있는 신문·잡지와 로마 근교 의 아랍계 위성방송망이 사우디의 투자가나 왕족의 소유다. …… 오 늘날 수십 개의 인쇄매체들과 라디오·텔레비전방송국들이 대부분 사우디의 장악 아래 런던과 파리에서 활동 중이며, 이 중에는 중동 전역에 걸쳐 주요 아랍 신문으로 인식되고 있는 『알 하이트』가 포함 돼 있다. 이 신문은 사우디아라비아와 다른 걸프국들에 대한 보도는 극히 드물고 비판적 성향도 거의 띠지 않는다. 이 신문의 사설이나 시사논평란은 더더욱 그렇다. 또한 이 신문은 사우디 재야 인사들에 관해서는 전혀 주의를 기울이지 않는다. '광고가 대부분 사우디 시장 에서 나오는 것이기 때문에 사우디에서 판금당하지 않도록 하는 게 우리의 주요 관심사'라고 이 신문 편집주간은 설명한다. '10여 년 전 만 해도 아랍 언론계에 독립적 기업인들이 설립한 매체들을 비롯해 리비아계, 이라크계 등 다양한 매스미디어들이 있어 다양한 목소리 를 만날 수 있었으나 오늘날에는 단 하나의 미디어 국가만이 있을 뿐'이라고 한 아랍 중진 언론인은 지적했다. [34]

사우디의 위성방송 지배도 매우 심각하다. 물론 자본을 통한 지배다. 미국의 『Variety』지 96년 4월 15일자는 다음과 같이 보도하였다.

"영국 BBC Worldwide의 아랍어 텔레비전 방송이 동업자인 Orbit

---

34) 〈사우디, 아랍계언론 지배 가속화〉, 『한겨레신문』, 1995년 8월 2일, 16면.

Communications와의 프로그램 내용상 이견 때문에 중단될 것으로 보인다. Orbit Communications는 사우디 왕가와 밀접한 관계를 맺고 있는 사우디아라비아의 Mawarid Group 소유의 위성방송사로 로마에 본사를 두고 있다. …… Orbit의 사장 겸 최고경영자 알렉산더 질로는 Orbit가 일방적으로 계약을 중지시켰다고 선언했다. 그는 이번 사태가 '이슬람 율법과 문화를 인종 차별적으로 공격하고 조롱하는' 내용의 BBC 다큐멘터리에 의해서 비롯되었다고 밝혔다. 사건 조사 프로그램 『Panorama』의 일부로 최근에 방영된 이 다큐멘터리에는 사우디아라비아에서 칼로 사람을 처형하는 장면을 몰래 담은 부분이 포함되어 있었다. 이 프로그램 외에도 얼마 전에는 영국에서 추방된 사우디의 반정부 활동가 알-마사리를 다룬 프로그램이 문제가 된 적이 있었다. …… 자유주의적 성향의 이집트 신문들은 아랍 지역 위성방송에 있어서 사우디아라비아의 패권주의가 중동 지역에서 정보의 자유로운 흐름을 위협하고 있다고 비난한다. 아랍의 3대 위성방송사는 사우디 왕가와 친분이 두터운 사우디아라비아 회사들이 소유하고 있다. Orbit를 제외한 다른 두 회사는 로마에 본사를 두고 있는 ART(Arab Radio & Television)와 런던에 본사를 두고 있는 MBC(Middle East Broadcast Center)이다." [35]

걸프전쟁이 미친 영향

1991년 발발한 걸프전으로 인해 50만여 명에 이르는 다국적군과 이들을 취재하기 위해서 입국한 수백 명의 서방 취재 기자들이 한동안 사우디에 머무른 것이 사우디에 미친 영향은 매우 컸다. 다른 건 다 제쳐놓는다

---

35) 〈BBC Worldwide 아랍어 위성방송 중지〉, 『MBC 세계방송정보』, 1996년 5월 15일, 10쪽.

하더라도 비키니 차림으로 사우디 해변에서 일광욕을 즐기는 미국 여군들의 출현은 엄청난 충격이 아니었을까? 전쟁 상황이었으니 일일이 규제하기도 어려웠을 것이다. 그때의 영향 때문인지는 정확히 모르겠으나, 90년대 초반 사우디에 서구 문화가 하늘을 통해 물밀 듯 밀려들어 온 건 틀림없는 사실이다. 『세계일보』 96년 2월 29일자는 다음과 같이 보도하였다.

> 파라볼라 안테나는 걸프전 이전에는 거의 눈에 띄지 않았으나 이제는 전국적으로 대량 보급돼 심지어 사원 등 종교 시설 내에서도 서방의 TV 방송은 물론 영화나 음악비디오를 얼마든지 볼 수 있다. …… 사우디에서는 포르노물의 방영과 배포는 금지돼 있어 방송 프로는 대체로 교육적인 내용이 많다. 가위질하지 않은 비디오들이 보급됐을 경우 압수당하며 특히 대여용 비디오는 검열 기준이 까다롭다. 하지만 사우디 젊은이들이 선호하는 비디오는 주로 M-TV의 음악 비디오들이다. 이는 미혼남녀가 공공장소에서 함께 어울리지 못하는 그들의 사회규범에서 탈피하고자 하는 욕구를 잘 반영하고 있다. 걸프전 이전에는 국영 TV와 정부통제하에 있는 신문밖에 접할 수 없었던 사우디인들은 이제 BBC와 CNN 방송 뉴스를 거의 매일 시청한다. [36]

물론 사우디 정부가 위성 TV를 환영했던 건 아니다. 견디다 못한 사우디 정부는 94년 위성수신 장비의 소유와 판매, 심지어 광고에까지 벌금을 부과하는 포고령을 내렸지만 사우디 국민의 위성 TV에 대한 갈증을

---

36) 문윤홍, 〈사우디 파라볼라 안테나 대량 보급 – 종교적 토대 뿌리째 '흔들'〉, 『세계일보』, 1996년 2월 29일, 14면.

도저히 막을 수는 없었다.[37] 그러한 갈증엔 사우디의 지상파 방송이 너무 재미가 없다는 것도 큰 몫을 했을 것이다. 이와 관련, 『Variety』지 96년 6월 17일자는 다음과 같이 보도한 바 있다.

> 석유자원이 풍부한 사우디아라비아 왕국을 자주 방문하는 이집트의 한 광고대행사 직원은 '불면증에 시달릴 때 사우디 텔레비전을 10분 보는 것만큼 좋은 약이 없다'고 비꼬아 말했다. …… 30년 전 사우디아라비아에서 텔레비전 방송을 시작할 즈음 극단적으로 보수적인 일부 성직자들은 텔레비전을 '악마의 도구'라고 비난하는가 하면 종교적 광신자들은 방송사의 송신기를 폭파하려고까지 했다. 그래서 텔레비전의 도입에 대한 종교 지도자들의 동의를 얻기 위해 사우디 정부는 방송시간의 상당 부분을 설교와 교리 프로그램으로 채우기로 약속했다. 이 결정이 지금까지 구속력을 갖고 있기 때문에 아직도 사우디 텔레비전은 회교 근본주의 지도자들의 인질로 남아 있는 것이다.[38]

사우디의 위성 TV 붐

그래서 사우디 정부는 위성 TV에 대해 엉거주춤한 자세를 취하였는데, 『뉴욕 타임스』 96년 1월 23일자는 다음과 같이 보도하였다.

"사우디 아라비아의 지다(Jidda)에서는 그의 모든 지붕 위에 위성 TV 안테나가 설치된 것을 볼 수 있는데 이것이 전적으로 합법적인지는 명확하지 않다. 그러나 노출이 심한 잡지 사진마저 여전히 삭제시키는 사우디

---

37) 한국언론연구원, 『세계의 미디어』(한국언론연구원, 1996), 61쪽.
38) 〈아랍 지상파 방송사, 광고수입 격감〉, 『MBC 세계방송정보』, 1996년 7월 15일, 36쪽.

의 이 해안도시에서는 그 누구도 최근 외국으로부터 날아 들어오는 전파
들의 맹공을 거부하지 않는 것처럼 보인다. 사우디는 사람들의 행동거지
가 종교 경찰에 의해 감시받는 철저한 회교 사회이다. 그러나 여성들이
대중 앞에서 검은 베일을 감히 벗고 다니지 못하는 반면 위성 TV를 통해
미국 B - Television의 『Models Inc.』 같은 프로그램과 『Prime
Suspect』 같은 영국의 시리즈물들을 은밀하게 시청할 수 있는 것이 사우
디의 실정이다. 사우디의 한 공직자는 '위성 TV는 이곳에 있는데 정부는
다른 곳을 보고 있다' 고 말한다. …… 한 접시 안테나 판매 상인은 사우디
당국이 공공 장소에서 위성방송이 상영되는 것을 막을 뿐 '접시 안테나의
개인적인 판매는 눈감아 주고 있다' 고 말한다. …… 1,800만의 사우디 인
구 중 얼마나 많은 사람들이 현재 위성 TV를 설치하고 있는지 정확히 알
수 없는 가운데 지다와 리야드 지붕을 덮고 있는 위성 TV 안테나의 모습
은 그 위력을 짐작할 수 있게 한다. 게다가 80개나 되는 채널을 이용할
수 있는 시청자들은 기꺼이 수신료도 지불하고자 한다. 사우디인들도 이
러한 현상을 사회의 중요한 전환점을 나타내는 조짐이라고 여기고 있다.
걸프전쟁 전에는 국영 텔레비전과 정부에 의해 주도되는 신문에 의존할
수밖에 없었던 사업가들도 지금은 매일 밤 BBC 방송과 CNN 인터내셔널
을 주된 정보원으로 삼고 있다. 사우디의 십대 청소년들은 서구 의류에
대해 새로운 관심을 나타내기 시작했고 집밖에 나갈 때 전통적인 아랍 복
장 대신에 과감히 야구 모자를 쓰기 시작했다. …… 정부 주도의 케이블
텔레비전 시스템을 도입하려는 계획이 추진됨에 따라 일부에서는 당국이
위성 TV 방송물과 비이슬람적인 프로그램들에 대해 제재를 가할 것으로
믿고 있다. 그러나 서방과 지난 수십 년 간 친밀한 관계를 유지하면서도
보수적인 사회를 지켜왔던 사우디에서는 위성방송에 대해 거의 위협을
느끼지 않는다고 말하는 사람들도 있다." [39]

그러나 이 보도가 나온 지 3개월 후인 96년 4월, 앞서 소개한 바와 같
은 'BBC Worldwide' 사건이 발생했다. 이 당시 사우디 왕가가 발칵 뒤
집혔다는 것이다. 그리하여 96년 9월 13일, 사우디 시청자들은 이 날부터
개인 소유의 위성 안테나를 해체하고 정부가 인가한 사라비전(Sara -
Vision)에 가입하지 않으면 안 되게 되었다. 이에 대해 『Variety』지 96년
8월 12일자는 다음과 같이 보도하였다.

"사라비전은 MMDS(Multipoint Microwave Distribution System)라
고 알려진 무선 케이블 방식으로 송수신된다. 사라비전은 사우디 공보부
가 선정해서 인가한 아랍어 채널과 외국 채널을 패키지로 묶어서 시청자
들에게 제공할 예정이다. 그리고 사우디 정부는 외설이 심하거나 정치적
으로 민감한 내용 등 사우디 시청자들이 보기에 부적당하다고 판단되거
나 이의가 제기될 수 있는 내용을 검열해 차단하기 위하여 외국 채널은
5~7분 정도 시차를 두고 재송신할 계획이다. …… MMDS 시스템은 아
랍의 일부 권위주의 정권에서 국민들이 보는 방송을 통제하는 수단으로
채택되고 있을 뿐 아니라 집권 엘리트층에게 짭짤한 사업 기회가 되고 있
기도 하다. 사라비전은 사우디 파드(Fahd) 국왕의 친척이 소유하고 있다.
사우디뿐 아니라 카타르와 바레인 등 걸프만 국가들도 역시 국민들이 보
는 방송을 통제하기 위해 개인적인 위성 안테나 소유를 금지하고 MMDS
방식을 채택하고 있다. 그러나 다른 대부분의 아랍 국가들에서는 정식으
로 합법화되지는 않았더라도 위성 안테나의 소유가 용인되고 있는 형편
이다." [40]

---

39) 〈사우디아라비아에 불고 있는 위성TV 모래바람〉, 『MBC 세계방송정보』, 1996년 4월
　　30일, 42~43쪽.
40) 〈사우디 아라비아, 위성 안테나 개인 소유 불법화〉, 『MBC 세계방송정보』, 1996년 9월
　　25일, 40~41쪽.

사우디의 인터넷

사우디의 정보 통제에 있어서 위성 TV만 문제가 되는 게 아니다. 위성 TV에 인터넷까지 가세하고 있다. 『뉴스위크』 99년 4월 1일자에 따르면, 런던에서 활동하고 있는 '합법적 권리 방어위원회'라는 단체는 왕족의 부정부패나 인권 침해 사례 등을 팩스나 컴퓨터 통신을 통해 사우디 국내에 전달하고 있다. 물론 사우디 국민들이 비판적 메시지를 검색하려고 인터넷에 접근을 시도할 경우 '접근 금지'라는 메시지가 인터넷 화면에 자동적으로 떠오르도록 하는 등, 사우디 왕실이 왕실에 반대하는 세력과 사우디 국민들의 접촉을 원천적으로 봉쇄하고 있기 때문에 큰 영향을 미치진 못하고 있지만,[41] 과연 언제까지 그런 통제가 가능할 것인지 두고 볼 일이다.

물론 사우디가 인터넷을 완전히 금지하는 건 아니다. 문제는 검열이다. 사우디 정부는 99년 1월 여성 전용 인터넷 개설을 허가하기도 했다. 이에 대해 『문화일보』 99년 8월 22일자는 다음과 같이 보도하였다.

"아왈넷(AwalNet)은 사우디아라비아의 26개 인터넷접속회사(provider) 중 유일하게 정부로부터 여성 전용 사무소 개설을 허가받은 곳. 아왈넷은 그 외에도 패션, 육아, 종교판례 등 각종 여성 관련 홈페이지도 마련, 인터넷 서비스를 확산시키고 있다. 또 지난 2월에는 사우디아라비아 최초의 여성 전용 인터넷 카페 '카페드 파리'가 지다시에서 개장, 성업 중이다. …… 약 4만 명이던 사우디아라비아의 인터넷 사용자들은 지난해까지 미국이나 바레인, 또는 키프로스에 있는 인터넷 접속회사에 국제전화를 걸어 접속하는 과정을 거쳐야 했다. 그러나 여성 전용 지점의

---

41) 『뉴스위크』(한국판), 1999년 4월 1일, 8면.

개설 이후 8월 현재 인터넷 사용자는 6만5천 명으로 늘어났으며 올해 말까지 2배로 증가, 13만 명 정도가 될 것으로 전망하고 있다. 그러나 사우디아라비아의 인터넷 사용자들은 남녀를 불문하고 아직도 정부의 통제하에 있다. 정부는 성인용 음란 사이트나 종교적으로 반이슬람적인 내용이 들어가는 사이트들에 대해서는 엄격한 검열과 통제를 가하고 있기 때문에 남녀를 불문하고 인터넷에서도 완전한 자유를 누리고 있지는 못한 실정이다. 국제적 인권감시단체들은 사우디아라비아뿐만 아니라 아랍 지역 전체적으로 이러한 인터넷 검열이 행해지고 있다고 말한다. 바레인 정부는 금지된 사이트 접속을 시도하는 사람들을 색출하기 위해 외국 컴퓨터 전문가를 고용했고 아랍에미레이트 연방에서도 금지 사이트 관리를 위해 외국 회사와 계약을 체결했다." [42]

요르단의 대중매체

요르단의 면적은 9만9천7백40㎢이며 인구는 499만여 명(2000년 7월 현재)이다. 요르단은 지정학적으로 중동의 뇌관이라 불리우는 팔레스타인 지역의 한 중심에 위치해 항상 이스라엘과 팔레스타인간의 갈등으로부터 자유로울 수 없는 국가이다. 중동 국가 중 이스라엘과 가장 긴 국경선을 접하고 있으며 팔레스타인 난민이 전체 인구의 절반을 차지하고 있거니와 이스라엘은 물론 이라크, 시리아, 사우디아라비아, 이집트 등의 나라들에 포위되어 있는 형국이다. 바로 그런 이유 때문에 요르단은 중동의 완충 지대로서의 역할을 수행해 왔는데, 그 쉽지 않은 일을 해낸 인물이 바로 1999년 2월 9일 타계한 후세인 이븐 탈랄 요르단 국왕이다. 그런

---

42) 유숙렬, 〈'차도르' 반란 … 인터넷서 '자유 만끽'〉, 『문화일보』, 1999년 8월 22일, 9면.

특수한 상황으로 인해 요르단은 중동 국가들 가운데 가장 개방적인 나라
이다.

물론 이스라엘에 대해서는 예외다. 1999년 10월 19일 요르단의 한 신
디케이트 통신사는 유태계 국가들과 교류를 금지하는 아랍연합의 규율을
위반하면서 이스라엘 하이파대학 아랍 – 유태 연구센터 초청으로 1주일
간 이스라엘을 방문했던 기자 3명을 해고했다. [43]

현재 압둘라 2세 국왕(38)은 개방정책에 힘을 쏟고 있는데, 이에 대해
『동아일보』 2001년 2월 12일자는 다음과 같이 보도하였다.

> 개방전략과 정보기술(IT) 산업 육성 정책에 따라 2년 전만 해도 2개
> 에 불과했던 인터넷카페가 지금은 200여 개나 생겼을 정도다. '북스
> @카페'의 종업원 예지트 아브고쉬(21)는 '하루에 약 200여 명이 찾
> 아와 인터넷 서핑을 즐긴다'며 '고객이 어떤 정보를 이용하는지에
> 대해 정부의 통제나 감시는 전혀 없다'고 말했다. 인터넷 관련 다국
> 적 기업인 글로벌원의 영업이사 사미 스메이랏(30)은 '현재 요르단
> 내 인터넷 사용 인구는 8만5000여 명으로 중동에서 가장 열기가 높
> 다'고 자랑했다. …… 빈민 지역에서도 흔히 볼 수 있는 위성 TV 수
> 신용 접시 안테나도 서구 문화를 받아들이는 창구 가운데 하나. 유럽
> 등지로부터 약 80여 개에 이르는 채널을 통해 색깔 있는 서구의 방
> 송이 안방까지 그대로 들어온다. 개방과 서구화는 의식의 변화를 수
> 반하고 있다. 2000년 2월 14일 암만에서는 중동국가 사상 처음으로
> 여성의 인권보장을 요구하는 시위가 벌어졌다. 5000여 명의 남녀 시
> 위대는 '명예범죄(Crimes of Honor) 반대' 등의 구호가 적힌 플래

---

43) 『해외언론동향』, 1999년 11월호, 77쪽.

카드와 피켓 등을 들고 국회의사당과 총리관저 앞까지 행진을 벌였
다. 이날 시위는 명예범죄를 합법화한 형법 340조의 폐지 건의안이
의회에서 부결된 데 대한 항의였다. 명예범죄란 여성이 가문의 명예
를 더럽혔다는 이유만으로 가족이나 친지들에 의해 끔찍하게 살해되
는 것을 말한다. [44]

2000년 10월부터 시작된 이스라엘과 팔레스타인간의 유혈 충돌은 요
르단에서 때아닌 위성수신기 호황을 불러일으켰는데, 이에 대해 『한겨레
21』 2000년 12월 28일자는 다음과 같이 보도하였다.

관련 업계에 따르면 평년보다 7~8배에 달하는 위성수신기가 팔려나
간다고 한다. 이제는 두세 집 건너 한 대씩의 위성수신기들이 눈에
띈다. 심지어 양과 소를 모는 일부 유목민들도 위성수신기를 달고 다
닐 정도이다. 이들은 천막을 옮길 때에도 위성수신기를 가지고 다닌
다. 이 열기에 힘입어 동네마다 한두 개 이상의 위성수신방송 기기
판매 및 설치업체들이 없는 곳이 없다. 수신안테나 리모컨, 리시버
세트 가격은 400~500달러 안팎. 요르단 노동자들의 월평균 급여가
250달러 안팎인 점을 감안한다면 적지 않은 비용이다. 그런데도 왜
위성수신기가 날개 돋친 듯 팔려 나가는 것일까? 가장 큰 이유는 요
르단인들의 3분의 2 정도가 팔레스타인에 연고를 두고 있기 때문이
다. …… ANN이나 알자지이라 방송을 비롯한 몇 개의 뉴스 전문 아
랍 방송들은 물론이고 다양한 아랍 방송들은 연일 속보를 전하고 있
다. 위성방송은 아랍인들이 팔레스타인 땅으로 부르는 이스라엘 점

---

44) 홍성철, 〈서구화 첨병 요르단: "중동 중개무역 거점으로" 개방 기치〉, 『동아일보』, 2001년
　　2월 12일, A12면.

령지, 서안지구와 가자지구에서 발생하고 있는 충돌 사태를 신속히
현장 생중계를 겸하여 보도하고 있기에 소식에 목말라하는 요르단
국민들의 갈증을 덜어준다. …… 일부에서는 위성방송 열기의 원인
으로 포르노에 대한 수요의 증가를 꼽기도 한다. 그도 그럴 것이 요
르단은 위성방송 규제가 이뤄지지 않는 가운데 10여 개 안팎의 포르
노 방송이 수신된다. 이들 위성방송 도색 프로그램을 무단 복제한 비
디오도 시중에 공공연히 돌고 있다. [45)]

시리아의 대중매체

시리아의 면적은 18만5천㎢이며, 인구는 1천4백만 명이다. 92년 기준
으로 11개 일간지가 29만 부를 발행하고 있다. 신문 발행은 허가제인데,
1963년 "바트아랍사회당 정권이 출범한 이후 시리아의 신문발행 체제는
사회주의 형태로 변화해 신문을 비롯한 대부분의 출판물들이 정당이나
종교단체 혹은 노동조합 등에 의해서 발행되고 있으며 정부가 직접 발행
하고 있는 경우도 있다." [46)] 『세계의 미디어』는 시리아의 방송에 대해 다
음과 같이 말한다.

"시리아의 방송은 최근까지 국영텔레비전 방송사인 Syrian TV의 독
점체제로 운영되었는데 95년 6월에는 오랜 기간 동안 준비해오던
Syrian Space Channel을 발족시켰다. Arabsat 1DR을 이용하는 이 위
성 채널은 주로 뉴스와 시사 프로그램을 다루는 Syrian TV의 제 1 채널
을 약간 변형한 형태로서, 이 채널을 개국함으로써 시리아는 아랍방송연
맹의 정회원으로서 뿐만이 아니고 중동아시아권에서의 발언권을 얻게 되

---

45) 김동문, 〈중동인 '갈증' 달래는 위성방송〉, 『한겨레 21』, 2000년 12월 28일, 79면.
46) 한국언론연구원, 『세계의 미디어』(한국언론연구원, 1996), 69~70쪽.

었다. 1960년에 개국한 Syrian TV는 2개의 채널을 통해 주당 110시간씩 아랍어, 영어, 프랑스어로 방송한다. 다른 아랍국처럼 철저히 위성방송 수신을 금지시키지는 않지만 시리아 역시 부도덕한 서구 문화로부터 자국민과 문화를 보존한다는 취지에서 '실시간(real-time) 검열'을 할 수 있는 무선케이블네트워크 구축 계획을 가지고 있다. 93년의 TV 수상기 보급가구수는 85만이며 인구 천명당 보급대수는 62대이다." [47]

미국의 칼럼니스트 토머스 L. 프리드먼(Thomas L. Friedman)이 쓴 그의 저서 『렉서스와 올리브나무: 세계화는 덫인가, 기회인가?』엔 『워싱턴 포스트』의 로라 블루멘펠트 기자가 1998년 봄 자기 어머니와 함께 시리아를 방문해 겪은 경험담이 인용돼 있다. 다음과 같은 내용이다.

"엄마와 나는 다마스쿠스에 머무는 동안 왈리드라는 이름의 가이드를 한 명 고용했습니다. 시간이 지나면서 우리는 서로 친숙해졌고, 우리는 우리가 이스라엘 태생임을 밝혔습니다. 그리고 매우 허심탄회하게 대화를 나누었습니다. 이때 그가 말하기를, 자신은 위성접시 안테나가 설치된 사무실에서 한밤중에 이스라엘 TV를 보는 것을 좋아한다고 실토했습니다. 그는 어두운 사무실에 앉아 이스라엘 TV를 넣 놓고 보곤 한다는 것입니다. 그 자신과 동료들이 죽도록 미워하면서도 또다른 한편으로는 동경심과 질투심이 뒤범벅인 채 말입니다. 하지만 그가 이스라엘 TV를 보면서 가장 짜증이 났던 것은 요구르트 광고를 볼 때였다고 합니다. 즉, 이스라엘의 요구르트는 미국산처럼 핑크색이나 오렌지색 등 각양각색의 용기에 포장되어 나오는데, 시리아 것은 단지 흑백 포장뿐이라는 사실에 가장 속 상했다는 것입니다. 언젠가 그는 길 가던 도중, 풀죽은 표정으로 우리에게 시리아의 요구르트 용기를 가리켜 보이기도 했습니다. 그는 또 '시

---

47) 한국언론연구원, 앞의 책, 70쪽.

리아 콘플레이크는 우유를 부으면 바로 축 늘어집니다. 하지만 이스라엘 TV 광고를 보면 이스라엘의 콘플레이크는 우유를 부어도 여전히 바삭바삭하고 눅눅해지지 않더군요' 라고 말했습니다. 골란고원 따위는 기억할 필요도 없습니다. 진정으로 왈리드를 속상하게 만드는 것은 요구르트 용기와 이스라엘의 콘플레이크인 것입니다. 어느 날 그는 우리에게 또 이렇게 말했습니다. '이스라엘은 신참내기인데도, 우리는 그들에 비해 100년이나 뒤졌습니다. 이런 상태에서 이들이 바로 우리 이웃에 산다는 것은 너무나 불공평해요.' " [48]

2001년 1월 4일, 집권 바트당의 통제를 받지 않는 비관영 신문이 38년 만에 시리아에 등장하는 '대사건' 이 벌어졌다. 『부산일보』 1월 5일자는 다음과 같이 보도하였다.

"시리아에는 지난 63년 바트당 집권 이후 관영지들만 존재해왔으나 시리아 공산당이 발행하는 비관영지 『사우트 알 샤아브』(인민의 소리)가 비관영 신문으로는 38년 만에 처음으로 4일부터 가두판매에 들어갔다고 신문들은 전했다. 시리아내 비관영 신문의 등장은 지난해 집권한 바샤르 알 아사드 대통령의 대대적인 개혁정책에서 비롯된 것으로 정치적 자유 신장의 상징적 의미가 있는 것으로 평가되고 있다. 시리아공산당의 아마르 바크다시 정치국 위원은 『사우트 알 샤아브』지가 부당 10시리아 파운드(미화 약 20센트)에 판매되며 우선 2개월마다 발행된 뒤 나중에는 주간지로 전환할 예정이라고 설명했다. 집권 바트당 기관지인 『알 바트』는 『사우트 알 샤아브』지의 창간호 발행이 '표현과 언론의 자유를 신장시키는' 계기가 될 것이라고 논평했다. 『사우트 알 샤아브』지는 지난 37년 처음 발간됐으나 그 동안 여러 차례 폐간을 거듭했으며 바트당 집권 이후엔

---

48) 토머스 L. 프리드먼(Thomas L. Friedman), 신동욱 옮김, 『렉서스와 올리브나무: 세계화는 덫인가, 기회인가?』 전2권(창해, 2000), 143~144쪽.

전혀 발행되지 못했다. 바트당은 지난 63년 집권 후 당 기관지인 『알 바트』와 정부 기관지 『앗 투와라』를 창간했으며 70년대에 또다른 관영지인 『티슈린』을 만들었으나 비관영지의 발간은 허용하지 않았다. 『사우트 알 샤아브』지는 창간호에서 바샤르 대통령의 민간은행 설립정책이 재정불안을 가져올 수 있다고 비판했다." [49]

레바논의 대중매체

레바논의 면적은 1만km²이며, 인구는 280만 명이다. 92년 기준으로 16개 일간지가 50만 부를 발행하고 있다. [50] 94년 7월 레바논 의회는 언론 보도를 규제하고 있는 '언론규제법'을 폐기키로 결의하였다. 이로써 라디오와 텔레비전 방송은 '정치뉴스와 논평'을 할 수 있게 됐다. 그러나 의회는 규제법의 폐기를 결의하면서도 몇 가지 예외 단서를 달았는데, 국가안보 침해, 통화체계에 혼란 야기, 1975~1990년 사이의 내전과 직접 관련된 분파주의 조장은 여전히 규제할 수 있다는 것 등이었다. [51]

레바논과 관련하여 가장 놀랍다 못해 신기한 건 이 작은 나라에 55개 이상의 지상파 방송국이 있다는 사실이다. 프랑스의 『르 몽드』지 96년 2월 11일자는 그 '믿거나 말거나' 현상에 대해 보도하였는데, 이 신문이 인용한 어느 레바논 방송인의 다음과 같은 말은 한편의 코미디를 방불케 한다. "레바논에선 각자가 하나의 정치적 기반으로 방송사를 소유하려 한다. 현재로서는 이를 막을 수 있는 방법이 전혀 없기 때문에 모두가 이때를 좋은 기회로 삼아 방송사를 설립하고 있다." 그러나 함부로 비웃을 일

---

49) 최용오, 〈시리아 비관영 신문 등장〉, 『부산일보』, 2001년 1월 5일, 9면.
50) 한국언론연구원, 『세계의 미디어』(한국언론연구원, 1996), 30쪽.
51) 허원순, 〈'긴잠'서 깨어나는 중동의 언론자유〉, 『경향신문』, 1994년 7월 21일, 16면.

은 아니겠다. 무슨 사연이 있겠지. 『르 몽드』는 다음과 같이 말한다.

전쟁이 끝난 후 베이루트에서는 대포 소리가 사라진 대신 텔레비전 방송국이 우후죽순처럼 생겼기 때문에 레바논의 방송환경을 쉽게 가늠하기는 어렵다. 아랍인들의 다양한 의견이 공존하는 이 작은 나라에는 현재 55개 이상의 지상파 방송국이 있으며 방송하는 언어도 아랍어, 영어, 프랑스어 등 다양하다. 레바논 방송국의 범람 현상은 역사적 설명 없이 이해하기 힘들다. 1991년 전쟁이 끝나기까지 각 정파들은 전략적 통신수단이 필요했다. 특히 텔레비전은 라디오와 마찬가지로 여러 지역 사회를 단결시키는 데 필수 불가결한 요소였다. 프랑스어로 발간되는 월간지 『l'Orient-Express』의 주필 사미르 카시르는 '방송국을 세우는 데 거의 돈이 들지 않는다. 해적판 비디오만 많이 확보하고 있으면 지역 사회의 협조와 최소한의 자본, 광고로 방송국 설립이 충분하다'고 설명한다. 레바논에서는 해적판 외국 영화나 드라마의 방송은 이제 흔한 일이 되었다. 전쟁 중에 적절한 법률이 마련되지 않아 해적판 프로그램의 단속이 거의 불가능하게 되었기 때문이다. …… Télé-LIban의 사장 푸아드 나임은 '이 작은 나라의 전파 혼잡과 무질서는 극에 달했다. 심지어는 우리 나라 상공을 지나는 비행기 조종사들조차 지상의 무질서한 전파 때문에 비행의 어려움을 겪는다고 불평할 정도'라고 설명한다. 또한 정부의 규제로 군소 방송사들이 사라진다 해도 계속 존재할 10대 방송사들은 각자 다른 정파나 종파의 지지를 받고 있어 문제 해결은 여전히 쉽지 않을 것으로 보인다. …… 이 모든 방송사의 대표들은 한결같이 자신들의 정치적 독립성을 주장하고 있다. 그러나 이들이 자신을 소유한 주인들에게 절대 복종하고 있음은 자명한 사실이다. 실제로 레바논

수상의 어머니가 사망했을 때 (수상이 지분 일부를 소유하고 있는)
Future TV는 정규방송을 중단하기까지 했다. …… 반면 정치적으
로 민감한 주제에 대해서는 각 방송사가 침묵으로 일관하고 있다. 어
느 채널을 돌려보아도 텔레비전 뉴스는 모든 문제점을 매끈하게 다
듬어 상처를 주지 않게 하려는 기술이 놀라울 정도임을 알 수 있다.[52]

터키의 '케말리즘의 종언'?

터키의 면적은 78만㎢이며, 인구는 6천만 명이다. 95년 현재 22개 일
간지가 총 550만 부를 발행하고 있으며, 신문 판매는 90%가 가판을 통해
서 이루어지고 있고 나머지 10%만이 가정배달에 의존한다. 방송은 국영
Turkish Radio & TV Corporation과 90년부터 허용된 7개 민영 방송사
와 2개의 페이 TV 네트워크 체제로 운영되고 있다.[53]

그러나, 아무려면 그렇게 많을까 하고 좀 의아하긴 하지만, 프랑스의
『르 몽드』지 97년 3월 21일자는 터키의 혹독한 언론 탄압을 대비시키기
위해 '외형적인 언론 자유와 다양성'을 거론하며 터키가 "250개의 TV
채널, 1000여 개 라디오 방송, 36개에 달하는 전국 일간지와 500여 지방
신문들"을 갖고 있다고 말하고 있다.[54]

터키를 가리켜 흔히 유럽과 아시아를 이어주는 '교량 국가'라고 그러
는데, 이는 터키의 정체성 혼란 문제를 상징해주고 있다. 터키에 혼재돼
있는 기독교 문명과 이슬람 문명을 가리켜 이스탄불의 한 언론인은 "알라

---

52) 〈레바논의 TV방송계 현황: 해적판 비디오만 확보되면 방송사 설립은 식은 죽 먹기〉,
    『MBC 세계방송정보』, 1996년 3월 15일, 38~40쪽.
53) 한국언론연구원, 『세계의 미디어』(한국언론연구원, 1996), 165~166쪽.
54) 〈투옥과 보복에 시달리는 터키 기자들〉, 『MBC 세계방송정보』, 1997년 4월 30일,
    54쪽.

와 아타 튀르크(케말 파샤) 사이에서 방황하는 터키"라는 표현을 썼는데, [55]
이는 '건국의 아버지'로 불리며 근대 터키를 건설한 케말 파샤가 미친 영
향력이 만만치 않다는 걸 말해주는 것이다.

'문명의 충돌'을 강조하는 미국의 정치학자 샤무엘 헌팅턴은 자신의
저서 『문명의 충돌』(1997)에서 자신의 논지를 입증해주는 대표적인 사례
로 터키를 들면서 열변을 토하고 있다. 터키 사회가 서구화로 특징지워지
는 이른바 '케말리즘'에 대해서 반기를 들었으니 헌팅턴이 어찌 신이 나
지 않으랴. 헌팅턴은 이슬람 복장을 하고 거리를 돌아다니는 여성들이 늘
어나고 이슬람 사원을 방문하는 사람들의 숫자도 증가하기 시작했으며
이슬람의 가치를 옹호하는 서적·잡지·카세트·컴팩트 디스크·비디오
테이프 등으로 서점이 채워지기 시작했고, 또 이슬람 문화를 전파하는 간
행물이 4개의 일간지를 포함해서 300여 개로 늘어났고, 정부로부터 허가
받지 않은 라디오 방송국과 30개의 TV 채널이 증가하였다는 걸 열심히
열거하고 있다. [56]

터키 신문들의 경품 전쟁

여기서 헌팅턴의 주장에 대한 반론은 유보하고, 터키의 있는 그대로의
모습만 살펴보기로 하자. 터키의 대중매체와 관련하여 가장 인상적인 건
이 나라 신문들의 치열한 경품 전쟁이다. 『세계일보』 95년 7월 5일자는
다음과 같이 보도하였다.

"터키 일간지들이 독자 확보를 위해 치열하게 물품공세를 벌이는 가운
데 한 신문이 묘지를 무상으로 제공하겠다고 나서 화제. 3일 아나톨리 통

---

55) 최성애, 〈인기잃은 '케말리즘' 터키〉, 『중앙일보』, 1995년 8월 19일, 9면.
56) 샤무엘 헌팅턴, 이희재 옮김, 『문명의 충돌』(김영사, 1997), 194쪽.

신에 따르면 남동부 가지안텝시(市)에서 발행되는 일간 『올레이』 신문은 '광란적인 판촉전쟁을 단번에 끝내기 위해 독자에게 묘지를 제공하는 판촉사업에 들어간다' 면서 쿠폰 99일치를 모은 독자에게 묘지를 무상 제공하겠다고 선언. 이 외에도 2개 주요 신문이 식기세트 침대보 TV수상기와 각종 주방용품을 무상으로 나눠주는 쿠폰을 대량 배포하면서 경쟁 신문 제공품의 품질을 깎아내리는 작전을 전개하고 있다고." [57]

신문사들간 경품 전쟁이 어찌나 심한지 터키 『컴휴리에트』지의 기자 엔긴은 터키 신문들의 '경품 전쟁'을 개탄하는 글을 썼다. 『바른언론』 96년 8월 10일자에 요약·소개된 글을 인용한다.

"요전날 자동차 정비소에 들었을 때 난 망치로 머리를 두들겨 맞은 듯한 충격을 받았다. 자동차 앞창에 붙어 있는 '보도' 스티커를 본 정비공은 대뜸 이런 질문을 했다. '당신 기자요? 당신 신문사는 뭘 줘요?' 이런 어이없는 질문에 난 할 말을 잃고 서 있었다. 이 자동차 정비공은 내가 무슨 신문사에 근무하는지 또 어떤 내용의 기사를 쓰는지에 관해선 추호의 관심도 없이 우리 신문사는 어떤 경품을 주는지만을 알고 싶어했다. '신문사가 독자에게 줄 수 있는 게 신문 외에 뭐가 있느냐'는 나의 퉁명스런 대답에 그는 아주 놀란 기색을 보였다. 신문사가 줄 수 있는 것은 신문뿐이란 나의 말에 '어떻게 그럴 수가 있느냐'고 반박하는 정비공에게 난 어떤 대답도 할 수가 없었다. 우리 신문사 전 직원은 이 정비공의 질문을 한번 진지하게 생각해보고 어떤 대답을 줄 수 있는지 노력해야 할 것이다. 지금까지 우리 신문사는 과열 경쟁 양상을 띠고 있는 신문구독 경품 제공 전쟁을 시종일관 무시해 왔다. 치약·세제·건강팔찌·이불 등을 경품으로 제공하는 신문판매 전략은 우스꽝스런 짓으로 간주했고 브리태니카,

---

57) 〈터키 신문 판촉물로 묘지 제공〉, 『세계일보』, 1995년 7월 5일, 11면.

라루스대백과사전을 독자 경품으로 내세우는 신문사의 독자 끌기 운동은 그나마 머지 않아 터어키 2백만 가구가 대백과사전을 갖출 수 있는 문화적 경품이란 농담으로 웃어넘기곤 했다. 그 후 막상 신문이 텔레비전을 경품으로 내놓았을 때는 누가 매일 1년 간 경품 응모권을 모으겠냐는 회의적인 생각까지 했다. 하지만 텔레비전 경품권이 단시간내 신문 판매량을 급증시키는 것을 보며 내심 놀라기까지 했다. 여지껏 우리는 경품제공 물량공세 작전을 독자 증대를 위한 신문사간의 판매전략이란 단순한 시각으로 봐왔다. 그러나 이제 우리는 이 잘못된 신문판매 전략이 가져올 후유증을 생각해 볼 필요가 있다. 무질서한 경품남발 경쟁이 계속될 경우 신문은 본연의 역할인 언론매체가 아닌 경품 제공사로 전락할 우려가 있다." [58]

터키의 혹독한 언론 탄압

터키는 언론 탄압으로 유명한 나라다. 터키기자연합이 집계한 96년 9월한 달의 '언론 탄압' 통계를 보면, "암살 1명, 부상 1명, 구타 5명, 일시 구금 13명, 출판사 폐쇄 2곳, 언론사 수색 11건, 신문사 압수 14건"에 이른다. [59]

1997년 3월, 뉴욕 소재 언론인보호위원회(CPJ)는 세계 제1의 언론자유 탄압 국가는 터키이며 언론인 환경이 가장 위험한 나라는 알제리라고 지적했다. 96년 현재 투옥 언론인이 가장 많은 나라는 78명을 기록한 터키이며 같은 해 언론인 피살사건이 가장 많았던 나라는 알제리로 7명이

---

58) 강혜구(유럽 통신원), 〈터키서도 판매경쟁 … 신문사 경품 제공사로 전락〉, 『바른언론』, 1996년 8월 10일, 6면.
59) 〈투옥과 보복에 시달리는 터키 기자들〉, 『MBC 세계방송정보』, 1997년 4월 30일, 54~ 55쪽.

암살당했다는 것이다. 이로써 알제리의 피살 기자 수는 93년 이래 59명으로 늘어났다. 96년 전 세계에서 투옥된 언론인은 총 185명으로 전년보다 3명이 늘어난 반면 타살 언론인은 27명으로 전년의 57명보다 훨씬 줄어든 것으로 밝혀졌다. 투옥 언론인의 국가별 집계는 이밖에 에티오피아 18명, 중국 17명, 쿠웨이트 15명, 나이지리아 8명, 미얀마 8명 등이었다.[60]

위에 언급한 언론인보호위원회의 보고서에 따르면, 터키에선 한 언론인이 94년 12월 터키와 쿠르드 반군간의 전투 상황을 보도했다는 이유로 16년형을 선고받았다고 한다. 이 사실이 시사하듯이, 쿠르드 문제는 터키 언론에겐 절대 금기가 되고 있다. 이와 관련, 『한겨레 21』 98년 7월 2일자는 다음과 같이 보도하였다.

터키에서 언론인 생활을 한다는 것은 어렵다. 특히 터키 내 소수민족인 쿠르드계와 좌익 계열의 언론인들은 목숨을 걸고 기사를 써야 한다. 언론의 자유는 존재하지 않는다. 이스탄불의 쿠르드계 신문 『오즈굴 균딤』(자유로운 의제라는 뜻)의 본사 건물은 3년 전 정체불명의 조직에 의해 폭파됐다. 현재는 『우르케디 균딤』(국가의 의제라는 뜻)으로 이름을 바꿔 발행되고 있지만 언제 폐간 처분을 받게 될지 모른다. 터키에선 지금까지 쿠르드계 신문이 몇 번 발간됐지만 그때마다 사법부에 의해 폐간처분을 받아왔다. 비쿠르드계 신문들도 쿠르드 문제를 잘못 다루다가는 무장단체 쿠르드 노동자당(PKK) 반군의 협력자로 찍혀 고초를 당할 수 있다. 경찰은 쿠르드 문제에 관한 한 체포·구금·투옥을 마음대로 한다.[61]

---

60) 〈세계제일 언론탄압국 "터키"〉, 『전북일보』, 1997년 3월 20일, 9면.
61) 〈"기자선생, 까불지 마시오": 실종·고문·살해당하는 터키의 저널리스트들 … 쿠르드인·좌익사범 집중사냥〉, 『한겨레 21』, 1998년 7월 2일, 60면.

재벌 신문에게만 허용되는 자유

『국민일보』 99년 8월 26일자에 〈"창피한 줄 알고 입 다물라" 분노한 터키 언론들, 정부 무능·부패 맹비난〉이라는 제목의 기사가 실려 있다. 다음과 같은 내용이다.

"터키 정부가 금세기 최악의 지진 피해를 수습하기 위해 국제 사회에 도움을 요청한 가운데 국내 언론은 정부의 무능력과 부패를 맹렬히 비난했다. 일간지 『후리예트』는 24일 〈입 다물라〉는 제목의 1면 톱기사에서 뷜렌트 에제비트 총리가 오스만 두르무스 보건장관에게 '언론과 지진 생존자들로부터 비난받는 말썽 많은 발언을 자제하라'고 말했다고 보도했다. 두르무스 장관은 미국이 의료품을 실은 미국 해군함정 두 척을 터키에 파견한 데 대해 '더 이상 외국의 의료 및 구호지원은 필요 없다'며 에제비트 총리에게 이를 거부하도록 건의하는 한편 피해 현장에서 적극적인 구조활동을 하고 있는 민간자원봉사대를 비난해 분노의 표적이 되고 있다. 『라디칼』지(紙)는 〈창피한 줄 알라〉는 제목의 머릿기사에서 정부가 식량과 의약품을 가득 싣고 온 그리스 선박을 이틀이나 세관에 묶어 뒀다가 더 이상 도움이 필요 없다고 돌려보낸 사건을 보도하면서 두르무스 보건장관 해임운동에 관해 보도했다. 이 신문은 술레이만 데미렐 대통령과 에제비트 총리, 데블레트 바흐젤리 부총리 등의 전화번호를 밝히면서 이들에게 전화를 걸어 두르무스 장관의 해임을 촉구하자고 제안했다."[62]

이 기사를 읽으면서 아무리 터키 언론이 혹독한 탄압을 받고 있다곤 하지만 몇 가지 절대 금기만 건드리지 않고 건수만 잘 잡으면 장관 정도는 자유롭게 비판할 수 있구나 하는 생각을 했다. 그러다가 뒤늦게 『르 몽

---

[62] 〈"창피한 줄 알고 입 다물라" 분노한 터키 언론들, 정부 무능·부패 맹비난〉, 『국민일보』, 1999년 8월 26일, 8면.

드」지 97년 3월 21일자가 보도했다는 다음과 같은 내용을 읽고서 이해를 좀더 확실하게 할 수 있었다.

'혐오심 유발', '분리주의 선동', '국가 모독죄' 등이 언론 탄압에 자주 등장하는 죄목이다. 사실 기자들은 '쿠르드족 문제', '남동부 지방의 군사분쟁', '군부/PKK/경찰의 역할', '극우파 문제', '정부의 부패', '마피아 개입설' 등을 언급할 때면 언제나 '보복' 또는 '곤경'을 당할 각오를 해야 한다. 그리고 이른바 정치적 색채가 강한 친(親)쿠르드 · PKK 동조자 · 극좌파 신문들이 특히 많은 위험을 안고 있으며, 몇몇 재벌 그룹들이 소유하고 있는 『Sabah』, 『Milliyet』, 『Hurriyet』, 『Turkiye』, 『Zaman』 같은 신문들은 결코 처벌을 받은 일이 없다. 세계인권연합 관계자들은 '동일한 주제를 취급하면서도 어떤 신문과 기자들은 법의 보호를 받는가 하면 다른 기자들은 경찰에 불려가거나 형을 선고받고 있다'고 전한다. [63]

도중하차당한 쿠르드어 위성방송

앞서 지적한 바와 같이, 쿠르드 문제에 관한 한 터키 정부는 수단과 방법을 가리지 않는다. 중동 최초의 유일한 쿠르드어 위성방송사 Med-TV가 생긴 지 1년 만인 96년 9월에 문을 닫은 것도 터키 정부의 집요한 압력 때문이었다. 이에 대해 『Variety』지 96년 9월 16일자는 다음과 같이 보도하였다.

"런던에 본부를 둔 Med-TV는 95년 초여름 방송을 개시한 이래 약 1년

---

63) 〈투옥과 보복에 시달리는 터키 기자들〉, 『MBC 세계방송정보』, 1997년 4월 30일, 55쪽.

남짓 중동에 있는 2,200만 명에 달하는 쿠르드어 사용자들을 위해 사상 최초로 쿠르드어 방송을 해왔다. 그 동안 Med - TV는 하루 여섯 시간씩 뉴스 · 음악 · 교양 프로그램과 쿠르드어로 더빙한 외국 영화를 시청자들에게 제공했다. 터키 정부는 Med - TV를 쿠르드노동당의 선전방송일 뿐이라고 비난했다. 쿠르드노동당은 터키 동남부에서 격렬한 독립 투쟁을 벌이고 있는 마르크스주의 단체다. 터키 정부는 Med - TV의 활동에 대해 영국 외무부에 공식 항의를 제기했고, 프랑스에 대해서는 Eutelsat이 계속 Med - TV에 위성 중계기를 임대해 줄 경우 현재 터키와 체결되어 있는 거액의 전신 · 전화 계약을 해지하겠다고 위협했다. 올해 4월 터키는 Med - TV의 전파를 방해하려고 했지만 Med - TV는 Eutelsat의 다른 주파수대를 사용해 정규방송을 계속했다. 그러나 여름이 되자 영국과 프랑스는 터키의 요구에 굴복하고 말았다. 영국은 처음에는 터키의 항의를 무시했지만 결국 Med - TV가 '영국에서 방송 면허를 받은 방송사는 정치적 편파성을 띨 수 없다' 는 상업방송위원회(Independent Television Commission)의 규정을 어겼다고 결정한 것이다. 프랑스도 Med - TV의 미미한 위성 사용료 때문에 터키와 맺은 거액의 거래를 잃을 수는 없다고 판단했다. 그래서 결국 쿠르드어 위성방송은 종말을 고하게 된 것이다." [64]

터키의 인터넷 열풍

터키엔 '인터넷 열풍' 이 불고 있다. 물론 통제가 없진 않다. 터키의 인터넷과 관련하여 『부산일보』 2001년 2월 8일자는 다음과 같이 보도하였다.

---

64) 〈쿠르드어 방송 터키정부 압력으로 중단〉, 『MBC 세계방송정보』, 1996년 10월 30일, 25쪽.

"터키 키리칼레시에 사는 14세의 한 소년은 최근 인터넷 카페에서 게임을 하다 단속 나온 경찰에 붙잡혔다. 터키에서 인터넷 카페를 출입할 수 있는 나이는 15세 이상. 소년은 같은 이유로 잡힌 100여 명의 소년들과 함께 경찰서에서 한 시간 동안이나 인터넷 서핑의 해악에 대한 훈계를 들어야 했다. 키리칼레시 행정관 베힉 셀릭 씨는 '우리가 인터넷을 반대하는 것은 아니다. 단지 우리의 문화를 보존하는 수단을 취할 뿐이다' 라고 밝혔다. 이스탄불 보스포러스대학의 일마즈 에스머 교수는 '일각에서는 우리 문화가 잠식당한다고 한다. 하지만 나는 현대화하는 과정이라고 여긴다. 지금 터키는 고통스런 과정을 겪고 있을 뿐이다' 라고 주장했다. 터키 정부 관계자에 따르면 인터넷 사용자는 97년 20만 명에서 99년 200만 명으로 크게 증가했다. 25만 명이 사는 공업도시 키리칼레시는 시내에만 최근 몇 개월 사이 20여 개의 인터넷 카페가 문을 여는 등 인터넷 문화가 급속히 확산되고 있는 실정. 이에 따라 전통적인 젊은이들의 놀이 문화도 바뀌었다. 예전의 당구장에서 이젠 인터넷 카페가 그들의 아지트가 되었다." [65]

아프가니스탄의 문화 통제

아프가니스탄의 면적은 65만2천㎢이며, 인구는 1천8백만 명이다. 92년 기준으로 16개 일간지가 20만6천 부를 발행하고 있다. 탈레반 집권 이전까지 2개의 TV 방송국이 운영되었으며, 93년 TV 보급률은 인구 천명당 10대 꼴이었다. [66] 20년 간의 전쟁으로 모든 사회 기반 시설이 붕괴돼 7년 간이나 국제전화마저도 불가능했지만, 미국전화회사의 시설 복구 덕에

---

65) 최용오, 〈터키 인터넷 열풍 문화충돌 예고〉, 『부산일보』, 2001년 2월 8일, 8면.
66) 한국언론연구원, 『세계의 미디어』(한국언론연구원, 1996), 84~85쪽.

2000년 1월부터 해외 13개국간의 국제전화가 재개통되었다. [67]

1996년 수도인 카불 점령 후 아프가니스탄을 통치하고 있는 탈레반은 집권 직후 TV 시청을 금지시켰으며, 당시 부서진 TV를 가로등에 걸어두는 '교수형'에 처하였다. 또 최근에는 탈레반의 정보부장관이 TV 허용설을 부인하면서 'TV는 도덕성을 파괴할 뿐만 아니라 전자파를 내보내 암을 유발한다'고 밝히는 등 TV를 여전히 금하고 있다. [68]

TV 금지에서 볼 수 있듯이, 아프가니스탄은 그 어떤 이슬람 국가보다 더 엄격한 '원리주의적' 문화 통제를 실시하고 있는데, 『국민일보』 2001년 1월 11일자 기사와 『일요신문』 2001년 2월 4일자 기사를 각기 인용한다.

"AP 통신은 8일 아프가니스탄 집권 탈리반의 최고 지도자인 모하메드 오마르가 라디오 성명을 통해 이슬람교에서 기독교 등 다른 종교로 개종한 사람은 물론 이슬람교도들을 개종시키고자 시도하는 사람들은 모두 사형에 처할 것이라고 밝혔다고 전했다. 오마르는 또 '타종교 특히 기독교와 유대교 추종자들이 탈리반이 신봉하고 있는 이슬람 원리주의를 악마화하고 있다'고 비난한 뒤 '이슬람의 적들이 지구상에서 이슬람교를 멸절시키고자 시도하고 있다'고 말했다. 오마르는 또 이슬람교를 비난하거나 타종교에 관한 책을 판매하는 서점의 경우 5년의 형을 받게 될 것이라고 말했다. 아프가니스탄의 95%를 장악하고 있는 탈리반은 이슬람교 율법을 엄격히 적용, TV는 물론 종교적인 음악을 제외한 대부분의 오락을 불법화하고 있다. 또 8세 이상 여아의 경우 교육을 일절 받지 못하도록 하고 있으며 여성의 근로도 금지하고 있다." [69]

"최근 아프가니스탄에서는 수십 명의 이발사들이 무더기로 철창신세

---

67) 〈아프가니스탄 – 국제전화 재개통〉, 『해외언론동향』, 2000년 2월호, 80~81쪽.
68) 최용오, 〈CATV 폐쇄 갈등〉, 『부산일보』, 2000년 7월 31일, 8면.
69) 김병철, 〈아프간 기독교 개종자 처형 경고〉, 『국민일보』, 2001년 1월 11일, 30면.

를 지는 사건이 벌어졌다. 이들의 죄목은 '손님들에게 레오나르도 디카프리오와 비슷한 헤어스타일을 만들어 주었다'는 것. 카불의 한 이발사는 '과격 이슬람주의자들인 탈리반(학생들이라는 뜻의 페르시아어)은 우리가 반이슬람적인 서양의 헤어스타일을 유행시켰다고 비난한다'고 전한다. 탈리반이 장악하고 있는 아프가니스탄 지역에서는 남자들은 면도를 해서는 안 되며 앞머리를 내리거나 머리뒤쪽을 짧게 하는 것도 금지되어 있다. 그럼에도 불구하고 아프가니스탄의 젊은이들에게 최근 디카프리오의 긴 앞머리와 짧은 뒷머리가 유행하는 것은 『타이타닉』이 만들어지고 3년만인 최근에야 영화가 아프가니스탄에 소개되었기 때문. 카불을 점령하고 있는 무장 세력 탈리반은 영화와 음악, 텔레비전을 엄격하게 금지하고 있다. 그러나 많은 아프가니스탄인들은 '불법 비디오테이프'를 통해 서부의 영화와 음악을 접하거나 이웃나라인 파키스탄의 영화관을 찾아 할리우드의 영화를 감상하고 있는 실정이다. 탈리반은 여학교들은 아예 모두 폐지시키고 여성들은 절대 집밖에서 일을 하지 못하게 하고 있으며 이를 어겼을 경우에는 사지를 절단하거나 공개처형을 하는 등 이슬람 율법을 강요하고 있어 국제적인 비난을 받고 있다."[70]

파키스탄의 대중매체

파키스탄의 면적은 79만6천㎢이며, 인구는 1억3천8백만 명이다. 92년 현재 일간지는 274개로 총 80만9천 부를 발행하고 있다. 1964년부터 시작된 TV 방송은 90년까지 국영 PTC(Pakistan Television Corporation) 독점 체제였으나 경제자유화정책의 결과 정부출연기업과 민간기업이 공

---

70) 〈디카프리오 헤어스타일 때문에 아프가니스탄 이발사들 철창신세〉, 『일요신문』, 2001년 2월 4일, 39면.

동 투자한 공영방송 STN(Shalimar Television Network)이 90년에 출범하였다.[71]

파키스탄은 이웃 인도와는 달리 처음부터 외국 자본과 방송 프로그램에 대해 비교적 개방적인 자세를 취하였는데, TV 방송의 도입도 일본의 NEC(Nippon Electronic Company)의 자본 투자로 이루어진 것이었다. 파키스탄의 방송은 제작과 송출이 구분돼 있으며, 우르드어 · 영어 · 편자브어 · 힌두어 · 브라만어 · 아랍어 등 총 9개 언어로 방송을 하고 있다.[72]

2000년, "파키스탄에서 가장 발행부수가 많은 영어 일간지"라고 자랑하는 『Dawn』지 2월 22일자는 민간자본이 보유하는 TV 방송국이 곧 출현할 것이라고 보도하였다. 이에 대해 『해외언론동향』 2000년 3월호는 다음과 같이 말한다.

"파키스탄 정부는 민방 TV에 관한 법률을 곧 제정할 예정인데, 이 법률은 '전자매체 규제국'을 두어 방송허가를 관장하게 하고 있다. 또 신문들의 TV 소유도 제한하지 않아 지금까지 논란을 빚어온 '소수인의 바람직하지 못한 언론권력의 독점'에 대해서도 상당히 관대한 내용이다. 이 신문은 또 방송 인허가 당국이 아무런 직간접적인 검열 없이 신생 민방이 국영 TV와 뉴스나 시사 프로그램에서 자유롭게 경쟁할 수 있도록 할 것이라고 보도했다. 새 언론법이 발효되면 전국 TV방송 3채널이 신규로 개국할 전망이다. 한 채널은 완전 민영이며, 두 번째는 공영방송으로, 나머지 하나는 표면상 민간 소유이지만 실제로는 정부 관련 단체의 직접 감독 하에 놓여질 것으로 알려졌다."[73]

---

71) 한국언론연구원, 『세계의 미디어』(한국언론연구원, 1996), 171~172쪽.
72) 강원석, 〈파키스탄 TV 방송의 역사와 현황〉, 『방송 동향과 분석』, 2000년 10월 16일, 46~47쪽.
73) 〈파키스탄 – 민영TV 곧 개국〉, 『해외언론동향』, 2000년 3월호, 79~80쪽.

파키스탄의 케이블TV 회사들은 Zee TV, 스타 TV 등과 같은 위성방송을 내보내고 있다. 2000년 7월, 파키스탄 북동부 주에서는 케이블TV를 둘러싼 갈등이 증폭돼 폭력 사태까지 우려되었는데, 이에 대해 『부산일보』 7월 31일자는 다음과 같이 보도하였다.

"31일 영국 BBC에 따르면 23개 이슬람 단체로 이루어진 통일이슬람혁명전선의 지도자 압둘 말릭은 이 지역 모든 케이블TV의 폐쇄를 요구하며 '주정부가 이를 시행하지 않으면 우리가 폭력으로 해결할 수밖에 없다'고 경고했다. 케이블TV를 이슬람적 가치에 대한 '해악'이라고 믿는 일부 이슬람 단체들은 이에 앞서 이 지역 몇몇 케이블TV 회사에 진입, 비디오 테이프와 TV 세트 및 방송장비를 빼앗았다. 또 이 주의 주도인 페샤와르에서는 TV 반대 시위가 잇따르자 주지사가 6개 케이블TV에 대해 폐쇄 명령을 내리기도 했으나, 지역법원은 반대로 이 결정을 철회하라는 판결을 내렸다. 케이블TV 전면 폐쇄에 반대하는 지역 주민과 사회 지도자들은 일정한 규제는 필요하지만 TV를 통해 다양한 분야에 대한 정보와 교육을 상대적으로 저렴한 값에 접할 수 있다고 주장하고 있다. 아프가니스탄과 국경을 접한 준 자치지역인 이곳은 파키스탄 전체 인구 1억3천8백만 명 중 15% 가량이 거주하며, 이슬람 근본주의를 지지하는 아프가니스탄 텔레반의 영향을 받고 있다." [74)

6천여 명의 직원을 거느리고 있는 국영 PTC는 2000년 7월 20일 1백 개 이상의 채널을 공급하는 케이블 방송을 시작한다고 발표했다. 파키스탄의 케이블TV를 둘러싼 혼란에 대해 『방송 동향과 분석』 2000년 10월 16일자는 다음과 같이 말한다.

"최근 파키스탄 정부는 자국민들의 '공공기록 접근권'을 향상시키고,

---

74) 최용오, 〈CATV 폐쇄 갈등〉, 『부산일보』, 2000년 7월 31일, 8면.

이와 동시에 정부가 국민들의 목소리에 더욱 귀기울이기 위해서 새로운 정보법을 통과시켰다. 이 정보법을 제정한 큰 이유 중의 하나는, 최근 폭발적으로 증가하는 케이블TV와 그 내용에 대해서 파키스탄 정부가 규제를 하지 않겠다는 의지를 표명하기 위한 것이기도 하다. 약 250개의 케이블TV 보급업자들이 난립하는 현 파키스탄 케이블TV 시장에서 종교, 외설 등 내용 규제의 문제와 무허가 케이블TV 업자의 경영 규제가 큰 이슈로 떠올랐기 때문이다."[75]

그렇다고 해서 내용까지도 완전 탈규제냐 하면 그건 아니다. 제도적으론 자유를 보장하되 보다 낮은 단계에서 시민위원회와 지역별 모니터링위원회를 구성해 파키스탄의 사회적, 종교적, 도덕적 가치 내에서 프로그램이 방송될 수 있도록 감독하겠다는 것이다.[76] ■

---

75) 강원석, 〈파키스탄 TV 방송의 역사와 현황〉, 『방송 동향과 분석』, 2000년 10월 16일, 45쪽.
76) 강원석, 위의 글, 49쪽.

제6장 중남미의 대중매체 Ⅰ

제6장 중남미의 대중매체 Ⅰ

중남미의 전반적인 대중매체 현황

중남미의 많은 나라들이 강력한 대통령제를 실시하고 있는데, 특히 멕시코의 역사는 대통령 개인의 퍼스낼리티에 의해 좌우되어 온 역사라고 해도 과언이 아니다. 다소 정도의 차이는 있을망정, 다른 나라들도 크게 다르지 않다. 중남미의 대통령제에는 적절한 견제와 균형이 없어 이를 '시저주의' 또는 '수령주의'(Caudillismo)라고 명명하는 사람들도 있다.

중남미의 '제왕적 대통령'은 각 나라의 사정에 따라 국민의 지지를 받기도 한다. 그러나 문제는 그 국민의 지지라고 하는 것이 대중매체에 의해 '제조' 되는 경우가 많다는 데에 있다. 중남미의 대통령들은 대부분 텔레비전을 장악해 최대한 활용하며 모든 언론매체의 관심을 독점한다. 이런 여론 형성 구조로 인해, 텔레비전과 같은 대중매체가 새로운 형태의 독재 통치를 가능케 했다고 주장하는 사람들도 있다.

중남미의 TV 도입은 50년대와 60년대에 이루어졌는데, 1950년 멕시코 · 브라질 · 쿠바, 1951년 아르헨티나, 1952년 베네주엘라 · 도미니카공화국, 1954년 콜롬비아, 1956년 과테말라 · 니카라과 · 우루과이 · 엘살바도르, 1957년 칠레, 1958년 페루, 1959년 에콰도르 · 온두라스 · 파나마, 1960년 코스타리카, 1965년 파라과이, 1969년 볼리비아 등의 순으로 이루어졌다.[1]

1995년 현재 중남미 전체 가구의 98%가 텔레비전을 가지고 있고, 40%가 VCR을 소유하고 있으며, 12%가 CATV에 가입한 것으로 나타났다. 전반적으로 신문 구독률은 매우 낮아 전체 인구의 약 7%가 매일 신문을 구독하는 것으로 추정되고 있으며, 따라서 전체 광고비에서 차지하는 신문 광고비의 점유율이 낮다. 라틴 아메리카 지역 전체 광고비의 55~65%가 TV 광고비이다.[2]

94년 중남미의 총광고비는 161억 달러로 이 중 멕시코, 브라질, 아르헨티나가 70%를 차지하고 있다. 94년 중남미 국가별 광고비 실적은 멕시코 44억9천7백만 불, 브라질 37억 불, 아르헨티나 33억 불, 콜롬비아 12억6천9백만 불, 베네주엘라 10억6천4백만 불, 푸에르토리코 6억4천3백만 불, 칠레 4억8천5백만 불, 페루 4억 불, 우루과이 1억2천만 불, 과테말라 9천7백만 불, 파나마 8천9백만 불, 도미니카 8천4백만 불, 에콰도르 7천8백만 불, 볼리비아 7천8백만 불, 파라과이 7천4백만 불, 코스타리카 6천8백만 불, 엘살바도르 6천8백만 불, 자마이카 4천4백만 불, 수리남 1천8백만 불 등이었다.

중남미의 영화는 어떤가. 극소수 국가를 제외하곤 자국 영화의 '씨가

---

1) Silvio Waisbord, 〈Latin America〉, Anthony Smith/Richard Paterson eds., 『Television: An International History』(Oxford: Oxford University Press, 1998), p.255.
2) Silvio Waisbord, 위의 글, p.254.

말랐다'는 표현이 적합할 것 같다. 『씨네 21』 95년 9월 5일자는 다음과
같이 보도하였다.

한국 극장 관객들의 기억에 남아 있는 남미 영화라면? 기껏해야 『달
콤쌉싸름한 초콜렛』(멕시코), 『오피셜 스토리』(아르헨티나) 정도일
것이다. 실제로 80년대 중반 이후 라틴 아메리카가 바깥 세계에 선
사한 영화는 손에 꼽을 정도다. …… 브라질은 1980년까지만 하더라
도 세계에서 네 번째로 영화를 많이 생산하던 나라였다. 그러나 그로
부터 불과 12년 뒤인 1992년에는 6편만 제작한 것이 고작이었다.
…… 브라질뿐만 아니라 라틴 아메리카 대륙의 다른 나라도 형편은
크게 다르지 않다. 아르헨티나는 93년에 8편의 자국 영화를 생산했
다. 칠레는 16mm 영화 한 편을 포함해서 겨우 3편을 생산했다. 같
은 라틴 아메리카권인 중미 지역은 한술 더 뜬다. 과테말라, 코스타
리카, 니카라과, 엘살바도르 등의 지역에는 자국 영화라는 게 거의
없다. 멕시코만이 예외인데 1993년에는 39편의 자국 영화를 생산했
다. 그러나 이곳도 할리우드 영화 점유율은 늘어나고 자국 영화 제작
편수는 점점 줄어드는 추세를 보이고 있다. 92년의 할리우드 영화
점유율 50%는 93년에 61%로 성큼 뛰었다. 92년의 멕시코 영화 제
작편수는 73편이었다. 물론 그 중에는 89년과 90년에 제작했다가
뒤늦게 개봉한 영화도 꽤 있지만 다음해의 39편 제작편수에 비할 바
는 못되는 것이다.
남미 영화의 대가들은 쿠바를 제외하면 70년대 중반을 고비로 독재
정권의 견제를 피해 대부분 고국을 떠났다. 80년대 중반 이후 이들
나라에 민선 정부가 들어서자 재능 있는 감독이 없는 상태에서 이번
에는 영화산업 자체가 흔들렸다. …… 남미 영화를 시들게 만든 데는

텔레비전의 영향도 무시할 수가 없다. 예를 들면 브라질 영화는 몰락했지만 브라질 방송은 중남미에서 가장 영향력 있는 방송이다. 브라질의 대다수 사람들은 돈이 없어서 영화를 못 볼 만큼 가난하다. 브라질 방송은 그래서 빈민들에게 대단한 인기를 끌고 있다. 빈민들에게는 시청료를 걷지 않기 때문이다. 내용도 가난한 청년이나 처녀가 배우자를 만나서 벼락 출세한다는 식의 상투적인 것들이 대부분이다.[3]

'스팽글리쉬'의 부상

중남미는 종속이론과 '문화제국주의론'의 발상지였으나, 중남미에서 가장 먼저 문화적 저항이 끝났다는 비관적 견해도 제기되고 있다. 그러나 미국내 히스패닉계 인구가 2000년 말 현재 2천5백만에서 3천5백만으로 거의 비슷한 수의 인구를 가진 아프리카계를 앞지를 것으로 예상되는 가운데 그들의 문화적 취향을 근거로 히스패닉 문화가 미국에서 큰 영향력을 행사하는 것에 주목하는 사람들도 있다.

미국에서 스페인어로 방송하는 라디오 방송국이 200개, 텔레비전 방송국이 50개에 이르며 중남미로부터의 프로그램 수입도 왕성하게 이루어지고 있다. 미국 내에서 발행되는 스페인어 신문·잡지도 145개에 이르며, 『마이애미 헤럴드』, 『로스앤젤레스 타임스』 등 30여 개 미국 신문들이 스페인어판을 삽입해 발행하고 있다. 그 밖에도 음악을 비롯해 다양한 형식의 히스패닉 문화가 미국으로 유입되고 있다.

멕시코 음악과 미국 음악이 융합돼 탄생한 테하노 음악도 주목할 만하

---

3) 김영진, 〈태양의 나라, 잃어버린 혁명영화의 보고: 할리우드와 경제위기의 협공 속에 스러지는 남미영화〉, 『씨네 21』, 1995년 9월 5일, 20면.

다. '테하노'는 영어의 Texan에 해당하는 말로 텍사스 음악뿐만 아니라 텍사스 사람까지도 칭하는 포괄적 의미를 지니고 있으나 미국·멕시코 국경지대 특유의 음악을 가리킨다. 테하노는 로큰롤·팝·컨트리·랩·재즈의 영향을 고루 받은 퓨전 음악으로서, 30년대와 40년대에 텍사스 남부의 무허가 술집 등지에서 아코디안 위주의 멕시코 음악 콘훈토와 북미의 빅 밴드 사운드가 접목돼 생겨난 음악이다. 오늘날엔 비디오 시대에 어울리는 수많은 젊은 가수들의 활동에 힘입어 급격히 부상하고 있는데, 이미 90년대 중반 연간 1억 달러 이상을 기록한 테하노 음반 시장은 이제 라틴 음악 중에서 가장 빠르게 성장하는 시장이 되고 있다.

이와 같은 MaxAmerica는 무엇보다도 멕시코와 미국의 국경 지방은 미국의 4개 주, 멕시코의 6개 주를 부분적으로 포함하고 있고 이 지역의 인구가 무서운 속도로 늘고 있다는 데에서 비롯된다. 이 지역에서는 영어와 스페인어는 물론 '스팽글리시'(스패니시와 잉글리시의 합성어)라는 이름의 혼성어도 사용되는데, 스팽글리시는 과거 멕시코계 미국인 부랑자들의 상스러운 말이었으나 오늘날에는 이 지역에서 남녀노소를 막론하고 모든 인종이 사용하는 제3의 주요 언어로 정착했다.

어찌됐건 가장 중요한 건 역시 머릿수다. 수지 타산에 능한 미국의 대중매체 산업이 인구 규모를 무시할 리 만무하다. 이미 80년대 중반 영화 『La Bamba』의 성공을 계기로 할리우드의 생각이 달라진 이래로 미국의 대중매체 산업은 히스패닉계 인구를 염두에 둔 장사에 큰 관심을 보이고 있는 것이다.

그렇다고 해서 미국보다는 중남미 편을 드는 사람들이 좋아할 일만은 아닌 것 같다. 다음과 같은 문제가 도사리고 있기 때문이다.

"미디어의 소유·통제·내용에 대한 국내외적인 구분이 희미해졌다. 미국 제작자들은 유럽과 제3세계의 TV 및 영화 제작자들과 공동제작 및 공동배급체계를 증가시켰다. 또한 다수의 라틴 아메리카 TV 방송국들이 미국내의 대규모 스페인어권 시청자를 겨냥해 프로그램 배급회사와 TV 방송망을 설립했다."[4]

또 중남미 지역 내부를 들여다봐도 낙관을 하기는 힘들 것 같다. 정치·경제·문화적으로 미국의 영향력은 여전히 절대적이기 때문이다. 카리브해 지역의 국가들의 경우에는 미국에의 종속을 원하고 있는데, 그 실태에 대해 『한국일보』 97년 10월 13일자는 다음과 같이 보도하였다.

> 북미와 남미를 가르는 카리브해에서는 아직 '제국주의'가 청산되지 않았다. 미국 마이애미 남부해안에서 남미 베네수엘라 북부해안에 걸친 수많은 작은 섬들은 지금도 영국과 네덜란드, 프랑스와 미국의 '식민지'로 남아 있다. 하지만 이 작은 '식민지'들은 식민지로서 '종주국'과 크고 작은 갈등을 야기하면서도 흥미롭게도 대부분 독립을 적극 추구하지는 않는다. '종주국'으로부터 제공되는 각종 혜택이 '홀로서기'에 따른 위험보다 좋기 때문이다.[5]

중남미 미디어 정책의 역사

중남미 미디어 정책의 역사를 살펴보는 건 오늘날의 중남미 미디어를 이해하는 데에 큰 도움이 될 것이다. 엘리자베스 폭스 외 여러 전문가들이 쓴 『라틴아메리카의 정치권력과 미디어』(1991)라는 책에 실린 폭스의 〈라틴 아메리카의 미디어정책: 개관〉이라는 논문은 다음과 같이 말한다.

---

4) 엘리자베스 폭스, 〈라틴 아메리카의 미디어정책: 개관〉, 엘리자베스 폭스(Elizabeth Fox) 외, 이원혁 옮김, 『라틴아메리카의 정치권력과 미디어』(한울아카데미, 1991), 42쪽.
5) 장인철, 〈'식민지가 더 좋아요'〉, 『한국일보』, 1997년 10월 13일, 13면.

TV가 도입된 1950년대 중반에 라틴 아메리카의 방송은 민간 소유의 상업적 운영 체제가 주류를 이루고 있었다. 정치 세력에 순종하는 민영방송은 정부와 집권당의 요구를 만족시켰고, 국내외 기업체들이 자사제품을 선전하기 위해 대중시장에 파고드는 것을 가능하게 했다. …… 콜롬비아, 아르헨티나, 베네수엘라, 페루의 TV는 군사정권이나 권위주의적 정권에 의해 처음 설립됐다. …… 이들 4개국의 TV 운영 체계는 멕시코와 브라질과 같이 정치적으로 보수 성향을 띤 민간 상업적 체제로 발전되었다. 이들은 미국 자본의 투자, 제한된 정부 규제, 주로 상업적인 경영 목표 등의 공통점을 지녔다. …… 라틴 아메리카에서 이루어진 국가커뮤니케이션 정책을 둘러싼 개혁안과 논쟁들은 민간 방송사주, 신문사주 그리고 광고주들의 강력한 반발을 공유했다. …… 민간 미디어 소유주들과 광고주들은 특히 미디어의 몰수와 운영상의 간섭, 수입 제한 그리고 프로그램 내용에 대한 규제 조치에 심한 저항감을 드러냈다. …… 라틴 아메리카 미디어의 개혁 시도와 그 실천은 첨예한 이념적 대립을 초래했다. 좌익 세력과 개혁 지향적 정부들은 신문보다는 방송에 대해 공민영 혼합체제 아래서의 공공성 증대를 요구했다. 그들은 혼합체제야말로 미디어의 발전적 잠재력을 개발하고, 민주적인 참여를 보장하며, 전통문화를 보존하는 유일한 방도라고 주장했다. 그러나 대다수의 라틴 아메리카 및 미국의 민간 미디어 소유주, 언론인, 광고주들은 미디어에 대한 정부나 공공기관의 간섭은 전체주의의 시작이며, 이는 곧 표현의 자유에 종말을 고하는 것으로 간주했다. …… 라틴 아메리카의 대부분은 1930년대 이래 최악의 경제 불황을 맞이한 가운데 독재정권에서 해방되었다. 1인당 국민소득은 지난 10년 간 정체되었고 일부 국가들에서는 오히려 1960년대 수준으로 뒷걸음질쳤다. 어떤 지역에

서는 실업률이 50%를 상회하기도 했다. 경제적 난관과 막대한 외채
를 상환해야 할 중압감 때문에 공공 부문의 규모와 활동이 급격히 위
축되었다. 설령 새로운 민주정권들이 커뮤니케이션 정책과 개혁을
수행할 경제적 재원을 보유했었다고 할지라도, 그들은 이를 운영할
명확한 방도를 갖지 못했다. 신정권의 지도자들은 지난 10년 간 정치
권에서 소외되어왔고 정부의 일상적 권력 행사에서 제외되어 왔다.
그들은 대중매체의 재편에 관한 사전계획이 없이 권력을 잡게 되었
다. 더구나 권력 획득의 과정에서 그들은 기존 미디어의 지원을 받아
야 했다. 신정권의 지도자들은 소규모의 대체적 라디오와 신문들에
익숙해 있었고, 주로 자신의 생존과 독재에 대한 저항에만 관심을 기
울여 왔다. 따라서, 일단 권력을 획득한 후에도 커뮤니케이션 산업의
기술개발, 정치적 위력, 초국가적 팽창에 대해 아무런 대비책을 마련
하지 못했다. …… 비록 민간 부문이 종종 독재정권이나 권위주의 정
권 치하에서 행해진 정부의 통제나 조작에 대해 저항할 수 있었다 할
지라도, 민간 부문은 대체로 공공책임 의식이나 특히 소외계층의 자
유를 강화시키는 연대의식이 결여되어 왔다. 따라서 커뮤니케이션
권리를 민간 부문의 독점적 기준과 책임에만 위임하게 되면 사회의
중요 분야를 전혀 보호받지 못하게 되고 착취당하도록 방치하는 결
과를 초래할 수도 있다. [6]

멕시코의 권언유착

멕시코는 '대통령 왕국' 이다. 대통령의 임기는 6년이고 단임제이지만,

---

6) 엘리자베스 폭스, 〈라틴 아메리카의 미디어정책: 개관〉, 엘리자베스 폭스(Elizabeth Fox) 외,
  이원혁 옮김, 『라틴아메리카의 정치권력과 미디어』(한울아카데미, 1991), 24~46쪽.

그 기간 동안 대통령은 곧 국가로 통한다. 멕시코의 역사는 대통령의 퍼스낼리티에 의해 좌우되어 왔으며, 대통령의 전기가 곧 멕시코의 현대사라고 해도 과언이 아닐 정도다. 그래서 사람들은 이렇게 말한다. '멕시코에서 신은 6년마다 죽는다.'[7] 대통령이 되는 방법도 제왕과 비슷하다. 물론 멕시코에서 대통령은 투표로 뽑지만 그건 어디까지나 형식일 뿐이고, 실제로는 왕위처럼 계승된다. 대통령이 지명하는 후계자가 대통령이 되는 것이다. 이 법칙은 70년 넘게 지켜져 왔다. 멕시코의 집권 여당인 제도혁명당(PRI)은 1920년대에 집권한 이래 20세기 내내 한번도 정권을 내준 적이 없었다.

그런 놀라운 기록이 2000년 7월 대선에서 깨졌다. 제도혁명당의 71년간 지배가 종식된 것이다. 국민행동당 비센테 폭스(58) 후보가 43% 대 36%로 제도혁명당 후보를 누르고 승리해 12월 1일 대통령에 취임하였다.

앞으로 좀 달라지긴 하겠지만, 역대 선거시 멕시코의 언론은 전혀 공정하지 않았다. 94년 대선도 예외는 아니었다. 굳이 선거가 아니라 하더라도 멕시코의 언론에선 정부를 비판하는 기사를 찾기 어렵다. 정부를 비판하는 기자는 과거 살해당하는 보복을 당해왔기 때문에 기자들이 스스로 알아서 하는 자기 검열도 심각하다.

그러나 멕시코의 신문 구독률은 매우 낮기 때문에 더욱 큰 문제가 되는 것은 텔레비전의 왜곡 편파보도였다. 94년 대선시 양대 방송국인 텔레비사와 텔레비시온 아스테카는 편파보도로 제도혁명당 세디요 후보의 승리에 크게 기여했다. 그래도 신문은 텔레비전보다는 덜해 텔레비전의 왜곡 편파보도를 지적한 어느 신문의 논설은 〈두 방송국, 선거에서 승리

---

7) 김원호, 『북미의 작은 거인 멕시코가 기지개를 켠다』(민음사, 1994), 97쪽.

하다〉라는 제목을 달았다.

텔레비사는 국영방송은 아니지만 그들의 성장 배경은 지난 65년 간 멕시코를 지배해 온 여당에 대한 지속적인 지지에 힘입은 바 컸다. 그러니 여당에 충성을 하지 않을 수 없었던 것이다. 그래도 94년 대선에선 한 가지 변화가 있기는 했다. 텔레비사는 94년 5월 멕시코 최초로 벌어진 대선 후보들간의 토론 장면을 방영하는 획기적인 조치를 취한 것이다. 그런데 그 텔레비전 토론 때문에 국민행동당(PAN)의 디에고 페르난데스 후보가 일부 여론조사에서 선두주자로 부상하기 시작했다. 그러자 큰일 났다 싶은 텔레비사는 세디요에 대한 보도를 점차 증가시켜 나갔으며, 여당은 이미 예정돼 있던 제2차 토론을 긴급히 취소했다. 결국 선거는 세디요의 승리로 돌아가고 말았다. [8]

멕시코 언론의 부패

멕시코 최대 신문으로 97년에 창간 80주년을 맞은 『엑셀시오르』의 발행부수는 21만5천 부다. 사장은 사원투표 방식으로 매년 선출되며 사원주주제를 실시하고 있다. 문맹률이 높아 방송이 신문보다 3배 가량 많은 비중을 차지한다는 말도 나오고 있지만, 중산층이나 지배계층인 백인 사회에 대한 여론 형성은 신문이 좌우한다. 대부분의 신문들이 정부와 밀월 관계를 유지하고 있지만 『엑셀시오르』는 야당지로서 '중남미의 뉴욕타임스'로 불리고 있다.

멕시코 신문들의 부패는 매우 심각한 편이다. 1994년 『파이낸셜 타임스』의 멕시코 특집은 "멕시코의 신문 중 유일하게 촌지를 받지 않는 신문

---

8) 〈멕시코 TV 여당 후보 특별 대우〉, 『뉴스위크』(한국판), 1994년 6월 29일, 26면.

이 있는데, 그것은 산업의 중심지인 몬테레이에 있는 『엘 노르테』라고 보도했을 정도이다. [9]

94년 신문가판원 노조는 93년 11월에 창간된 진보적 일간지 『레포르마』의 판매를 거부해 정부의 압력에 따른 신종 언론탄압이 아니냐는 의혹을 샀는데, 그도 그럴 것이 『레포르마』의 발행부수 7만5천 부 가운데 4만 부가 가판에 의존하고 있었다. 이 신문은 이후 멕시코 언론의 부패를 폭로하는 데에 앞장 섰다.

『레포르마』 98년 2월 8일자는 멕시코시티 당국이 시청 담당 기자들에게 거액의 촌지를 제공하고 시청 소유 컴퓨터까지 선물로 주며 기사를 구미에 맞게 조정해 왔다고 폭로하였다. 이는 1928년 이래 첫 민선시장이 취임해 밝혀낸 것이었는데, 97년 한 해 시청홍보실 예산이 3천만 페소 (355만 달러)였다고 한다. [10]

98년 6월 5일, 『레포르마』의 칼럼니스트 루이스 루비오는 세디요 대통령으로부터 언론상을 받고 연설을 통해 세디요의 면전에서 "대통령궁이나 정부가 기자들을 매수하고 있다"며 기자들의 촌지 수수를 폭로하였다. 그는 취재진과 만나 "어느 나라나 이 같은 촌지는 존재한다. 그러나 멕시코처럼 터무니없는 정도는 아니다"고 말했다. 다른 기자들이 로이터 통신과의 인터뷰에서 밝힌 내용들은 그의 말을 입증해 주었다. 몇 가지 주요한 것을 지적하자만 다음과 같다.

대통령 수행 기자의 3분의 1이 촌지를 받는다. 일부 관리는 편집인, 칼럼니스트, 기자의 계좌에 입금을 해준다. 대통령 수행 기자는 가장 후한 촌지를 받는 대상으로 매월 5만 페소(약 798만 원)를 받는데 이는 동료 기자들의 월급의 11배나 되는 돈이다. 이들 기자들이 최신형의 승용차,

---

9) 『중앙일보』, 1994년 4월 2일.
10) 윤희영, 〈멕시코시티 기자들에 촌지〉, 『조선일보』, 1998년 2월 10일, 7면.

좋은 주택을 보유한 점으로 미뤄볼 때 설득력을 갖는 얘기다. 대통령 수행 기자들이 지방 취재를 나가면 주정부측에서 취재수첩을 준비해주곤 하는데, 갈피 속에 반드시 수표나 현금 봉투가 끼어 있다. 일부는 자사 신문이 정부의 광고를 게재할 경우 수수료까지 챙긴다.[11]

멕시코의 텔레비사

"멕시코는 세계에서 여섯 번째로 TV를 도입했다. …… 신설된 TV국들은 미국의 NBC 및 CBS와 제휴한 상업 방송국들에게 넘겨졌다."[12]

그게 바로 1950년이었다. 1950년에 출범한 Televisa는 종업원 2만여 명에 96년 매출액 15억 달러를 기록한 미디어 재벌 그룹이다. 텔레비사는 해외의 스페인어 사용 지역으로 네트워크화시켜 다국적기업으로 변신하려는 시도를 해왔는데, 스페인어 사용 지역의 3백80억 달러 규모에 달하는 TV 시장을 공략해 스페인어계에서 세계 최고의 TV업체가 되겠다는 목표를 추구하고 있다. 오랫동안 집권 제도혁명당과 밀월 관계를 유지하며 TV 시장을 거의 독점해 왔다.[13] 중남미 전문가 김원호 박사는 94년에 낸 그의 저서 『북미의 작은 거인 멕시코가 기지개를 켠다』에서 텔레비사에 대해 다음과 같이 말한다.

"최근까지 독점 민영방송의 지위를 누려온 뗄레비사는 외견상 정부로부터 독립돼 있지만 논조는 국영방송보다도 정부 시책에 대한 홍보에 열을 올리는 면이 강한 편이다. 뗄레비사가 운영하고 있는 4개 채널의 시청

11) 〈멕시코 '권·언유착' 떠들썩?, 『경향신문』, 1998년 6월 9일, 7면; 윤희영, 〈멕시코 기자 촌지 파문 칼럼니스트가 폭로〉, 『조선일보』, 1998년 6월 9일, 9면.
12) 엘리자베스 폭스, 〈라틴 아메리카의 미디어정책: 개관〉, 엘리자베스 폭스(Elizabeth Fox) 외, 이원혁 옮김, 『라틴아메리카의 정치권력과 미디어』(한울아카데미, 1991), 24~25쪽.
13) 조무제, 〈멕시코 텔레비사사 후안 회장〉, 『문화일보』, 1997년 9월 11일, 10면.

률은 제2민방이 등장하기 전까지 90%에 이르렀다. 또 뗄레비사가 갖고 있는 라디오, 잡지, 신문, 극장 등을 모두 합하면 이들이 거두어들이는 광고 수입은 멕시코 내 전체 광고 수입의 4분의 3 가량에 이를 것이라는 계산도 나온 바 있다. 텔레비사를 통해 시청자의 눈에 비치는 멕시코 사회는 부패도 없고 야당도 존재하지 않으며 낭만이 넘치는 나라이다."[14]

1993년 7월 18일 멕시코 정부는 국영방송인 채널 7과 13을 민영화시켰는데, 그렇게 해서 탄생된 방송이 바로 아즈테카 TV이다. 아즈테카의 출범 이후 97년 한때 텔레비사가 국내 점유율에서 종전보다 3분의 1이나 빼앗겼다는 보도가 나온 적이 있다.[15]

텔레비사는 라틴 아메리카 지역 제1의 오락물 제공업자의 위치를 브라질의 글로보에게 빼앗겼지만 세계에서 가장 큰 스페인어 방송사업자로 군림하고 있다. 텔레비사의 영향력이 워낙 막강해 멕시코에선 텔레비사의 앵커맨(보도국장 겸임)이 진짜 공보처 장관(Minister of Communications)이라는 우스갯소리마저 떠돌고 있다.[16] 프랑스의 『르 몽드』지 96년 7월 21일자는 텔리비사와 PRI(제도혁명당)와의 유착에 대해 다음과 같이 보도한 바 있다.

오래전부터 멕시코 사람들은 Televisa가 대통령을 만든다고 말해 왔다. 정권의 지원 아래 텔레비전의 독점이 계속 유지될 수 있었으며, 정권 또한 텔레비전의 지원 아래 독점을 계속 유지하고 있다는 것이다. …… 멕시코에서는 (텔레비사의 회장) 에밀리오 아사크라가가

---

14) 김원호, 『북미의 작은 거인 멕시코가 기지개를 켠다』(민음사, 1994), 159쪽.
15) 조무제, 앞의 글.
16) Guillermo Orozco, 〈Mexico〉, Klaus Bruhn Jensen ed., 『News of the World: World Cultures Look at Television News』(London: Routledge, 1998), pp.129~130.

'PRI가 내게 특혜를 베푼 만큼 나도 PRI를 위해 무엇인가 해야 한다'는 발언을 했다는 소문이 주기적으로 떠돌고 있다. 비록 이것이 헛소문이라고 하더라도 텔레비전에 호감을 가진 멕시코 국민들이 Televisa에 관한 얘기를 할 때마다 이런 말들이 입에 오르내리고 있다는 점을 의미심장하게 받아들여야 할 것이다. [17]

멕시코의 케이블TV는 97년 현재 라틴 지역에서 아르헨티나의 4백50만에 이어 1백80만을 확보한 두 번째의 큰 시장이다. [18]

텔레비사의 텔레노벨라

"부자는 가난한 사람들을 돕기 위해 더욱 부자가 되어야 한다." 멕시코의 속담이라고 한다. 94년 현재 멕시코 인구의 10%를 차지하는 부유층은 국부의 60%를 차지하고 있으며, 8천5백만 인구 중 빈민은 4천만 명 극빈자는 1천5백만 명에 이른다.

미국의 커뮤니케이션 학자인 허버트 쉴러는 세계 각국에 침투한 미국 대중매체의 생산물과 관행이 제3세계 국가에 미치는 악영향을 지적하면서 다음과 같이 멕시코의 사례를 인용하고 있다.

"이제는 각종의 가공식품들이 멕시코 음식의 주요 식품이 되어 보다 값싸고 영양 많은 옥수수나 콩 등의 전통음식을 대체하고 있다. 지난 15년간에 걸친 식생활에서의 이러한 변화는 정부와 음식 전문가들 사이에 커다란 우려를 불러일으키고 있다. 무엇을 먹을 것인가를 선택할 때, 영양에 대한 고려보다는 광고가 훨씬 더 크게 작용한다는 것이 그들의 걱정이

---

17) 〈멕시코의 미디어 재벌 Televisa의 명암〉, 『MBC 세계방송정보』, 1996년 8월 30일, 31쪽.
18) 정용준, 『세계의 디지털 위성방송』(커뮤니케이션북스, 1998), 294쪽.

다. 이러한 추세는 사회의 모든 분야에서도 마찬가지이지만, 특히 3천5백만 명의 인구가 영양실조에 걸려 있는 나라, 연간 1백만 명의 아이가 부양능력을 갖추지 못한 부모 아래 태어나는 나라에서는 걱정거리가 아닐 수 없는 것이다."[19]

멕시코에서 그런 문제는 뉴스의 주요 고발 소재는 아니다. 오히려 엔터테인먼트의 주요 소재가 되고 있다. 이른바 '텔레노벨라'로 불리우는 텔레비전 연속극들은 그런 극심한 빈부격차를 소재로 즐겨 쓴다. 그 연속극들의 내용은 주로 사랑 타령인데 가난한 메스티조 여자가 천신만고 끝에 백인 부자 남자와 결혼해 팔자를 고친다는 게 주된 줄거리다.[20]

그래서 텔레비사의 드라마는 처지가 비슷한 제3세계권에서 높은 인기를 끌고 있는데, 아마도 96년 필리핀에서 일어난 이른바 '마리 마르 파동'이 그 인기를 웅변해준 대표적인 사례일 것이다. 『뉴욕 타임스』 96년 8월 27일자는 텔레비사가 제작한 멜로드라마 『Mari Mar』가 "늦여름의 태풍처럼 필리핀 전역을 휩쓸고 있다"면서 다음과 같이 보도하였다.

"특히 프로그램 제목과 같은 이름의 여주인공 역할을 맡은 여배우가 태풍의 핵심에 있다. 그녀의 예명은 탈리아(Thalia). 최근 회교도 게릴라들과 맺은 역사적인 평화 협정과 필리핀 혁명 100주년 기념 기간에 맞춰 그녀가 방문했을 때, 그녀가 시가지에 들어서자 사람들은 모든 일을 젖혀두고 보통 교황 방문 때나 볼 수 있을 정도로 대군중을 이뤄 몰려들었다. …… 탈리아는 작년에 인도네시아를 방문했을 때에도 필리핀과 같이 열광적인 군중들에게 포위되었다. 『Mari Mar』는 지난 3월 필리핀 텔레비전에 데뷔한 이후로 필리핀 방송의 프라임타임을 평정했을 뿐 아니라, 필

---

19) Mario de Cautin의 말을 쉴러가 인용한 것임. 허버트 쉴러, 강현두 역, 『현대 자본주의와 정보지배논리』(나남, 1990), 104쪽.
20) 김원호, 『북미의 작은 거인 멕시코가 기지개를 켠다』(민음사, 1994), 149쪽.

리핀인들이 멕시코를 순수와 낭만의 나라로 생각하도록 만들었으며, 한 비평가의 말처럼 필리핀을 '마리 마르 공화국'으로 만들었다. …… 새벽 4시 30분 도착 예정인 항공편으로 오는 탈리아를 환영하기 위해서 아직 아침해가 뜨기 전이라 어두운 데도 불구하고 …… 수천 명이 마닐라공항에 몰려들었다. 공항에 나가지 않은 사람들을 위해 텔레비전은 그녀의 도착 행사를 생방송으로 중계했다. 입국 후 1주일 동안 탈리아는 각종 공연과, 인터뷰 등의 공식적인 행사에 참가했다. …… 사람들은 눈물을 흘렸고, 정치인들은 그녀의 관심을 끌기 위해 경쟁했다. …… 이 멜로드라마는 모든 상투적인 기법을 동원하고, 눈물샘을 최대한 자극한다. 가난에 찌든 마리 마르는 도둑의 누명을 썼으나 부유하지만 유약한 한 남자의 도움으로 누명을 벗어서 그와 결혼하게 된다. 탈리아가 맡은 마리 마르의 역할은 필리핀 사람들의 경험과 희망을 대변한다고 많은 필리핀인들은 생각한다."[21]

사파티스타의 마르코스

멕시코 남부 치아파스주는 전체 주민의 30% 이상이 원주민으로 구성돼 있다. 이 원주민들에게는 과거 3백 년에 걸친 식민통치 시대나 멕시코가 독립 국가가 된 이후나 모든 사정이 마찬가지다. 원주민은 극심한 빈곤과 인권유린에 시달리고 있다. 원주민의 54%가 영양실조에 걸려 있으며, 원주민 지역의 문맹률은 전국 수준의 3배가 넘는 43%이다. 또 5세의 취학 연령에 있는 어린이들의 58%가 교육 기회를 잃고 있다. 그런 현실을 그대로 묵과할 수 없다고 들고 일어선 것이 사파티스타 반군이며 그

---

21) 〈멕시코 멜로드라마 'Mari Mar' 필리핀서 인기〉, 『MBC 세계방송정보』, 1996년 10월 15일, 37~39쪽.

지도자가 바로 마르코스다. 마르코스의 공식 직함은 사파티스타 민족해방군(EZLN) 부사령관이며 대변인을 겸하고 있다. 마르코스는 외국 유명 인사를 초청하고 인터넷을 활용하는 등 탁월한 언론플레이를 하고 있는데, 『한겨레』 2001년 2월 3일자는 다음과 같이 보도하였다.

"멕시코 남부 치아파스주에서 7년째 무장봉기를 이끌고 있는 사파티스타 무장혁명군(EZLN)의 마르코스 부사령관이 지난 31일 멕시코의 한 텔레비전 방송에 전격 출연해 코미디언과 농담을 나누는 장면이 방영돼 멕시코 국민들을 깜짝 놀라게 했다. 멕시코의 최대 민영방송인 '텔레비'는 이 날 유명 코미디언인 안드레스 부사타만테를 치아파스로 보내 마르코스와 15분 동안 인터뷰한 내용을 방영했는데, 밀림 속에 칩거해 오던 마르코스의 텔레비전 출연은 봉기 이후 처음이어서 국민들을 어리둥절하게 만들었다. 마르코스는 비센테 폭스 대통령 역할을 맡은 부스타만테가 전화하는 시늉을 내면서 '내가 취임 직후 제의한 평화 협상에 응할 것이냐'고 묻자 '세 가지 조건만 수락한다면 당장 응할 생각'이라고 말해 웃음을 자아냈다."[22]

브라질 민주화와 TV

브라질의 경제 규모는 세계 8위이다. "하나님은 브라질 사람이었다." 그런 말이 있을 정도로 브라질은 자연 환경에 관한 한 축복받은 나라이다. 브라질은 광활한 토지와 풍부한 천연자원을 자랑한다. 남미 대륙의 47%를 점하고 있는 브라질의 면적은 한반도의 40배로 세계 5위이며, 인구는 1억6천만 명에 이른다.

---

22) 〈멕시코 반군 지도자 7년만에 TV 깜짝 출연〉, 『한겨레』, 2001년 2월 3일, 16면.

1984년부터 수도 브라질리아를 비롯한 전역에서 군정종식을 요구하는 대규모 시위가 벌어지기 시작했다. 삼바 댄서와 축구 황제 펠레까지 시위에 참여했다. 거리에 나와 행진 시위를 벌인 군중의 수는 수백만 명에 이르렀다. 결국 군사정권은 국민의 요구에 굴복해 85년에 민간 대통령 선거(간선제)를 허용하였다. 이 선거에서 야당 후보 탄크레도 네베스는 여당 후보인 빠울로 말루프를 누르고 대통령에 당선되었다. 그러나 그는 불행히도 취임 직전 대통령 임무를 수행할 수 없을 만큼 중병에 걸려 부통령 당선자인 호세 사르네이가 대통령에 취임하였다. 이 일련의 과정에서 TV 글로보는 매우 중요한 역할을 하였다.

TV 글로보 그룹은 세계에서 네·번째로 큰 텔레비전 네트워크로서 개인 회사였지만 국영 통신회사의 하부구조를 이용함으로써 실질적으론 국가 자본에 의해 운영돼 왔다. TV 글로보는 독재정권의 충실한 하수인이었다. 군사 독재정권 치하에서 TV 글로보는 브라질 국가대표 축구팀의 경기가 있을 때마다 국민이 하나가 되어야 한다는 점을 강조했다. "브라질을 사랑하라, 그렇지 않으면 브라질을 떠나라"는 애국심 고취 운동에 앞장 섰으며 독재정권의 과오는 은폐하고 그 업적은 터무니없는 왜곡과 과장으로 미화했다. [23] 역대 독재정권 가운데에서도 가장 억압적인 통치를 했던 메디치 장군은 언젠가 이렇게 말했다. "나는 매일 저녁 TV 글로보의 뉴스를 볼 때마다 행복감을 느낀다."

TV 글로보의 변신은 민주화 시위를 보도하면서 이루어지기 시작했다. TV 글로보 경영진은 여론의 변화를 감지했다. 그들의 생존과 번영을 위해 어떤 길을 택해야 할 것인지는 점차 자명해져가고 있었던 것이다. 선

---

23) 쎄사르 기마랑이스 & 로베르또 아마랄, 〈브라질의 텔레비전: 새로운 질서로의 급속한 전환〉, 엘리자베스 폭스(Elizabeth Fox) 외, 김진홍 옮김, 『제3세계의 언론과 정치: 라틴아메리카의 민주화를 위한 투쟁』(전예원, 1992), 198쪽.

거위원회에서 치러진 간선제나마 대통령 선거운동이 진행된 몇 개월 동안 TV 글로보는 야당의 대변자 역할을 자임했다. 1985년 1월 15일 선거위원회가 네베스를 대통령으로 선출했을 때 TV 글로보는 그의 승리를 공고히 하는 방송을 매일 열심히 내보냈다. 대통령 취임식은 3월 15일로 아직 안심할 수 없는 상황이기 때문이었다. 그런데 이게 어인 일인가. 3월 15일 오전 10시로 예정된 취임식을 하루 앞두고 텔레비전에서는 네베스가 맹장염으로 병원에 입원해 있다는 보도가 흘러나온 것이다. 시간이 지나면서 네베스의 병은 맹장염보다 훨씬 더 심각한 것으로 드러났다. 하루 동안의 우여곡절 끝에 부통령 당선자인 사르네이가 대통령에 취임했는데, 이는 TV 글로보 덕분이었다고 해도 과언이 아니다. 네베스는 4월 21일에 사망했는데, 2백만 명에 이르는 사람들이 거리로 밀려 나왔다. 군중들은 울음을 터뜨리고 네베스의 미망인을 위로하며 국가를 불렀다. TV 글로보는 이런 광경을 모두 생중계했는데 때때로 아나운서들은 감정에 북받쳐 준비한 원고조차 읽지를 못했다. 민주화 시위가 시작된 84년 2월부터 네베스가 사망한 85년 4월까지 대중매체, 특히 TV 글로보는 정치적 진행 과정에서 매우 중요한 역할을 하였는데, 이에 대해 중남미 대중매체 전문가인 기마랑이스와 아마랄은 다음과 같이 말하고 있다.

전제정권에 의해 설립되었고 군사정권과 완전히 동일시되었던 TV 글로보는 직선제를 위한 시위에서 그리고 후에는 땅끄레도 네베스의 선거전에서 중요한 역할을 담당했다. 매스미디어, 그 중에서도 특히 TV 글로보는 새로운 정권에 정통성을 부여해 주었다. 동시에 자신의 정통성을 여론의 눈에 확신시켜 주었다. 새로운 공화국과 더불어 TV 글로보도 새롭게 태어난 것이다. 독재정권하에서 TV 글로보가 행했던 역할들은 모두 잊혀졌다. 남아 있는 기억이라고는 땅끄레도 네베

스에 관한 것뿐이었다. [24]

브라질 국민들의 TV 글로보에 대한 생각은 그게 전부였을까? TV 글로보의 추악한 과거가 응징되지 않고 슬쩍 넘어간 데에는 다음과 같은 이유도 있었을 것이다.

1970년대 중반 라틴 아메리카를 휩쓴 독재의 물결은 군부와 그 지도부의 군사·경제·정치적 패배와 더불어 점차 쇠퇴했다. 1986년까지 단지 파라과이와 칠레만이 군부 출신의 대통령이 통치하고 있었을 뿐 라틴 아메리카 인구의 94%는 입헌 민간정권 아래 살고 있었다. 그러나 새로운 민간정권들은 전임자들이 10~20년 전에 입안해 놓은 커뮤니케이션 개혁안들을 실천에 옮기지 못했다. 권위주의 정권 치하에서 자행된 가혹한 통제와 검열의 뼈아픈 기억 때문에 미디어에 대해 새로운 규제를 가하거나 공공 기능을 부과하는 것은 저주스러울 정도였다. 더구나 브라질의 TV 글로보와 같은 민간 상업의 초국가적 대중매체가 오히려 군부의 검열과 조작에 보다 효과적으로 대항할 수 있음이 입증되었다. [25]

개혁과 TV 드라마

사르네이 치하에서 정부 형태와 대통령 임기를 정하기 위해 구성된 제

---

24) 쎄사르 기마랑이스 & 로베르또 아마랄, 〈브라질의 텔레비전: 새로운 질서로의 급속한 전환〉, 엘리자베스 폭스(Elizabeth Fox) 외, 김진홍 옮김, 『제3세계의 언론과 정치: 라틴아메리카의 민주화를 위한 투쟁』(전예원, 1992), 213쪽.
25) 엘리자베스 폭스, 〈라틴 아메리카의 미디어정책: 개관〉, 엘리자베스 폭스(Elizabeth Fox) 외, 이원혁 옮김, 『라틴아메리카의 정치권력과 미디어』(한울아카데미, 1991), 39~40쪽.

헌 의회는 임기 5년의 대통령 중심제를 골자로 하는 새 헌법을 만들었는데, 이 헌법에 의해 1989년 직선제 대통령 선거가 실시되었다. 바로 이 89년 선거에서 대통령에 당선된 인물이 페르난도 콜로르 데 메요다. 콜로르는 29년 만에 처음으로 직접선거를 통해 선출된 대통령이 되었다.

콜로르는 국민들로부터 높은 인기를 누렸는데, 사실 콜로르의 인기는 처음부터 드라마의 덕을 보았다. 브라질에선 80년대 말 정치색 짙은 텔레비전 드라마들이 방영되었다. 『모든 것을 다 바쳐서라도』라는 드라마는 부정부패 척결에 앞장 서는 주인공을 내세워 큰 인기를 끌었는데 이 드라마의 인기를 타고 당시 주지사였던 콜로르도 정치 스타로 부상할 수 있었던 것이다.

대중매체 덕분에 콜로르의 인기는 하늘 높은 줄 모르고 치솟았다. 이와 관련하여 브라질 의회 지도자인 안토니오 델핀 네토는 콜로르가 대중 언론매체의 관심을 독점해버리는 '제왕 스타일의 대통령'이라면서 그의 이와 같은 행태가 브라질 정치의 '기능 이상'을 초래하고 있다고 비판하였다.

그러나 그런 비판은 돌이켜 생각해보건대 사치스러운 것이었는지도 모른다. 대통령이 아무리 청렴결백한 인물이라 하더라도 대통령이 모든 언론매체의 관심을 독점해버리면 3권 분립의 원칙이 흔들리며 대통령은 독단적이고 독선적인 정치를 하게 될 가능성이 높다. 그런데 콜로르의 경우 문제는 그것 이전에 콜로르 자신이 전혀 청렴결백한 인물이 아니었다는 데에 있었다.

콜로르가 누렸던 인기가 드라마틱했듯이, 그의 몰락 역시 드라마틱했다. 아니 드라마 그 자체다. 콜로르는 92년 비리 스캔들에 휘말리는데 『모든 것을 다 바쳐서라도』의 후속 드라마인 『이 세계의 주인』 『이 나라의 구세주』 등은 콜로르의 부정 스캔들을 다룸으로써 브라질 국민들이 콜로르에게 등을 돌리게 만드는 데에 큰 역할을 하였다.

93년 인기리에 방영된 드라마 『신이여 우리를 도우소서』의 경우엔 드라마의 영향으로 빈민지역 주민들이 부자촌을 터는 사건이 빈발해 사회문제로 대두되기도 했다. 이 드라마에선 졸부들의 재산이 모두 훔친 것으로 그려져 있기 때문이었다.

94년 10월 브라질 대선에서 대통령에 당선된 페르난도 엔리케 카르도소는 유명한 종속학자 출신이었는데, 그는 80년대 중반부터 '생존가능한 좌파'론을 역설했다. 추상적인 이데올로기를 말하는 것보다 구체적인 악을 제거하는 것이 더 중요하다는 것이다. 그는 자신의 이념적 위치를 '사회민주주의자'로 규정했다.

선거 기간 중 카르도소는 더욱 신축적인 태도를 취했다. 그는 자신의 정당이 중도좌파 임에도 불구하고 선거를 앞두고 과거 군사정권하에서부터 브라질의 정통적인 우익 지배세력집단인 브라질 자유전선당과 연합했다. 이러한 연합은 학계와 지식인, 그리고 개혁적인 사회 계층으로부터 많은 비난을 받았는데, 카르도소는 보수 정당과의 연합을 발표하면서 그런 비난을 의식, "과거에 내가 쓴 글은 모두 잊어달라"고 주문했다.

1998년 10월 4일에 실시된 대선에서 브라질 역사상 109년 만에 처음으로 재선 대통령이 탄생했다. 카르도소는 52%의 득표율로 재선에 성공한 것이다. 노동자당 주도의 좌익연합 후보인 룰라는 33%를 획득해 89년, 94년 대선에 이어 3번째 패배를 기록했다.

'축구 황제' 펠레의 민권운동

94년 대선에서 승리했을 때 카르도소의 가장 큰 관심은 극심한 불평등을 해소하는 것이었다. 그러나 그 불평등은 단지 경제 통계로만 따질 수 있는 건 아니었다. 인종적 불평등도 문제였다. 물론 경제적 불평등과 인종적 불평등은 대부분 겹치는 것이긴 하지만, 그래도 경제 통계만으론 알 수 없는 인종 문제를 해결하는 것도 카르도소가 당면한 큰 과제였다.

카르도소는 집권과 함께 '축구 황제' 펠레를 체육부 장관에 임명했는데, 펠레는 카르도소 정부에서 흑인의 대변자로 활약했다. 당시 56세였던 펠레는 사업에도 탁월한 수완을 보여 수억 달러대의 부호이며 정치적 감각도 뛰어나 이미 80년대부터 대통령에 출마하라는 주변의 압력과 함께 정치권의 끊임없는 유혹을 받아온 인물이었다.

브라질과 관련해 한 가지 신화가 있다. 그건 브라질은 인종 차별이 없는 나라라는 것이다. 그간 백인 엘리트 집단은 브라질이 '인종적 민주주의 국가' 라는 점을 성공적으로 홍보해왔다. 이는 브라질에 관한 국내 언론 보도에서도 잘 드러난다.

그러나 그건 결코 진실이 아니다. 브라질에서 흑인과 유색 혼혈인은 전체 인구의 거의 절반을 차지하고 있지만 이들은 재계와 정계 등의 고위직에서는 거의 배제되고 있다. 국회의원 513명 중 흑인은 11명에 지나지 않는다. 게다가 흑인의 절대 다수가 '파벨라스' 라 불리는 대도시 빈민굴에 몰려 하층민을 이루고 있으며 3천1백만에 이르는 문맹자의 대부분이 흑인이다.

그러나 그간 굴종만 해왔던 흑인들의 생각도 바뀌고 있다. 95년 11월 17세기 전설적 흑인 노예 해방전사였던 줌비의 3백 주기를 계기로 흑인 민권운동이 활성화되었는데, 펠레가 그 운동에 앞장 섰던 것이다. 미국에서 출세한 흑인들이 흑인들의 민권운동에 등을 돌리는 현실에 비추어 볼 때에 펠레의 그런 노력은 매우 긍정적인 평가를 내릴 만하다.

펠레는 "흑인의 운명을 바꾸기 위해 흑인은 흑인에게 투표해야 한다" 고 주장한다. 이는 많은 백인 정치가들로부터 '인종주의적 발언' 이라는 비판을 받았지만, 백인 정치가들이 흑인들을 위한 정치를 전혀 하지 않는 상황을 감안컨대 펠레의 주장은 지극히 정당한 게 아닐까?

브라질을 지배하는 글로보

"브라질 TV도 멕시코 TV가 개국한 해인 1950년에 시작되었다. …… 1964년 민간 정부를 전복시킨 브라질 군부는 국가안보를 목적으로 전기통신 분야의 개발에 박차를 가했다. 군사정권의 정치경제적 이해와 밀착된 민간 상업방송인 TV 글로보는 브라질 최대의 TV회사로 성장했다. 이는 전 세계적으로 보아 4대 TV 네트워크에 상당하는 규모였다."[26]

브라질에는 한국의 '밤의 대통령' 대신 '임기 없는 대통령' 혹은 '브라질의 황제'로 불리는 언론사 회장이 있다. 앞서 인용한 바와 같이, 세계에서 규모가 4번째로 큰 TV 글로보와 권위 일간지 『오 글로보』 등 각종 언론매체를 소유한 호베르투 마리노가 바로 그 주인공인데, 그는 자신이 거느리고 있는 미디어의 영향력으로 대통령을 만들기도 하고 하야시키기도 한다는 평가를 받고 있다.[27]

글로보 그룹은 TV, 케이블TV, 신문, 출판, 음악 외에 포르투갈에서 방송국을 운영하는 남미 최대의 미디어 재벌인데, 브라질판 소프 오페라라 할 수 있는 텔레노벨라를 30년 이상 성공적으로 판매해 왔다. 전북대 정용준 교수는 다음과 같이 말한다.

"Globo의 최대 자랑은 Telenovela이다. 방송은 월요일에서 금요일까지 매일 1시간 내지 30분대의 시간으로 반년 간 계속한다. 황금시간대인

---

26) 엘리자베스 폭스, 〈라틴 아메리카의 미디어정책: 개관〉, 엘리자베스 폭스(Elizabeth Fox) 외, 이원혁 옮김, 『라틴아메리카의 정치권력과 미디어』(한울아카데미, 1991), 24~25쪽.
27) 김인규, 『브라질 문화의 틈새』(다다미디어, 1997), 246쪽.

18시대, 19시대, 21시대에 신작과 함께 재방송한다. 인기가 매우 높아 시청률이 70%를 넘지 않으면 히트작이 아닐 정도이다. 인기를 끌고 있는 주된 이유는 브라질의 계층갈등을 정확하게 파악한 것에 있다. 빈부격차가 심한 브라질에서는 가난한 사람은 아무리 열심히 일해도 성공하기 힘들다. 따라서 Telenovela의 주된 내용이 가난한 사람에게 뜻하지 않은 행운이 찾아온다는 것이어서 브라질인들의 정서와 맞아 떨어졌다.”[28]

브라질 TV 시장에선 다른 방송사들이 글로보의 ‘텔레노벨라’를 흉내 내고 있는데, 이와 관련, 『Television Business International』 97년 1월호는 다음과 같이 말한다.

“TV Globo의 65~70% 시장 지배(다른 7개의 네트워크가 나머지 30~35%를 나누어 갖는다)에서 알 수 있듯이 브라질 사람들은 모작보다는 원작을 선호하는 것 같다. TV Globo의 3개의 저녁 노벨라의 평균 시장 점유율은 38%이며 인기 소프 오페라는 55%까지 올라간다. TV Globo의 소프 오페라가 거둬들이는 수입은 1995년 TV Globo의 전체 매출액인 12억 달러(약 1조 원)의 40%를 넘는다. …… 편당 제작비가 5만~6만 달러에 이르는 TV Globo의 노벨라의 질은 해외에서도 인정받고 있는 편이다. 1995년에 수십 개국에 수출되어 3천만 달러(약 250억 원)를 벌어들이는 성과를 이루었다. …… 전반적으로 TV Globo가 독주하는 상황에서 다른 네트워크들이 따라잡기 위해서는 TV Globo 스타일과는 다른 프로그램 스타일을 보여주어야 한다. 한 독립프로듀서는 ‘미국의 경우 3대 네트워크의 시장 점유율이 비슷하기 때문에 서로 모방할 수 있다. 그러나 한 네트워크가 시장을 지배하고 있는 경우에 다른 네트워크가 시장 점유율을 늘리기 위해서는 아주 새로운 프로그램을 제공할 때만 가능하다’고 말한

---

28) 정용준, 『세계의 디지털 위성방송』(커뮤니케이션북스, 1998), 292~293쪽.

다. (그러나) TV Globo의 뒤를 잇는 브라질의 주요 네트워크인 SBT, TV Manchete, TV Band - eirantee 등은 하루에 5편의 노벨라를 편성함으로써 TV Globo의 포맷을 모방하는 양상을 보여준다. 이로써 브라질 방송사들은 TV Globo를 포함해서 하루에 10편의 노벨라를 편성하고 있다."[29]

한국의 KBS-2TV는 96년 5월부터 '세계의 TV영화 시리즈'로 글로보 TV사가 제작한 『해변의 두 여인』을 방영하였는데, 이 TV영화는 러시아에서 대히트를 쳤고, 유럽 등 세계 35개국 이상에서 방영되었다.

TV의 상업성과 스타 숭배

별로 믿을 만한 통계는 못 되지만, 어느 기사엔 브라질의 전체 인구 가운데 1%만이 신문을 구독하며 초등학교 과정 6년을 채 마치기도 전에 학업을 그만둔 국민이 70%나 된다고 적혀 있었다. 과장된 수치이겠지만, 이는 문맹률이 높은 브라질 국민들이 그만큼 TV에 더 의존하며 또 그래서 TV의 영향력이 매우 크다는 걸 강조하기 위해 한 말로 이해하면 될 것이다.

브라질 TV의 상업성은 길게 말할 것 없이 텔레노벨라가 잘 말해준다고 보아야 할 것이다. 방송사들간 시청률 경쟁이 매우 심해 방청객에 현금을 뿌리는 프로까지 등장했다고 한다. 한 가지 흥미로운 사실은 브라질 반데이란찌 TV와 스포츠 전문 방송국 브라질 ESPN은 매주 일본 프로축구 J 리그의 경기를 녹화 방송해준다는 것이다. 그만큼 축구를 좋아해서 그렇기도 하겠지만 일본 축구의 수준이 브라질 축구의 수준과 비교할 것

---

29) 〈브라질, '텔레 노벨라' (Telenovela)의 30년 장수 비결〉, 『KBS 해외방송정보』, 1997년 2월호, 17~18쪽.

도 아닐 텐데 왜 그렇게 열심일까? 그게 브라질인들이 지향하는 가장 이상적인, 선망하는 나라는 미국이나 유럽 국가가 아니라 일본이기 때문에 그렇다는 것이다. 그래서 별로 흥미로울 것도 없는 일본인들의 생활상과 허황한 닌자 무술 등이 브라질 TV에 수시로 등장하고 브라질 사람들은 아지노모도(일본 조미료)를 먹으면 머리가 좋아진다고 굳게 믿고 있다는 것이다.[30]

　적어도 90년대 중반까진 브라질 최고의 슈퍼스타는 '슈샤' 였다(96년에 33세). '라틴 아메리카의 마돈나' 로 불린 그녀는 세계 최고 수준의 흥행 수입을 올렸는데, 그녀의 팬들은 주로 아동층이었다. 브라질의 인구는 3분의 1이 14세 이하라고 하는데, 한 조사에 따르면 그녀는 상파울로에 사는 12~19세 아동과 청소년들의 89%에게 '우상' 이었다. 그녀의 어린이 텔레비전 쇼는 최고의 시청률을 기록했고 다른 중남미 국가에 수출하기 위해 스페인어로 제작, 미국에까지 진출했다. 워낙 섹시한데다 야한 옷차림으로 출연해 그녀의 프로그램은 '어린이 포르노' 라는 비난을 받기도 했다. 앨범 판매, 영화 출연, 만화의 주인공 등 다양한 방면으로 활동한 그녀는 인형, 화장품, 가전제품에 이르기까지 100개 이상의 제품에 얼굴과 이름을 빌려주었는데, XUXA 마크만 붙으면 불티나게 팔려 나가 수천억 원의 재산을 모았다는 것이다.

　지금 슈샤의 인기는 어떤지 모르겠지만, 2000년의 최고 스타는 단연 모델 지젤 번천(22)이다. 펠레 이후 최고의 유명 인사라는 평가를 받는 그녀는 99년 세 차례나 『보그』지 커버 모델로 나왔으며 레오나르도 디카프리오의 애인으로 화제를 뿌리기도 했다. 그녀 덕분에 브라질엔 때아닌 모델 열풍이 불었는데, 틴 잡지 『카프리초』는 최근 브라질의 10대 1천1백

---

30) 김인규, 『브라질 문화의 틈새』(다다미디어, 1997), 30~33쪽.

명에게 패션모델이 되고 싶으냐는 설문조사를 했는데, 86%가 그렇다고 대답했다는 결과가 나왔다고 보도했다. [31]

케이블 · 위성 · 종교 방송

브라질의 지상파 이외의 방송 현황은 어떠한가? 이에 대해 『Television Business International』 97년 1월호는 다음과 같이 말한다.

"아직 브라질의 유료 TV 시장은 규모가 작은 편이다. 그러나 3,300만 TV 시청가구의 브라질에서 케이블과 위성 점유율이 상승하고 있음은 주목할 만하다. 가장 큰 케이블 사업자인 NET는 130만 가입자를, TVA는 100만 가입자를 확보하고 있다고 한다. 여기에 96년 8월 미국의 Hughes, TCI와 결합한 Abril 그룹은 Galaxy Brasil 디지털 위성방송을 출범시켰으며 현재 3만 가입자를 확보하고 있는 것으로 알려졌다. 또한 Globo그룹과 News Corp.이 출범시킨 Sky Latin America는 지난 10월 NET Sky 위성방송을 출범시켰다. 이런 상황에서 브라질의 방송 판도도 점차 달라질 것이다." [32]

종교방송의 규모도 만만치 않다. 80년 인구조사에 따르면 브라질 국민의 89%가 가톨릭을 믿는 걸로 나왔지만, 10년 후에는 약 70%로 떨어졌다. 가톨릭에서 떠난 사람 대부분이 복음주의 개신교로 개종했는데, 종교학자들은 95년 브라질에 3천만 명 가량의 복음주의파 신도들이 있을 것으로 추정했다. 이런 성장엔 TV가 큰 역할을 했다. '하나님의 왕국 만국

---

31) Mac Margolis, 〈"지젤처럼 되고 싶어요" 브라질 소녀들의 꿈〉, 『뉴스위크』(한국판), 2000년 10월 11일, 52~56면.
32) 〈브라질, '텔레 노벨라'(Telenovela)의 30년 장수 비결〉, 『KBS 해외방송정보』, 1997년 2월호, 19쪽.

교회'(UCKG)는 77년 창시된 이래로 급성장해 46개 지방에 2천1백 개의 '사원'을 거느리고 있는데, 더욱 중요한 건 이 교회가 브라질에서 세 번째로 큰 TV 레코드사를 소유해(47개의 방송국과 230개의 지국을 두고 있다) 활용하고 있다는 사실이다. 95년 10월 12일 '하나님의 왕국 만국교회' 선임 목사인 세르지우 본 엘데르가 도자기로 만든 허리 높이 크기의 브라질 수호 성인 아파레시다 성모(聖母)상을 발로 차고 욕설을 퍼붓는 광경이 생방송으로 10분 동안 방영돼 큰 논란을 빚기도 했다. 그것도 그 성녀의 축일이자 브라질 국경일인 10월 12일에 방영되었으니, 얼마나 TV를 공격적으로 활용하는지 짐작할 수 있겠다. [33]

브라질의 언론

브라질의 일간지는 1998년 현재 372개로 총발행부수는 716만 부이다. 30만 부 이상을 발행하는 일간지로는 『Folha de S. Paulo』 52만, 『O Dia』 37만, 『O Estado de S. Paulo』 37만, 『O Globo』 36만 등이 있다. [34] 언론자유의 경우, 2000년 현재 경찰과 군사보안요원들이 신문 사진기자들에게 폭력을 행사한 여러 사건에 연루되어 있으며 한 일간지의 기자들은 마약 상인들의 위협 때문에 기사에 기자 이름을 표시하지 않고 있다는 걸 참고하는 것이 좋겠다. [35]

그러나 그런 외부의 위협보다 훨씬 더 문제는 언론 자체에 있다. 『한겨레 21』 오진영 상파울로 통신원은 2001년 2월 15일자에 기고한 글에서

---

33) 〈가톨릭 – 복음주의파 대립 격화〉, 『뉴스위크』(한국판), 1995년 11월 8일, 50면.
34) 『해외언론동향』, 2000년 1월호, 100쪽.
35) 〈법을 이용한 탄압, 테러 늘어: 남미 언론의 험난한 현실〉, 『KPF 해외언론동향』, 2000년 7월호, 46쪽.

최근 『호박으로 지은 성』이라는 소설을 쓴 브라질의 유명 언론인인 미노 카르타를 소개하고 있는데, 브라질의 언론에 대해 많은 것을 시사해준다. 오진영 통신원은 다음과 같이 말한다.

『조르나우 다 따르지』『베자』『이스또에』『꽈뜨로 호다스』……. 현대 브라질 사회에서 살고 있는 사람이라면 누구나 매일 한번 이상 마주치지 않을 수 없는 신문과 잡지 이름들이다. 미노 카르타는 이 신문·잡지들을 만들고 키운, 브라질 언론사의 주역 중 한 사람이다. 대부분 한 집안 식구들이 대를 물려 경영하는 신문사와 방송기업이 지배하는 브라질 언론계에서 40여 년의 경력을 쌓는 동안 그는 언론사 사주들에 대한 비판과 경계의 목소리를 낮춘 적이 없다. …… 그는 자신이 오랫동안 접촉했던 언론사 사주들에 대해, 그리고 거대 신문사 간부로 일하면서 자연스레 가까이 했던 정치 권력가들에 대해 거침없는 혹평을 퍼붓고 있다. 직접선거 제도가 가져올 수 있는 최대의 실패작으로 일컬어지는 89년 페르난두 콜로르 대통령 당선에 대해서는 '브라질의 주인격인 보수 엘리트와 이에 협조한 언론의 합작품'이라고 규정짓는다. 많은 동료들이 점차 언론사 사주의 손발이 되어가는 과정을 지켜봤던 그는 후배 기자들에게 자신의 직업과 직장을 혼동하지 말라고 충고한다. 왜냐하면 '모든 고용주(언론사 사주)들은 다 틀려먹었기 때문에.' 오늘날 브라질에서 최고 발행부수를 자랑하는 『베자』의 창간호 표지를 붉은색 배경의 낫과 망치 그림으로 내놓았던 그는 요즘 젊은이들의 눈에는 과거의 사람으로 비칠 수도 있다. 그는 군사정부냐 아니냐, 직접선거에 찬성이냐 반대냐, 이렇게 선악의 구분이 분명했고 가치판단이 덜 복잡했던 시대의 인물이다. 지금은 거대자본 언론사를 떠나 주간지 『Carta Capital』을 경영하

면서, 보수적이고 이기적인 브라질 중산층과 족벌체제 언론과 정부
에 대해, 심지어는 개혁 세력으로서 대안을 제시하지 못하고 있는 노
동자당(PT)에 대해 비판의 붓을 휘두르며 노익장을 과시하고 있는
그는 이 책을 통해 이렇게 말하고 싶은 것 같다. 세상은 그렇게 많이
변하지 않았다고. 아직도 이 나라에는 너무나 많은 불평등이 존재하
고 권력과 부는 너무나 적은 소수에게 집중돼 있기 때문에 무엇이 앞
날의 희망인가 하는 질문에 대답하는 것은 별로 어렵지 않다고. [36]

시사주간지 『베자』(Veja)는 85만 부를 발행하는데, 브라질의 국회의원
과 엘리트층은 거의 다 읽는다. 뉴스의 요약판이 아니라 왕성한 자체 발
굴 뉴스를 게재하며, 편집자들은 새벽 2시 3시에 고위층들에게도 사실
확인을 위해 전화를 할 정도로 공격적이다. 언론의 정파성이 강한 브라질
에선 드물게 정치적으로 독립돼 있어 독자들도 정치적 편향성이 없다고
믿는다고 한다. 그러나 이 시사주간지는 자유기업 체제는 끊임없이 역설
하면서 공기업 민영화를 부르짖는다고 한다. ■

---

36) 오진영, 〈전투하듯 살아온 언론인의 일갈〉, 『한겨레 21』, 2001년 2월 15일, 76면.

제7장 중남미의 대중매체 Ⅱ

아르헨티나의 대중매체

아르헨티나의 면적은 279만㎢에 인구는 3천6백95만 명이다. 2001년 1월 세계의 미디어는 35세 연하의 미스 유니버스 출신 여성과 염문을 뿌리고 다니는 카를로스 메넴 전 대통령(70)의 데이트 장면에 주목했지만, 아르헨티나는 극심한 경제위기에 시달리고 있다. 『문화일보』 2001년 1월 1일자는 다음과 같이 보도하였다.

아르헨티나 인구 3695만 명 가운데 절반은 최저생계비 이하의 벌이로 …… 기본생활 정도만을 겨우 유지해 나간다. 충분한 음식조차 먹지 못하는 절대극빈층도 200만 명에 달한다. 아르헨티나의 1인당 국민총생산(GNP)은 99년 기준 7665달러. 우리 나라와 비슷한 수준이지만 극심한 빈부격차로 인해 1인당 GNP를 따지는 것은 무의미하다. …… 89년 집권 이후 카를로스 메넴 대통령은 대처리즘에 입각한 경제정책을 실행에 옮겨 경영합리화, 노동시장 유연화를 내세우며 많은 사람들을 해고시키고, 국영 기업을 무조건적으로 해외에 매각했다. 흑자 기업이었던 아르헨티나항공은 스페인의 이베리아사가 주도하는 컨소시엄에, 국영 통신업체인 엔텔은 프랑스와 스페인이 주도하는 컨소시엄으로 넘어갔다. 은행은 물론 TV 채널과 라디오방송국, 나아가 일정 구간의 도로, 석유채굴권까지 매각했다. …… 국가정책의 실패와 이에 대한 국민의 불신, 애국심의 실종은 이민의 급증이라는 형태로 표출되고 있다. …… 한인교포들도 이미 엑소더스 대열에 동참했다. 3만5000명에 달하던 교민사회는 2년 전부터 급속히 줄어들어 2000년 말 현재 2만 명선으로 추산된다. [1]

95년 말 현재 100개의 일간지에서 230만 부의 신문을 발행하고 있으며, 인구 천명당 신문보급부수는 67부이다. 주요 신문으로는 아르헨티나의 최대 미디어복합기업인 Clarin그룹에서 발행하는 『Clarin』이 63만6천 부를 발행하고 있으며, 이 신문을 포함한 3개 일간지가 101만 부를 발행해 전체 일간지 시장의 44%를 차지하고 있다. [2] 98년엔 95년에 비해 발행부수가 줄었는데, 일간지 전체 부수는 216만 부이며, 10만 부 이상을 발행하는 일간지는 『Clarin』 57만, 『La Nación』 18만, 『Crónica』 11만, 『Diario Popular』 10만 등이다. [3]

아르헨티나에서는 1976년 군사 쿠데타 이후 무려 1백 명의 언론인들이 살해됐으며 다른 3백 명이 국외로 망명했다. 89년에 취임한 카를로스 메넴 대통령은 그런 과거를 시정하려 했으며 언론에게 자유를 허용했다.

---

1) 이미숙, 〈아르헨티나: 정책실패 '희생양' 국민 절반이 빈민〉, 『문화일보』, 2001년 1월 1일, 3면.
2) 한국언론연구원, 『세계의 미디어』(한국언론연구원, 1996), 342~343쪽.
3) 『해외언론동향』, 2000년 1월호, 101쪽.

또 4개의 국영 TV 네트워크 가운데 3개를 민영화했다.

그러나 메넴은 '언론과의 전쟁'이라고 해도 좋을 정도로 그의 재임 기간 내내 언론과 싸웠다. 정부 관리와 경찰은 기자들의 전화를 정기적으로 도청하였으며 행정부는 언론을 규제하기 위한 '언론심의회' 설립을 추진했다. 메넴이 즐겨 사용한 또 하나의 방법은 사법제도였는데, 그의 7년 재임 기간 중 그와 그의 가족 및 행정부 관리들이 기자들을 명예훼손 혐의로 법원에 고발한 건수는 약 1백 건에 이르렀다. 메넴과 그의 가족은 딸이 대학에서 커닝을 했다는 사건을 포함, 대통령 가족과 행정부의 비행을 파헤친 사건 추적 주간지 『노티시아스 데 라 세마나』지를 상대로만 10건의 명예훼손 소송을 제기하기도 했다. 이 잡지 기자들은 툭하면 법정에 불려가 여러 시간을 보내야 했는데, 이 잡지의 편집인 엑토르 다미코는 이렇게 말했다. "아직 패소한 적은 없지만 마치 처형 날짜가 정해지기를 기다리는 사형수와 같은 처지다."[4]

TV는 국영 네트워크 1개와 민영 네트워크 4개가 있다. 아르헨티나는 라틴 아메리카 지역에서 케이블TV가 가장 많이 보급된 나라로 97년 현재 TV 가구의 절반 이상이 케이블TV를 시청하고 있다.[5] 이는 490만 가구로 라틴 아메리카 전체 보급의 40%에 해당된다(25%는 멕시코).[6]

칠레의 대중매체

칠레라는 나라 이름은 잉카어의 한 갈래인 아이마라어로 '대지가 끝나

---

4) 〈아르헨티나 메넴 대통령 고삐 풀린 언론과 전면 전쟁〉, 『뉴스위크』(한국판), 1996년 6월 19일, 36면; 조준상, 〈메넴 언론 상대 무차별 소송〉, 『한겨레신문』, 1996년 6월 20일, 7면.
5) 정용준, 『세계의 디지털 위성방송』(커뮤니케이션북스, 1998), 299쪽.
6) Silvio Waisbord, 〈Latin America〉, Anthony Smith/Richard Paterson eds., 『Television: An International History』(Oxford: Oxford University Press, 1998), p.261.

는 곳'이란 뜻이다. 그 이름이 시사하듯이, 칠레는 세계에서 제일 긴 나라
다. 국토의 길이가 4천2백60km나 된다. 폭은 평균 177km로 전체 면적
은 한반도의 3.6배(75만6천9백45㎢)에 이른다. 인구는 1천4백만 명이다.

1994년 현재 칠레의 일간지는 45개인데, 가장 영향력 있는 신문은
1827년에 창간돼 라틴 아메리카에서 가장 오랜 역사를 갖고 있는 보수우
익지 『El Mercurio』로 15만 부를 발행하고 있다. 이 신문과는 대조적으
로 대중성을 지향하는 『La Tercera』는 21만 부를 발행하고 있다.[7] 칠레
의 방송 현황에 대해 『KBS 해외방송정보』 97년 9월호는 다음과 같이 말
한다.

"칠레의 TV는 국영방송 TNC가 전국 네트워크를 운영하고 있으며 상
업 네트워크는 …… 3개가 있다. 이 밖에 대학 TV국의 네트워크가 3개
있다. 케이블TV는 80년대부터 도시를 중심으로 도입되어, 1994년 현재
TV 보유가구의 12%에 해당되는 30만 가구가 가입하고 있다. 산티아고를
중심으로 한 수도권에서는 미국의 케이블 네트워크(CNN · ESPN ·
HBO · TNT), 브라질의 TV Globo, 이탈리아의 RAI, 스페인의 TVE 등
40개 채널의 프로그램을 시청할 수 있다. …… 라디오국은 전국에 약
160개가 있으며 이 중 국영인 RNC가 14개국, 대학이 7개국을 운영하고
있는 이외에 거의가 상업국으로 방송업무는 통신성에서 소관한다. 방송
시작은 라디오가 1922년에, TV는 1957년이며, 컬러TV는 1978년이다."[8]

사회주의 아옌데 정권하의 방송 상업화

미국의 커뮤니케이션 학자인 허버트 쉴러는 1976년에 낸 자신의 저서

---

7) 한국언론연구원, 『세계의 미디어』(한국언론연구원, 1996), 382쪽.
8) 『KBS 해외방송정보』, 1997년 9월호, 87쪽.

『커뮤니케이션과 문화적 지배(Communications and Cultural Domination)』
에서 커뮤니케이션 정책의 사례연구로 1973년 9월 쿠데타로 무너진 칠레
의 아옌데(Allende) 정권의 경우를 제시하고 있다. 그는 아옌데의 3년 치
하에서 가장 놀라운 사실은 사회주의 정권이었음에도 불구하고 방송의
상업화가 왕성하게 이루어진 것이었다고 말한다. 부르주아의 가치를 가
득 담은 소프 오페라가 늘어났고 미국 TV 프로그램의 수입도 늘어났다는
것이다. 쉴러는 사회주의 사회에서 중상류계급의 가치와 개성, 미국의 응
접실, 식당, 화장실, 침실, 그리고 고도의 생활 수준의 오러(aura)가 흘러
넘치는 그런 프로그램들이 어떤 이데올로기적 영향을 미쳤을 것인지 생
각해보라고 말한다.

쉴러는 아옌데 치하의 칠레에서는 모든 종류의 견해가 자유롭게 표명
될 수 있었기 때문에, 보수적이고 상류계급이 지배하는 언론사들은 정부
에 대항하는 선동적 캠페인을 전개하였다고 말한다. 물론 그 이전보다 사
회주의적 사상이 보다 많은 표현의 기회를 갖게 된 건 사실이었지만, 바
로 이것이 반정부 세력의 정부에 대한 증오심을 더 강하게 만들었다는 것
이다. 쉴러는 칠레의 경험에서 끌어낼 수 있는 커뮤니케이션 및 문화정책
의 교훈에 대해 다음과 같이 말한다.

첫째, 커뮤니케이션의 다원주의는 계급 지배를 숨긴다. 그 지배가 심
각하게 위협을 받을 때에 다원주의는 그 미덕을 찬양하던 세력들에
의해 거부된다. 둘째, 지배 시스템의 메시지는 기업적으로 조직되고
상업적으로 유포된다. 셋째, 국가의 정보문화주권을 보호하자는 건
편협한 지역주의와 구획화에 매달리자는 게 아니다. 그건 다국적기
업의 침투력에 대해 저항하자는 것이다. 결과적으로 문화정책은 문
화적 주권을 지키기 위해 필수불가결하다. 넷째, 고양화된 개인의 의

식은 해방·혁명 과정의 필수적 요소이며 그 결과이다. 그것은 새로운 커뮤니케이션 테크놀로지의 자동적인 혜택은 아니다. 그와는 반대로 선진 테크놀로지를 사회적 목적에 부합하게 사용하기 위해서는 특별한 관심과 추가의 노력이 필요하다. 해방 과정은 늘 커뮤니케이션 및 정보 요소의 중요성을 인식하고 커뮤니케이션 노력에 있어서의 개인의 참여와 개입을 진작시키는 적절한 방법을 개발해야 한다. 이것이 일회용의 노력으로 끝나서는 안 된다. 일시적 또는 부분적으로 발달된 대중의식이 곧 쇠퇴된 경우는 너무도 많았다.

독재자 피노체트의 이미지 조작

칠레의 유명한 독재자 아우구스토 피노체트의 집권 기간은 칠레의 국토 길이만큼이나 길었다. 그의 공식 집권 기간은 17년이었지만, 그는 대통령직에서 물러난 1990년 이후에도 한동안 칠레의 군부를 실질적으로 지배했다.

피노체트는 단지 총만으로 황제의 지위를 누린 건 아니었다. 언론, 특히 텔레비전의 '이미지 조작' 덕을 크게 보았다. 피노체트 치하에선 텔레비전을 겨냥한 관제 집회가 자주 열렸다. 그런 집회에 참여하는 사람들은 거의 대부분 공무원들과 일당을 받고 나온 빈민들이었지만, 텔레비전만 보면 모든 칠레 국민이 피노체트에 열광하는 것만 같았다. 그런 집회에 내걸린 현수막엔 "오늘도 피노체트 내일도 피노체트 영원히 피노체트"라고 쓰여 있었는데, 텔레비전만 보면 정말 피노체트가 없으면 칠레가 오늘이라도 당장 망할 것만 같은 느낌을 주었다.

또 텔레비전은 피노체트가 어디 바깥에라도 나갔다 오면 떠들썩한 특집방송을 해댔다. 87년 국영 채널 7이 만든 10분짜리 특집을 한번 보자.

이 특집의 마지막 장면이 압권이었다. 한 소녀가 피노체트가 돌아오는 걸 환영하는 노래를 부르다가 눈물을 흘리자, 피노체트는 인자한 할아버지 의 모습으로 그녀를 꼭 껴안아 준다. 이와 같은 '인자한 할아버지의 모 습'은 피노체트의 장기 집권에 대한 국민의 거부감을 누그러뜨리는 최상 의 이미지였다.

2001년 1월 8일, 피노체트를 법의 심판대에 올리는 문제가 대두되고 있는 가운데 피노체트 군정 시절 반체제 인사 520여 명이 바다에 수장되 거나 산속에 버려졌다는 보고서가 공개되었는데, 이에 대해 『한겨레』 2001년 1월 10일자는 다음과 같이 보도하였다.

"칠레의 유력 일간지 『라 테르세라 데 산티아고』는 군부가 제출한 실 종자 보고서에는 리카르도 라고스 대통령이 발표한 180명 외에 고문 끝 에 숨진 뒤 화장된 정치범 182명과 암매장된 160명이 더 들어 있다고 밝 혀 보고서를 통해 파악된 실종자 수는 522명에 이르렀다. 이 신문은 또 수장된 희생자 가운데 27명은 여러 대의 헬리콥터에 태워져 수도 산티아 고 넘서쪽 110km 지점의 산 안토니오 부근 바다에, 나머지는 산티아고에 서 남쪽으로 각각 500km와 190km쯤 떨어진 비오비오강과 톨텐강 등에 투하됐다고 폭로했다. 인권단체들은 군정 시절(1973~1990) 피노체트가 주도한 '죽음의 특공대' 등 정보기관에 납치돼 살해된 사람이 3000여 명 에 이를 것으로 추정하고 있다."[9]

베네수엘라의 대중매체

베네수엘라의 면적은 91만2천㎢이며, 인구는 2천1백만 명이다. 베네

---

9) 〈칠레 '학살' 보고서 충격〉, 『한겨레』, 2001년 1월 10일, 8면.

수엘라는 미녀가 많은 나라다. 역대 미스 유니버스 1등을 5명, 2등을 4명이나 배출했다. 그러나 베네수엘라 사람을 만나서 미녀 이야기는 하지 않는 게 좋겠다. 언젠가 주한 베네수엘라 대사는 한국 사람들을 만나기만 하면 미녀 이야기만 해 서운하다고 말한 적이 있기 때문이다.

베네수엘라의 일간지는 1992년 현재 82개로 420만 부를 발행하고 있으며, 대표적 권위지인 『El Universal』(보수지)은 약 16만 부, 『El Nacional』(비교적 진보)은 34만 부를 발행한다. 최대 발행부수를 가진 신문은 『Ultimas Noticias』로 35만 부를 발행하며 자매지인 석간 『El Mundo』는 27만 부를 발행한다. [10]

방송은 3개 채널을 갖고 있는 국영 VTV와 4개의 민영방송사로 구성돼 있는데, 베네수엘라 최대 방송사인 민영 RCTV와 Venevision은 브라질의 글로보, 멕시코의 텔레비사와 더불어 라틴 아메리카 최대의 프로그램 공급업자로서의 역할을 하고 있다. [11]

베네수엘라에선 한동안 TV 드라마가 사회개혁에 앞장섰다. 93년 드라마 『이 길을 따라서』가 월요일부터 토요일까지 주시청 시간대에 방송돼 큰 인기를 누렸는데, 인구 1천9백만 명 중 반 정도가 시청하는 이 드라마의 주요 소재는 그날그날 일어나는 굵직한 뉴스들이라 정치인들의 부패가 자주 방송되었다고 한다. 그간 방송된 내용을 보면 정치인 공금 횡령, 노동조합 관계자들의 노동자 갈취, 콜롬비아 마약 조직의 침투와 뇌물 살포 등이었는데, 이 드라마의 인기와 영향력은 93년 5월 권좌에서 쫓겨난 카를로스 인드레스 페레스 전 대통령이 이 드라마 때문에 밀려났다는 분석이 나왔던 걸 보더라도 짐작할 수 있겠다. 이 드라마는 당시 페레스의 부정을 빗대 공금을 교묘하게 착복해 애인의 이름으로 부동산을 사

---

10) 한국언론연구원, 『세계의 미디어』(한국언론연구원, 1996), 320~321쪽.
11) 한국언론연구원, 위의 책, 321쪽.

들이는 주지사 이야기를 내보냈었다.

지역민방 부산방송이 96년 6월에 방영을 시작했던 텔레노벨라 『카산드라』는 베네수엘라 작품이었다. 국내에 처음 소개되는 TV 장르인 텔레노벨라는 텔레비전과 노벨의 합성어로 텔레비전의 영상을 통해 장편소설을 감상할 수 있는 새로운 장르이다. 『카산드라』는 150부작 초대형 멜로드라마로 미국 등 세계 49개국에서 높은 시청률을 기록한 화제작이었는데, 『카산드라』의 인기는 빌 클린턴 미국 대통령이 인도네시아를 방문했을 때 생긴 에피소드를 통해서도 입증되었다. 당시 클린턴 숙소 앞에는 여주인공 카산드라 역을 맡았던 코라이마 토레스를 만나기 위한 인파가 20여만 명이나 운집했다고 한다. 코라이마를 연호하는 군중의 함성에 못이겨 클린턴이 결국 숙소를 옮기고 말았다.

베네수엘라의 시스네로스

베네수엘라의 최대 재벌인 시스네로스 그룹은 '남미의 뉴스코프(루퍼트 머독의 기업)'라는 말을 들을 정도로 미디어 거대 기업으로 떠오르고 있다. 시스네로스에 대해 『중앙일보』 2000년 9월 6일자는 다음과 같이 보도하였다.

"시스네로스는 1929년 운송업으로 출발, 유통·자동차 등 제조업에서 성공했지만 5년 전부터 15억 달러를 투입, 방송·케이블TV·인터넷 사업에 집중 투자하는 등 뉴미디어 제국 건설에 열을 올리고 있다. …… 이 회사는 95년 미 휴즈 일렉트로닉스사와 합작으로 현지에 위성TV 사업체인 갤럭시 라틴 아메리카를 설립, 지금까지 3억8천만 달러를 투입했다. 98년에는 미국 최대의 인터넷 서비스업체인 아메리카 온라인(AOL)과 함께 AOL라틴아메리카를 세워 브라질·멕시코 등 중남미 인터넷 시장에 진출했다. …… 남미의 인터넷 인구는 지난해 8백만 명에서 2003년에는 2천9백만 명으로 증가할 전망이다. 위성방송 등 유료 TV 서비스 가입자도 꾸준히 늘어 현재 1천7백만 명에 이른다. 남미 인구 5억 명을 감안할 때 시장 잠재력은 매우 큰 것으로 분석되고 있다. 그러나 난관도 적지 않다. 무엇보다 경쟁자들이 많아 위성 TV 등 방송시장에서는 멕시코의 그루포 텔레비사·브라질의 글로보·루퍼트 머독 등이, 인터넷 시장에서는 스페인 텔레포니카의 테라 네트워크가 맞수다. …… AOL라틴아메리카는 브라질·아르헨티나 등에서 불량 소프트웨어 CD를 제공하다 이미지에 큰 타격을 입기도 했다.” [12)

파나마의 대중매체

파나마의 면적은 7만7천㎢이며, 인구는 2백72만 명이다. 95년 현재 9개 일간지가 발행되고 있으나 전체 발행부수는 17만2천 부에 지나지 않는다. 가장 권위 있는 신문은 1853년 창간돼 역사가 가장 오래된 『La Estrella de Panama』로 2만1천 부를 발행하며, 재벌 소유인 『La Prensa』는 1980년 노리에가 정권 때 정간되었다가 90년에 복간되었다. [13)

1989년 노리에가가 미국의 침공으로 권좌에서 물러난 후, 90년 기예르모 엔다라 정권이 들어서면서 언론 통제가 크게 완화되었다. 엔다라 대통령은 취임 초 폐간됐던 신문과 방송 등의 문을 다시 열게 하는 등 표현의 자유를 존중하는 조치를 취해 90%를 상회하는 높은 지지를 얻었지만 1년 후 지지도가 14%로 뚝 떨어져 버렸다. 그 이유는 신문들의 집중적인

---

12) 김준술, 〈뉴미디어 제왕 꿈꾸는 남미의 머독〉, 『중앙일보』, 2000년 9월 6일, 32면.
13) 한국언론연구원, 『세계의 미디어』(한국언론연구원, 1996), 394쪽.

공격 때문이었다.

　문제의 발단은 엔다라 대통령이 91년 7월 『라 프렌사』의 한 시사만화가를 명예훼손죄로 고소한 것이었다. 27세 연하의 미모 여성을 퍼스트레이디로 맞아들이는 등 끊임없이 구설수에 올랐던 엔다라 대통령이 신문의 정치만평란 주고객이 된 것은 당연한 일이었고, 엔다라 역시 언론의 비판에 대범한 자세를 보여왔다. 그가 분통을 터뜨린 문제의 만평은 엔다라의 머리가 둘 달린 것으로 묘사하였는데, 만화에서 노리에가의 두 측근은 돈뭉치가 가득 든 서류가방을 하나씩 챙겨들고 달리는 모습이고, 이 서류가방에서 떨어진 돈뭉치들이 엔다라 앞에 놓여져 있었고 엔다라는 노리에가의 두 측근이 뛰어가며 돈을 뿌리는 것을 보며 웃고 있는 모습이었다. 이는 당시 석방된 노리에가 측근들과 엔다라 정부간에 뒷거래가 있었다는 항간의 소문을 묘사한 것으로 받아들여졌다. 엔다라는 "마치 내가 범죄를 저지른 것처럼 보이게 하고 있을 뿐만 아니라 나에 대한 불신감과 불명예를 조장하고 있다"고 불평했다. 엔다라 대통령의 고소에 대해『라 프렌사』지는 "엔다라는 정가의 황금률을 깨뜨렸다"는 사설을 싣고 즉각 반격에 나섰다. 파나마 주요 언론들도 "엔다라 정부의 대언론정책은 노리에가 시대의 재갈물리기로 되돌아가고 있다"고 비판하고 엔다라의 고소는 명백한 언론자유 침해라고 규탄했다. 파나마 신문들은 대통령이 고소장을 제출한 뒤 3주간에 걸쳐 매일 유머 감각이 없는 엔다라를 꼬집는 풍자만화를 게재하면서 그에 대한 비판을 멈추지 않았으며, 파나마 신문 만화가들은 노리에가 때에 생긴 명예훼손죄의 즉각적인 폐지를 주장하는 공동 성명서를 발표하면서 6개의 볼펜들이 대통령의 의자를 찌르는 모양의 풍자만화를 함께 실었다. [14]

---

14) 〈엔다라대통령 시사만화가 고소로 언론과의 전쟁〉, 『세계일보』, 1991년 7월 27일, 5면; 박현갑, 〈파나마 대통령 풍자만화 놓고 격론〉, 『서울신문』, 1991년 7월 29일, 4면.

1999년 5월 2일에 실시된 대선에선 야당인 아르눌피스타(인민주의)당의 미레야 모스코소(52) 후보가 집권 민주혁명당 후보를 누리고 당선되었는데, 이로써 모스코소는 중남미 국가의 현직 대통령 가운데 유일한 여성 지도자이자 파나마 사상 첫 여성 대통령이 되었다. 모스코소는 대통령을 두 번이나 지내고 세 번째 당선되었으나 취임 11일 만에 쿠데타로 쫓겨난 아르눌포 아리아스(1901~1988)의 부인인데, 남편의 후광을 등에 업은 '독재자의 미망인'이란 곱지 않은 평가를 받기도 했다.[15]

99년 말 모스코소 대통령은 전제정권 시절에 채택되었던 언론통제법을 폐기하고 자유언론을 위한 선언문에 서명했다.[16]

1979년 니카라과 혁명

니카라과는 중남미에서 가장 비극적인 현대사를 갖고 있는 나라 중의 하나다. 니카라과는 3백여 년 간에 걸친 스페인 식민 통치를 거쳐 1912년부터 20년 간 미 군정을 받는 등 외세의 횡포에 시달렸다. 독립 이후에도 니카라과는 식민 통치보다 나을 게 전혀 없는 독재자의 탄압에 시달렸고 독재자를 몰아낸 이후에도 미국이 개입된 내전이라는 비극을 겪지 않으면 안 되었다. 인구 4백만 명에 1인당 국민소득 4백 달러밖에 안 되는 이 조그맣고(13만㎢) 가난한 나라에 무슨 큰 죄가 있었던 것일까?

독재자 소모사 일가는 세 부자가 번갈아 가며 1936년 이래로 79년 혁명이 일어날 때까지 43년 간 니카라과를 말아먹은 실질적인 '왕조'였다. 아버지 아나스타시오에 의해 시작된 족벌정치는 1957년 그의 장남 루이스에게 넘겨졌고, 이어 차남 아나스타시오가 1979년 미국으로 망명할 때

---

15) 〈"독재자 남편 후광덕이다" 비판도〉『여성신문』, 1999년 5월 14일, 9면.
16) 『해외언론동향』, 2000년 7월호, 46쪽.

까지 계속됐다.

거의 모든 중남미 국가들이 그렇듯이, 니카라과의 빈부격차도 매우 심각했다. 1천2백 명의 대토지 소유자가 토지의 50%를 소유하고 있었는데, 그 중에서 소모사 일가는 전 경작지의 30%를 차지하였다. 반면 5만2천 명의 농민이 가진 토지는 전체의 3%에 불과했다. 또한 전국 제조업체 수의 25%에 해당되는 168개의 사업체가 소모사 일가의 소유였다. 소모사 일가의 재산을 돈으로 환산하면 200억 달러가 넘었다.

『수탈된 대지』의 저자 에두아르도 갈레아노는 "권력을 수중에 넣은 소모사는 몇 차례의 학살을 실행하고 대대적인 축하연을 개최했는데, 그것을 위해 자기 병사들을 로마 제국의 병사와 같이 샌들과 투구로 치장했다"고 말하고 있다. 그 애비에 그 아들일까? 그의 아들은 1976년 수도 마나과에 대지진이 일어났을 때 국제지원금까지 착복했다.

그런 상황에서 혁명이 일어나지 않으면 그게 더 이상한 것 아닌가? 소모사 '왕조'는 1979년 7월 17일 산디니스타 민족해방전선(FSLN)에 의해 붕괴되었다. 7월 19일 민족해방전선의 지도자 다니엘 오르테가는 수도인 마나과에 입성해 5인으로 구성된 국가재건평의회를 가동시키며 혁명 사업에 착수했다.

오르테가는 어떤 인물인가? 그는 1945년생으로 소모사에 저항적인 분위기에서 성장했다. 소규모 자영업자인 그의 아버지는 니카라과의 신화적 게릴라 아우구스토 산디노의 열렬한 지지자였으며, 그런 성향으로 인해 아내와 함께 투옥되기도 했다(산디니스타는 바로 이 산디노라는 인물의 이름에서 비롯된 것이다).

오르테가는 그런 집안에서 '혁명 정신'을 먹고 자라났다. 어려서부터 반정부 투쟁에 뛰어든 오르테가는 67년 22살의 나이에 도시 지역 투쟁 책임자의 자리에 올랐지만, 그 해에 산디니스타의 자금 조달을 위해 은행을 습격하다 검거돼 7년 간 감옥살이를 하게 된다.

니카라과 사람들은 세계에서 둘째 가라면 서러워 할 정도로 시를 좋아한다. 니카라과가 라틴 아메리카 최고의 서정 시인으로 노벨문학상을 수상한 루벤 다리오를 배출한 것도 결코 우연은 아닐 것이다. 물론 다리오 때문에 니카라과 사람들이 더욱 시를 좋아하게 되었겠지만 말이다. 그래서 그런지 오르테가도 감옥에서 주로 시를 썼다. 그의 가장 유명한 시는 "미니스커트가 유행할 때 나는 마나과를 보지 못했다네"이다. 오르테가는 감옥에서 굶주림과 고문에 시달리다가 74년에 석방돼 결국 혁명에 성공할 수 있었던 것이다.

선거로 무너진 니카라과 혁명

산디니스타 정부는 1980년 4월 19일 비올레타 차모로가 산디니스타 정부를 비난하며 5인 국가재건평의회 위원직을 사임하면서부터 시련을 맞이하게 된다. 차모로의 사임은 산디니스타 정부의 이데올로기적 색깔을 분명하게 드러내주는 것이었기 때문에 미국의 적극적인 개입을 불러들이는 신호탄과도 같은 것이었다.

비올레타 차모로는 누구인가? 그녀는 1929년 10월 18일생으로 소모사 정권에 저항하다가 혁명 1년 전에 소모사의 하수인들에게 암살을 당한 페드로 차모로의 아내다. 비올레타 차모로는 죽은 남편의 뜻을 받들어 소모사 정권 타도에 앞장 서 왔던 것이다.

차모로 집안은 니카라과에서 수대에 걸쳐 가장 부유하고 권력 있는 가문이다. 소모사 집권 전까지 4명의 대통령을 배출했다. 차모로 집안은 니카라과의 최대 일간지인 『라 프렌사』('언론' 이란 뜻)지를 갖고 있었는데, 페드로 차모로는 52년 부친으로부터 이 신문을 물려받아 25년 동안 소모사 독재에 맞서 투옥과 수 차례의 정간 등 형극의 길을 걷다가 결국 암살을 당한 것이었다. 차모로의 죽음은 혁명의 기운을 무르익게 하는 데에 크게 기여해 그로부터 1년 6개월 후 혁명이 성공하게 된 것이다.

차모로의 사임 이후 미국의 압력이 거세지기 시작했다. 게다가 1981년 1월 20일 레이건 행정부가 출범했다. 로날드 레이건은 그의 대통령 취임 연설에서 미국의 '갱생'을 선언하고 군사력 증강을 통해 '강력한 미국'을 만들겠다고 선언했다.

1982년부터 레이건 행정부의 지원을 받은 콘트라 반군이 온두라스 영토로부터 니카라과를 공격하기 시작했다. 콘트라 반군은 주로 소모사 추종 세력으로 구성돼 있었다. 콘트라 반군과 산디니스타간에 벌어진 내전은 이후 8년 간 계속되면서 6만 명 이상의 사망자와 150억 달러 이상의 재산 피해를 내 니카라과의 경제를 수렁으로 몰고 가게 된다.

오르테가는 89년 2월 14일에 열린 중미 정상회담에서 90년 2월 25일까지 총선을 실시키로 하는 등 니카라과 민주화 조치를 발표하였다. 반면 참가국들은 인접국내 콘트라 반군 기지들의 해체에 동의했다. 89년 9월, 반 산디니스타 세력의 결집체인 우노(UNO: 니카라과 야당 연합의 약어이며 '하나'라는 뜻을 나타내기도 함)는 차모로를 대통령 후보로 선출했다.

선거는 1990년 2월 25일에 실시되었다. 무장투쟁으로 권력을 장악한 좌파 정권이 선거로 정권을 내준다? 그 누구도 그럴 수 있으리라고는 생각하지 않았다. 그러나 실제로 그런 일이 벌어지고 말았다.

이 선거에서 총유권자 170여만 명 가운데 차모로는 54.7%를 얻었고 오르테가는 40.8%를 얻은 것이다. 의회 선거에서도 우노는 총 91석 중에서 52석을 차지해 32석을 차지한 민족해방전선을 압도했다.

산디니스타는 왜 선거에서 패배했을까? 미 매사추세츠대학 강사 권혁범 씨는 그 선거가 "미국이 니카라과의 목에 칼을 들이대고 나머지 한 손으로는 달러를 흔드는 가운데 진행되었다"고 말한다. 미 『뉴욕 타임스』지도 선거 직후 "차모로는 우노의 후보가 아니라 부시 미 대통령의 후보이자 미 국무부의 후보이며 결국 미 국민의 세금으로 키워낸 대통령"이라고 논평했다. 몇 개월 후에 밝혀진 사실이지만, 사실 그 선거는 미국과 소련이 타협한 가운데 이루어진 미소 합작품이었다고 한다.

니카라과의 대중매체

산디니스타가 패배하게 된 또다른 이유를 찾자면 산디니스타에게 결코 유리하지 않았던 매스 미디어를 빼놓을 수 없을 것이다. 중미 5개국 정상회담에서 결의된 평화안엔 '자유언론 보장' 이란 조항이 들어 있었다. 이에 따라 니카라과의 모든 방송매체는 선거에 참여한 10개 당에게 매주 똑같은 시간을 배분했다. 신문의 경우엔 오히려 산디니스타가 열세에 놓여 있었다. 니카라과 제1의 신문인 『라 프렌사』지가 차모로 집안의 소유였기 때문이다.

오르테가에겐 순진한 면이 있었다. 평화안이 체결된 87년 당시 『라 프렌사』는 정간 상태에 놓여 있었는데, 오르테가는 차모로에게 제발 신문을 다시 발행해달라고 사정을 했다고 한다. 물론 평화안을 지키기 위해서였다. 차모로는 거절했다. 검열을 받으면서 신문을 낼 바에는 차라리 문을 닫는 것이 낫다고 대꾸했다. 그랬더니 오르테가가 검열을 절대 하지 않겠다고 약속했다는 것이다. 이건 차모로가 『타임』지와의 인터뷰에서 밝힌 사실이다.

그리하여 적어도 『라 프렌사』지에게는 87년 9월 19일부터 검열이 완전히 사라졌다. 그때부터 『라 프렌사』지는 산디니스타 정권을 자유롭게 비판했다. 마나과시 외곽에 있는 이 신문의 사옥은 서울 변두리의 허름한

봉제공장을 연상케 할 만큼 다닥다닥 어지럽게 칸막이한 창고 같은 건물이다. 이 곳에서 2백여 명이 신문을 제작하는데, 90년 현재 발행부수는 5만에서 8만 부였으며 복간 직후에는 12만 부까지 나갔다(발행부수는 종이 사정에 따라 들쭉날쭉했다). 『라 프렌사』지의 영향력이 선거에 미친 영향력도 무시할 수는 없을 것이다.

차모로는 1990년 4월에 대통령에 취임했다. 차모로는 2남2녀를 두었는데, 그녀의 가정은 분열된 니카라과의 축소판이었다. 장남은 콘트라 반군의 지도자고 차남은 산디니스타 기관지 『바리카다』의 편집장이며 장녀는 산디니스타 정부의 코스타리카 대사를 지냈으며, 차녀 크리스티나는 『라 프렌사』의 편집 간부였다. 또 『라 프렌사』, 『바리카다』와 함께 마나과의 3대 일간지에 속하는 친(親)산디니스타의 『누에보 디아리오』지는 막내 시동생이 발행하는 것이었다.

오르테가는 1996년 10월 20일에 치러진 대선에 재도전하였지만, 니카라과 국민은 23명의 대통령 후보가 가운데 가장 보수적인 후보 아르놀도 알레만을 선택했다. 오르테가는 알레만이 젊었을 때 소모사 독재정권 청년조직의 일원이었고 그가 이끄는 자유동맹도 소모사의 자유당과 관계가 있다는 점을 집중 부각시켰지만, 니카라과 국민은 과거를 돌아보기를 거부하고 '경제'를 외친 알레만을 선택한 것이다. 실업률이 60%가 넘는 니카라과에서 정의는 곧 '경제'였는지도 모르겠다.

2000년 들어 언론의 비난 때문에 화가 난 아르놀도 알레만 대통령은 신문기자들이 한 달에 최소 500달러의 임금을 받도록 하는 법안을 만들어 언론을 탄압하려 한다는 말을 들었다. 교사들의 월급이 80달러가 채 안 되며, 의사들도 300달러 이상 받지 못하는 니카라과 현실을 감안한다면 이는 명백한 탄압이라는 것이다. 남미 언론인연합은 이러한 법안이 언론사에 휴업을 강요하고 심지어 일부 소규모 뉴스 기관은 파업까지 유도

하고 있다고 지적했다. [17]

1995년 현재 니카라과의 일간지는 모두 5개로 총발행부수는 22만 부이며, 앞서 지적한 바와 같이 이 나라의 3대 일간지가 각기 성격은 다르다고 하나 모두 차모로 일가에 의해 발행되고 있다. TV는 국영 채널 1개에 4개의 민영 채널을 갖고 있다. [18]

콜롬비아의 매체와 문화

콜롬비아의 면적은 113만9천㎢이며, 인구는 3천4백만 명이다. 92년 현재 일간지는 46개로 210만 부가 발행되었으나, 94년에 이르러 22개로 줄고 발행부수도 크게 줄었다. 대표적인 신문으로는 『El Tiempo』(30만 부)와 비교적 독립적이며 객관적 보도로 정평이 나 있는 『El Espectador』(19만 부) 등이 있다. 미디어 소유 집중이 심해 재벌그룹인 Ardila Lulle은 RCN Television과 106개의 방송국으로 구성된 라디오 네트워크, 그리고 여러 신문을 갖고 있고, Santo Domingo 그룹은 Caracol Television과 144개의 방송국을 가진 라디오네트워크 등을 갖고 있고, 『El Tiempo』는 여러 개의 지역 신문을 갖고 있고 방송 그룹과 출판 기업에 지분을 갖고 있다. [19]

1982년에 노벨문학상을 수상한 『백년 동안의 고독』이라는 소설로 우리에게 널리 알려진 가브리엘 가르시아 마르케스는 콜롬비아의 대표적 일간지였던 『엘 에스펙타르』 등에서 한동안 신문기자로 재직했던 경험이 있다. 그는 작가로 성공한 뒤에도 수많은 르포물, 정치 칼럼과 산문을 써

---

17) 〈법을 이용한 탄압, 테러 늘어: 남미 언론의 험난한 현실〉, 『KPF 해외언론동향』, 2000년 7월호, 43~44쪽.
18) 한국언론연구원, 『세계의 미디어』(한국언론연구원, 1996), 307~308쪽.
19) 한국언론연구원, 위의 책, 383~384쪽.

냈고 영화에도 관심을 가져 여러 편의 영화 시나리오를 창작하기도 했다. 마르케스를 키운 건 콜롬비아의 신문이었다고 해도 과언은 아니다.

국제대회 수상 실적에선 밀리겠지만 콜롬비아도 베네수엘라 못지 않게 미녀가 많은 나라로 유명하다. 4백여 가지의 미인선발대회가 있어 1년이면 1천 명이 넘는 미의 여왕이 탄생한다고 하는데, 명목도 여러 가지다. 각 지역 특산물이나 자연에 대한 찬미에서 이름을 딴 대회가 대부분인데, 토마토·파인애플 등 과일 이름에서 태양·달·바다 등 자연의 이름, 면화·커피 등 농산물 이름, 보고타 등 도시 이름에 이르기까지 다양하다. 미스 악어, 미스 도마뱀 등 동물의 이름을 딴 미인선발대회에 미스 석탄, 미스 철강 등 광물 이름을 빌린 선발대회도 있다. 전력난으로 전력배급제를 실시하면서도 대표적인 '미스 콜롬비아' 대회만큼은 TV 생중계를 위해 전기공급시간을 늘린다고 한다. 중앙뿐만 아니라 각 지역의 신문, 잡지에도 매일 수십 건의 미인선발대회가 실리거니와 선발대회에 이권과 부정이 개입될 경우 언론은 또 그 스캔들 폭로로 장사를 한다는 것이다. 콜롬비아가 마약과 범죄 등으로 워낙 사회 혼란이 심하기 때문에 미인선발대회라는 축제를 통해 갈등과 긴장감을 해소하려 한다고 분석하는 시각이 있다.

아닌게 아니라 콜롬비아는 세계에서 가장 폭력적인 국가 중의 하나로 꼽히고 있다. 세계은행이 96년 7월 1일 보고서를 통해 중남미에서는 10만 명 당 연평균 30건의 살인 사건이 발생, 세계에서 폭력이 가장 심한 지역으로 나타났다고 발표했다. 이 보고서에 따르면 1995년, 브라질을 비롯 볼리비아 콜롬비아 에콰도르 페루 베네수엘라 등 안데스산맥 국가들이 가장 높은 폭력 증가율을 보인 가운데 총 11만9천5백80건의 살인 사건이 발생했는데 특히 콜롬비아는 폭력 발생률이 다른 국가보다 2~3배나 높은 가장 위험한 국가라는 것이다.

콜롬비아의 이상한 TV '흑백뉴스'

콜롬비아는 세계 최대의 마약 생산국 중의 하나인데, 대부분의 범죄가
마약 마피아들에 의해서 저질러지고 있다. 콜롬비아 언론인들은 마약 마
피아들뿐만 아니라 좌익 게릴라와 극우 단체들의 공격 목표이기도 하다.
Inter American Press Association은 89년 『Murder: The Ultimate
Censorship』이라는 제목의 보고서를 내기도 했다. 기자들이 살해 위협
을 피해 수개월간 도피 생활을 하는 게 예사인데, 한 언론인은 "우리 언론
인들은 군인이 아니다. 그러나 우리는 국방의 최전선에 있다"고 말했다.
그러나 그들은 콜롬비아를 도둑과 강도들의 소굴로 보는 것엔 반대하면
서 콜롬비아를 국제 마약 거래의 희생양으로 보아달라고 주문한다.

어찌됐건 그런 이유로 콜롬비아에선 1980년부터 10년 간 기자만 46명
이 살해됐으며, 어떨 땐 10주 간에 7명이 살해되기도 했다. 2000년 들어
서도 수개월 간 21명의 기자가 살해되거나 납치당했다.

콜롬비아의 마피아와 정치인의 유착은 유명하다. 콜롬비아에서도 개
혁 드라마가 유행했는데, 특히 『권력의 힘』이 대히트를 친 것도 바로 그
런 이유 때문이었다. 93년 2월부터 매주 1회 방송된 이 프로그램은 정치
인들이 꼭 시청하곤 했는데, 그 이유인즉슨 언제 표적이 될지 모르는 정
치인들은 이 드라마를 통해 미리 낌새를 알아차리고 사태가 더 발전하기
전에 대비책을 세워야 하기 때문이었다는 것이다.

폭력이 워낙 난무하기 때문에 매우 희한한 일도 벌어지고 있다. TV가
소요 관련 뉴스만큼은 흑백으로 내보내는 것이다. 이에 대해 『문화일보』
99년 9월 12일자는 다음과 같이 보도하였다.

경찰 및 시위대의 충돌과 끔찍하게 살해된 주검 등을 담은 화면에 지

친 시청자들의 항의를 받아들여 콜롬비아의 모든 방송국이 소요 관
련 화면을 흑백으로 처리해 방송하기로 했다고 미국의 CNN이 최근
전했다. 방송국들의 결의에 따라 이들로부터 화면을 송출받아온
CNN을 비롯한 여러 방송도 콜롬비아 소요 관련 화면은 흑백으로 방
송하기 시작했다. 콜롬비아는 좌익반군 및 우익민병대의 테러활동과
20%에 달하는 실업률로 인한 파업사태 등 혼돈의 수렁에서 헤어나
지 못하고 있다. 연일 시위와 폭력사태는 물론 끔찍한 살인극이 이어
지고 있는 실정이다. 자연히 TV 뉴스도 유혈낭자한 거리 풍경, 잔인
하게 살해돼 아무렇게나 내팽개쳐진 주검더미 등을 담을 수밖에 없
다. 방송국 간부들이 회의에서 흑백방송 결정을 내렸지만 취재현장
에서는 '기자의 책무' 에 대한 논란이 일고 있다. 한 방송국의 뉴스
제작자는 '세계 어디에서든 기자의 의무는 사실 전달' 이라며 '끔찍
하고 가슴 아픈 TV 화면이 바로 콜롬비아 국민이 처한 현실' 이라고
주장한다. TV 비평가들은 그러나 이 같은 주장을 'TV의 영향력을
무시한 태도' 라고 비판한다. 사실 전달이 기자의 책무임에는 틀림없
지만 전달하는 방식은 다를 수 있다는 주장이다. [20]

미국 CBS와 콜롬비아 정부의 유착

2000년 5월 미국의 CBS가 남미 지역 진출을 위해 자사 앵커로 하여
금 콜롬비아 대통령 홍보 프로그램을 만들어 주는 방법으로 집권자의 환
심을 사 콜롬비아에 진출했고 이 과정에서 남미 마약왕의 도움을 받았다
는 주장이 제기되었는데, 이에 대해 『한겨레』 2000년 5월 25일자는 다음

---

20) 오남석, 〈콜롬비아 '흑백뉴스'〉, 『문화일보』, 1999년 9월 12일, 9면.

과 같이 보도하였다.

　　미국의 자유기고가 데니스 한스는 비영리 엔지오(비정부기구)들을 지원하기 위해 1985년 창간된 잡지인 『워킹 애싯』(www.workingassets.com)에 쓴 글에서 이렇게 주장하고 CBS가 앞으로 '콜롬비아정부방송'(Colombia Government BS)으로 불리게 될 것이라 비꼬았다. CBS와 콜롬비아 정부를 묶어준 것은 남미의 마약왕 매카프리였다. 한스는 '마약왕 매카프리가 지난여름 콜롬비아 공산주의자 저항세력의 힘이 커진 것에 위기감을 느껴 미국 의회를 설득해 군사원조를 세 배로 늘릴 수 있도록 홍보 계획을 개발했다' 며 '계획의 핵심은 공산 게릴라를 마약 테러리스트로 과장하는 한편 콜롬비아 당국과 군이 관련된 마약 부패는 전혀 언급하지 않는 것' 이라 주장했다. 매카프리는 애초 미국 언론의 협력을 기대했으나 그 효과가 충분치 않을 것이라 보고 스스로 언론매체를 차리기로 했다. 매카프리는 지난해 7월 CBS의 이익이 떨어졌다는 소식을 듣고 이 방송사에 전화를 걸어 남미 지역 방송 네트워크 형성을 제안했다. 로런스 티치 사장은 콜롬비아 대통령의 환심을 사기 위해 이 방송 뉴스 앵커 댄 래더를 보내 대통령을 홍보하는 프로그램을 만드는 한편, 자사 프로그램인 『60분』에서 콜롬비아 대통령을 미화하기도 했다. 그 결과 CBS와 콜롬비아 정부는 지난 20일 합작 도장을 찍었다. 안드레스 파스트라나 콜롬비아 대통령은 '래더와 같은 신망 있는 언론인의 입을 통해 정부가 선전된다면 더욱 힘을 얻을 것이다' 고 말했다. 콜롬비아 정부는 안정적인 집권을 위해, CBS는 영업 확대를 위해 노골적인 '권언유착' 을 이뤘다는 비판이 높아지고 있다. [21]

콜롬비아의 늦은 민영 TV

콜롬비아는 다른 중남미 국가들과는 달리 민영 TV를 매우 늦게 허용하였는데, 이에 대해 미국의 『Variety』지 96년 5월 13일자는 다음과 같이 보도하였다.

"콜롬비아에서 활발한 활동을 벌이고 있는 미국인들이 유독 마약 단속반들은 아니다. 라틴 아메리카에서 가장 규제가 심하기로 이름난 콜롬비아 TV 시장이 바야흐로 자유화의 물결을 타고 있기 때문이다. 이에 따라 국내는 물론이고 해외의 투자가들까지 합세해 오랫동안 기다려 온 기회를 놓칠세라 이 곳 TV 시장에 뛰어들고 있어 경쟁이 더욱 뜨거워지고 있다. …… 콜롬비아 최고의 지역 방송사(제작사)인 RCN은 올해 말에 허가될 3개의 민영방송 네트워크 가운데 한 곳에 입찰하기 위해 스페인의 Antena3와 계약을 체결했다. 또 RCN 이외의 다른 입찰 희망업체들도 미국을 비롯한 해외업체와의 제휴를 모색 중이다. 인구 3,600만에 TV 시청 가구가 700만인 이 나라에서 텔레비전 방송의 탈규제는 때늦은 감이 없지 않다. 콜롬비아에서는 방송이 항상 국가의 통제를 받아 왔다. 그러다가 91년에 헌법이 개정되면서 일반인들도 전파 미디어를 소유할 수 있게 되었다. 그러나 어떻게 이 분야를 개방해야 할 것인가 하는 문제를 둘러싸고 논쟁이 계속돼 탈규제 과정이 5년이나 지연됐다. …… 탈규제 문제는 콜롬비아 특유의 TV 방송환경 때문에 더욱 복잡하다. 정부는 20여 개의 제작사들을 상대로 6년에 한 번씩 2개의 전국 채널 방영권에 입찰하도록 허용하고 있다. 따라서 방송 시간은 뉴스 제작사의 경우 30분짜리 두세 개에서부터 RCN이나 Caracol 같은 대형사의 경우 총 27시간에

---

21) 권혁철, 〈미 CBS · 남미정부 유착〉, 『한겨레』, 2000년 5월 25일, 11면.

이르기까지 다양하다. 대기업이 소유하고 있는 RCN과 Caracol도 라틴
아메리카의 다른 나라들과 비교해보면 그 규모가 매우 작아서 지난해 총
수입이 약 1억 달러 이하 수준이다. 그런데도 정부는 여전히 이들이 국내
에서 지배적 위치로 성장하게 되지나 않을지 신경을 곤두세우고 있다.
…… 콜롬비아 정부가 규제 완화를 늦추고 있는 전형적인 사례로는 외국
인에게 15%의 지분만을 허용하고 있는 사실을 들 수 있다. 콜롬비아가
이처럼 완전 탈규제를 꺼리자 할리우드의 제작자들뿐만 아니라 미국 프
로그램을 수입해 자국에서 방영하는 콜롬비아 방송업체는 실망감을 감추
지 못하고 있다. 지난 95년까지 방송사들은 40%의 수입 제한율을 지켜
야 했다. 그러나 다른 시간대에 국내 프로그램을 방영하여 보상만 하면
되므로 프라임타임대에도 미국 프로그램을 얼마든지 방송할 수 있었다.
이제 방송사들은 훨씬 더 엄격한 기준에 따라 방송을 할 수밖에 없게 되
었다. 프라임타임이 한 시간 이상 허용되는 방송사는 하나도 없고 또한
각 방송사는 프라임타임 동안 최고 30%(채 20분도 되지 않는 시간)까지만
수입물을 방영할 수 있기 때문에 이 같은 시간 규정은 오후 7시부터 밤
10시 30분 사이에 미국 프로그램을 효과적으로 금지시키는 결과를 낳고
있다.” [22]

쿠바의 대중매체

쿠바의 면적은 11만㎢이며, 인구는 1천1백만 명이다. 95년 현재 일간
지는 16개로 107만 부를 발행하고 있으며, 공산당 기관지인 『Granma』
는 67만5천 부를 발행하고 있다. TV 방송은 2개 채널을 가진 국영 TV

---

22) 〈콜롬비아, 금년말 3개 민영 네트워크 허가〉, 『MBC 세계방송정보』, 1996년 6월 15일,
   26~27쪽.

Cubana의 독점 체제로 운영되고 있다. 1985년 미국 USIA가 설립한 프로파간다 방송 TV Marti가 널리 시청되자 쿠바 정부는 전파방해 시도를 하는 한편 95년 3월부터 인가를 받지 않은 위성안테나의 사용을 전면 금지시켰다.[23]

1998년 11월 13일, 쿠바 정부가 자국내 AP 통신의 지국 업무 재개를 허용한다는 소식이 보도되었다. 97년 미국 정부가 자국 언론사의 쿠바 취재본부 설치를 허가한 이래 그 해 CNN이 아바나에 취재본부를 설치한 이래 두 번째였다. 그러나 인쇄매체에 대해서는 쿠바에 지국 설립이 허용되지 않았다. 그렇지만 일부 외국어 간행물의 경우 돈만 있으면 누구든 외국인 관광호텔에서 사 볼 수 있다고 한다.[24]

2000년 9월, 미국 일간지인 『시카고 트리뷴』과 『달라스 모닝 뉴스』지가 1960년대 초 양국 국교 단절 이후 미국 신문사로는 최초로 쿠바의 수도 아바나에 취재본부를 두게 됐다. 쿠바의 펠리페 페레즈 로쿠에 외무장관은 최근 양 언론사 사장을 만나 두 신문의 취재본부 상주를 허가했다고 밝혔다. 이에 대해 『한국일보』 2000년 9월 19일자는 다음과 같이 보도하였다.

"『시카고 트리뷴』의 존 매디건 회장은 '쿠바에 관심이 많은 미국인들의 관심을 충족시킬 심층보도가 가능해졌다'며 기뻐했고, 『달라스 모닝 뉴스』의 편집인 벌 오스본도 '취재본부 설치로 우리는 장차 양국간 거리를 좁히는 데 공헌할 수 있을 것'이라고 내다봤다. 특히 『시카고 트리뷴』은 쿠바계가 다수를 차지하는 플로리다주의 지방지 『선 센티널』과 『올랜도 센티널』의 모기업이어서 취재본부 설치의 효과는 더욱 클 것으로 전망된다. 일부에서는 쿠바의 미국 신문사 취재본부 설치 허가를 대미 민간교

---

23) 한국언론연구원, 『세계의 미디어』(한국언론연구원, 1996), 388~389쪽.
24) 이상기 편역, 〈쿠바 언론의 실태〉, 『해외언론동향』, 1999년 2월호, 55쪽.

류의 폭을 넓히려는 신호탄으로 보고 있다. 소련 붕괴 후 서방국가의 투
자를 적극 유치하는 등 개방정책을 펴왔지만 언론에 대해서는 여전히 적
대적이었다. 하바나에 상주하는 100여 명의 외국 언론인들은 당국의 감
시를 받고 있으며 출국조치를 당하는 경우도 종종 발생했었다." [25]

『인터내셔널 헤럴드 트리뷴』 2000년 12월 27일자는 정부의 접근 금지
령을 어기고 인터넷에 접속하는 수천 명의 '인터넷 게릴라' 들이 있다고
보도했다. 『경향신문』 12월 28일자 기사를 인용한다.

> 쿠바에서는 1천1백만 인구 중 약 4만 명의 공무원, 사업가, 외국인들
> 만이 허가를 받고 인터넷에 접속할 수 있다. IHT가 보도한 '인터넷
> 게릴라(불법 인터넷 사용자)' 들은 주로 전문직업을 가진 젊은이들.
> 이들은 '감옥에 갈 각오' 를 하고 정부 기관에 있는 친구들에게서 ID를
> 빌리거나 훔쳐 인터넷에 접근, 외국의 뉴스나 음악을 듣고 컴퓨터 교
> 육 프로그램들을 접하기도 한다. 쿠바인들이 읽고 듣는 것을 통제하
> 는 것은 카스트로 정권 초기부터의 원칙. 국영 신문이나 텔레비전,
> 라디오 외에는 청취가 금지되어 있다. 특히 옛 소련의 붕괴에 정보의
> 노출이 결정적인 역할을 했던 것을 목도한 쿠바 당국은 인터넷이 정
> 보 독재에 위협이 될 수 있는 것으로 간주해 더욱 철저하게 봉쇄했
> 다. 쿠바 당국도 인터넷 카페 2곳을 열고 전자상거래의 가능성에 대
> 해서도 타진하는 등 최근 정보화 시대에 대비하는 움직임을 보이고
> 는 있지만 이러한 움직임에 대해선 회의적인 시각이 많다. 가정에서
> 의 인터넷 접속은 계속 금지될 것이고 공공장소에서는 감시가 심하거
> 나 가격이 너무 비싸 이용하기 힘들 것이라는 냉소적인 전망이다. [26]

---

25) 〈미 신문사, 쿠바 첫 진출〉, 『한국일보』, 2000년 9월 19일, 7면.
26) 송현숙, 〈'정보 외딴섬' 쿠바에 인터넷반란〉, 『경향신문』, 2000년 12월 28일, 8면.

저작권과 관련, 한승헌 변호사는 쿠바의 태도에 대해 다음과 같이 말한다.

"쿠바는 1957년에 세계저작권조약에 가입하였는데, 바로 그 2년 후에 집권한 카스트로는 1967년에 다음과 같은 폭탄선언을 했다: '우리 쿠바 공화국은 앞으로 외국 저작권을 일체 무시하기로 한다. 물론 다른 나라가 쿠바의 저작권을 무시하는 것도 자유다.' 그 후 『게바라 일기』의 출판을 둘러싸고 문의를 받았을 적에도 쿠바 정부는 '우리 쿠바는 어떤 저작권조약의 당사국도 아니다' 라고 시침을 떼었다. 전에 가입한 세계저작권조약에서 탈퇴하지도 않은 상태에서 한 카스트로의 '자유 이용 선언'은 과연 혁명적이었다." [27]

페루의 대중매체

페루의 면적은 128만5천㎢이며, 인구는 2천3백만 명이다. 높은 문맹률과 지형적 여건으로 인해 신문은 수도인 리마 등의 대도시 중심으로 배포되고 있는데, 리마의 경우 94년 현재 22개 일간지가 52만6천 부를 발행하고 있다. [28] 98년 현재 10만 부 이상을 발행하는 신문으로는 『El Comercio』 18만, 『El Chino』 15만, 『Aja』 11만, 『Ojo La』 19만, 『Republica』 10만 등이 있다. [29]

1953년에 개국한 국영 텔레비전 방송사 RTP 외에 6개의 민영 네트워크와 다수의 민영 지역방송사들이 운영되고 있다. [30] 페루의 방송 상황과 관련, 다음과 같은 지적을 참고해두는 것이 좋겠다.

---

27) 한승헌, 『정보화시대의 저작권』 3정판(나남, 1996), 134쪽.
28) 한국언론연구원, 『세계의 미디어』(한국언론연구원, 1996), 401~402쪽.
29) 『해외언론동향』, 2000년 1월호, 105쪽.
30) 한국언론연구원, 위의 책, 401~402쪽.

라틴 아메리카의 라디오 및 TV국들에 대한 미국의 초기 직접 투자는 1970년대에 이르러 점차 줄어들고 대신 미국의 광고 및 프로그램 판매가 증가됐다. 1970년대 초기에 아르헨티나와 페루의 민간 투자가들은 정부의 미디어 몰수 조치에 대한 효과적인 대응책의 일환으로 투자 대상을 채널 소유에서 프로그램 제작의 방향으로 전환시켰다.[31]

『퀼』지 99년 9월호는 후지모리 정권 치하에서 벌어진 한 언론탄압 사례에 대해 다음과 같이 말한다.

"페루의 바루크 이브체르 기자도 마이애미에서 망명생활을 하고 있다. 이스라엘 출신인 그는 페루의 수도 리마에서 프레퀸시아 라티나라는 방송국을 소유하고 있었다. 이 방송국이 군부의 인권침해 사례를 시리즈로 다루자 알베르토 후지모리 정부는 당황했다. 정부는 지난 1997년 그가 적합한 서류를 제출하지 않았다며 그의 시민권을 박탈했다. 페루법은 국민이 아니면 방송국을 소유할 수 없다. 이브체르가 …… 미주 인권위원회에 항소하자 후지모리 정부는 지난 7월 이 기구에서 탈퇴했다."[32]

페루엔 때아닌 '비디오 혁명'의 바람이 불고 있다. 2000년 9월, 반(反)후지모리 인사들이 10만 달러를 주고 구입한 '국가정보부장의 야당의원 뇌물제공 비디오 테이프'는 후지모리의 몰락을 몰고 왔을 뿐만 아니라 후지모리가 일본으로 도망간 뒤에도 다른 테이프들이 계속 공개돼 엄청난 파장을 불러일으키고 있기 때문이다. 이에 대해『한겨레 21』 2001년 2월 22일자는 다음과 같이 보도하였다.

---

31) 엘리자베스 폭스, 〈라틴 아메리카의 미디어정책: 개관〉, 엘리자베스 폭스(Elizabeth Fox) 외, 이원혁 옮김, 『라틴아메리카의 정치권력과 미디어』(한울아카데미, 1991), 43쪽.
32) 최대식 편역, 〈언론자유 옭죄는 칠레 사법부: 법원 비리 밝힌 여기자, 체포 위협 느껴 미국 망명〉, 『해외언론동향』, 1999년 11월호, 47쪽에서 재인용.

요즘 페루는 비디오 연속상영에 온 나라가 들썩이고 있다. 알베르토 후지모리 집권 10년 동안 정권의 2인자이자 정보총책이었던 블라디미르 몬테시노스에게서 압수한 2004개 가량의 비디오테이프가 잇따라 공개되고 있기 때문이다. 이 테이프 속에는 몬테시노스의 정치공작, 야당의원 매수, 이권개입 등 지난 시절 저지른 갖가지 치부들이 적나라하게 담겨 있다. 의회와 특별재판부가 비디오테이프를 공개할 때마다, 페루 시민들은 '저 사람도 뒷구멍으로 거래를 해왔나!' 하며 분노 섞인 탄식을 하고 있다. 몬테시노스 테이프는 엄청난 폭발력을 지닌 페루 정가의 폭풍의 핵으로 떠올랐다. …… 몬테시노스 몰래카메라 소동으로 페루 텔레비전 시청률은 크게 높아졌다. 지금껏 공개된 비디오가 극히 일부에 지나지 않는다는 점을 감안하면, 올 봄 내내 높은 시청률이 이어질 전망이다. [33]

과테말라의 대중매체

과테말라의 면적은 10만9천㎢이며, 인구는 1천만 명이다. 일간지는 93년 현재 7개로 총발행부수는 24만 부이다. 최대 신문은 우익 계열인 『Prensa Libre』로 10만 부를 발행하고 있다. 전국중도주의자연합(UCN) 계열의 『El Gráfico』는 6만 부, 90년에 창간된 『Siglo Veintiuno』는 5만 부를 발행한다. 방송은 국영 텔레비전 네트워크인 Canal 5 외에 6개의 민영방송 그리고 30개 이상의 케이블TV 시스템이 운영되는 등 과테말라의 방송산업은 비교적 발달한 편이다. [34]

『퀼』지 99년 9월호는 과테말라의 한 언론탄압 사례에 대해 다음과 같

---

33) 김재명, 〈'몰카'에 우는 페루 정가〉, 『한겨레 21』, 2001년 2월 22일, 76~77면.
34) 한국언론연구원, 『세계의 미디어』(한국언론연구원, 1996), 303~304쪽.

이 말한다.

"민간대통령인 알바로 아르수가 기업인들에게 자신이 싫어하는 시사주간지 『크로니카』지에 광고를 주지 말도록 했다. 여기에 따르지 않는 기업들은 광고를 중단하거나 아니면 세무조사를 받거나 양자택일을 해야 했다. 『크로니카』지가 재정적 어려움을 극복하자 친(親)아르수 대통령 계열의 몇몇 기업이 이 주간지의 최대 주주가 되어 편집 책임자들을 모두 해고했다." [35]

『해외언론동향』 2000년 7월호는 과테말라에서 벌어진 한 교묘한 권언유착 사례에 대해 다음과 같이 말한다.

"한 멕시코의 사업가가 자신의 4개 TV 방송국과 21개의 라디오 지방국에서 250만 달러 정도의 비용이 드는 광고를 무료로 해줌으로써 알폰소 포르티요 신임 대통령을 도와주고 있는데 그는 독립신문들, 특히 이 나라의 가장 큰 신문인 『프렌사 리브레』에 대해 비방 캠페인을 벌이고 있다." [36] ■

---

35) 최대식 편역, 〈언론자유 옭죄는 칠레 사법부: 법원 비리 밝힌 여기자, 체포 위협 느껴 미국 망명〉, 『해외언론동향』, 1999년 11월호, 47쪽에서 재인용.
36) 〈법을 이용한 탄압, 테러 늘어: 남미 언론의 험난한 현실〉, 『KPF 해외언론동향』, 2000년 7월호, 46쪽.

제8장 아프리카의 대중매체

이집트는 대통령의 나라

이집트는 우리 나라의 4배가 넘는 면적(1백만㎢)에 6천6백만 명의 인구를 갖고 있다. 16개의 일간지가 있는데 95년 현재 3대 일간지의 총발행 부수는 356만 부다. 『Al Ahram』 212만 부, 『Al Akhbar』 79만 부, 『Al Goumhouryia』 65만 부 등이다. 방송은 95년 현재 국영 전국 네트워크인 Egyptian Radio and Television Union 외에 1개의 민영 네트워크(페이 TV)와 6개의 로컬 TV 방송국이 운영되고 있다. [1]

이집트는 대통령의 나라다. 잠시 그 역사를 살펴보자. 1952년 7월 23일 낫세르를 필두로한 '자유장교단' 은 무혈혁명을 통해 당시의 왕정을 폐하고, 당시 전쟁 영웅으로 추앙받던 Mohammed Naguib를 대통령에 추대했으나 Naguib는 54년 2월 군사정부에 의해 대통령직에서 쫓겨났고, 낫

---

1) 한국언론연구원, 『세계의 미디어』(한국언론연구원, 1996), 743~744쪽.

세르가 그를 대신해 대통령직을 이어받았다. 대통령이 된 낫세르는 먼저 토지개혁과 국유화 정책을 단행했으며 수에즈운하의 국유화를 선언하였다. 영국과 프랑스는 수에즈운하에 대한 통제권을 되찾기 위해 이스라엘과 함께 무력으로 수에즈운하를 점령하였지만, 이 전쟁은 낫세르의 판정승으로 끝이 났고, 그 결과 낫세르는 아랍과 제3세계의 영웅으로 떠올랐다. 그러나 그는 1967년 이스라엘과의 '6일 전쟁'에서 패한 이후 정치적으로 궁지에 몰리다가 1970년 9월 28일 심장마비로 사망하였다.

대통령 자리는 2인자인 사다트에게 돌아갔다. 사다트는 나세르와는 달리 미국과 동맹적 관계를 맺는 등 친서방정책을 펴며 이집트 우선주의(Egypt First Policy)라는 실용노선을 걸으면서 경제적으로도 개방정책을 펼쳤다. 그는 1977년 11월 19일 예루살렘을 방문하였으며 1978년 9월 17일엔 미국의 중재로 이스라엘과 캠프 데이비드 협정을 체결하였다. 이는 서방 세계에선 높은 평가를 받았지만 아랍 세계에선 큰 반발을 초래하였다. 결국 사다트는 1981년 10월 6일, 1973년의 수에즈운하 국유화를 기념하는 군사퍼레이드 도중 이슬람 극렬분자로 추정되는 테러리스트들에게 암살당하였다.

사다트의 뒤를 이은 인물이 지금까지 대통령을 하고 있는 호스니 무바라크다. 그는 사다트의 친서방정책을 계승하고 있으며, 지난 99년 4월 9일 이집트 대통령으로선 처음으로 한국을 방문한 바 있다. 대통령 취임 직후부터 테러와의 전쟁을 선포한 무바라크는 2천5백여 명의 이슬람 근본주의자들을 체포, 투옥하였으며 혼란상태에 빠져 있던 이집트 경제를 회복시키는 데 주력하였다.[2] 무바라크는 99년 9월 26일 치러진 국민투표에서 93.79%의 지지를 획득하며 4선 연임에 성공했다.

---

2) 신영은, 〈나세르·사다트·무바라크: 이집트의 세 마리 용〉, 강준만·김환표, 『권력과 리더십 4』(인물과사상사, 1999), 309~323쪽을 참고한 것입니다.

이집트에서는 대통령에 관한 영화가 인기다. 96년에 개봉된 나세르 대통령의 수에즈운하 국유화와 전쟁을 그린 『나세르 1956』은 이집트 영화 역사상 최대인 3백만 명의 관객을 동원하였다. 물론 사다트에 관한 영화도 제작되었다. 반세기가 되도록 단 세 사람의 대통령만 갖고 있다는 희소 가치 때문에 이집트 국민들은 대통령 이야기를 좋아하는 걸까?[3]

이집트의 방송과 영화

이집트는 아랍권에서 가장 먼저 TV를 도입한 나라다. 김규 교수는 그의 저서 『비교방송론』(1988)에서 "이집트는 아랍어로 제작되는 프로그램의 주요 공급국이며, 또 방송인의 양성처로서 중동 방송에서 리더십을 발휘하고 있다"면서 다음과 같이 말한다.

이곳은 중동의 방송교육과 전문인 훈련이 이루어지는 중심지로서 이집트 방송인들은 ASBU(Arab States Broadcasting Union: 아랍방송연맹)와의 협력하에 주변 아랍국과 함께 TV 드라마를 상호 교환하고 제작하고 있다. 이집트 중동 통신사(Egyptian Middle East News Agency: MENA)는 1956년 설립된 이래로 수백 명의 제3세계 저널리스트들을 위해 미디어 훈련을 실시해 오고 있다. 카이로는 대부분이 아랍형 Soap Opera인 영화와 TV쇼 프로그램의 방대한 제작량으로 말미암아 '아랍세계의 헐리우드' 라 불려지기도 하며, 여기서 제작된 프로그램들은 중동지역 전역으로 보내진다. 이집트 TV 방송은 1950년대 초반에 개국되었으며, 다른 어느 아랍 방송보다 역

---

3) 홍혜선, 『벤츠와 당나귀』(삶과꿈, 1998), 290~291쪽; 권태선, 〈이집트 나세르영화 열광〉, 『한겨레신문』, 1996년 8월 16일, 7면.

사가 길다. 이것은 이집트 방송이 아랍어권 텔레비전에서 독점적 위
치를 차지하고 있는 현상을 부분적으로 설명해준다. 또다른 요인은
1878년 나폴레옹의 침공으로 거슬러 올라가서 19세기 영국의 점령
까지의 유럽 식민 종주국의 영향과 이집트의 상층계급을 서구인들로
전환시킨 사건들로 추정할 수도 있다. 오늘날 이집트 TV 방송은 요
르단, 튀니지, 듀바인, 아부다비, 그리스, 서독, 영국 등지에 수개의
해외 제작회사를 소유하고 있는데 이들은 석유로 이루어진 충분한
자금 지급을 받고 있다. 이러한 스튜디오는 1970년대 말 사다트가
이스라엘과 평화협정을 맺은 것을 보복하기 위해 많은 아랍 국가들
이 이집트가 제작한 프로그램을 보이코트하면서 생겨난 결과이기도
하다. 또 한편으로는 국외 소재 방송은 세금과 프로그램 규제로부터
자유로울 수 있다는 면도 있다. [4]

이집트가 중동 지역 TV의 주요 공급자라고 하는 위상을 웅변해주는
한 가지 재미있는 사례가 있다. 그건 이스라엘이 이집트 프로그램을 거저
가져 쓴다는 사실이다. 이에 대해 『MBC 세계방송정보』 1995년 6월 25일
자는 다음과 같이 말한다.

"이스라엘의 케이블 방송들은 종종 위성방송 프로그램을 도둑질해 자
국의 시청자들에게 틀어주곤 해 미국이나 영국 네트워크들로부터 법적
제재의 위협을 받곤 했다. 놀랍게도 이스라엘 방송들의 이러한 행위는 국
내법에 위배되지 않는다. 최근 이집트의 영화 TV제작자협회는 이스라
엘의 국영 지상파인 Israel TV가 로얄티를 지불하지 않고 자국의 영화를
방송하고 있는데 대해 카이로의 이스라엘 대사관에 공식적으로 이의를

---

4) 김규, 『비교방송론』(나남, 1988), 238~239쪽.

제기했다. 동 협회는 또 회원들에게 이 문제가 해결될 때까지 이스라엘을 방문하지 말 것과 이스라엘 TV와 영화 제작자들과의 접촉을 거부할 것을 촉구하고 있는데, 이집트의 영화산업은 현재 극심한 재정난을 겪고 있으며 이를 타개하기 위해 다른 수입원을 찾고 있다. 한편 이스라엘 외무부 관리들은 자기 나라가 이집트 영화산업 재정난 해결의 희생양이 되고 있다면서 이 문제가 정치적인 이슈로 번질 가능성도 배제하지 않고 있다. 또 Israel TV측은 이집트의 어떤 단체나 정부 기구로부터도 로얄티를 내라는 공식 요청을 받은 바 없다고 주장하고 있다."[5]

이집트는 영화산업도 중동 지역에서 가장 앞서 있다는 의미에서도 '중동의 할리우드'라 불린다.[6] 진짜 할리우드만큼 표현의 자유까지 자유로운 건 아니지만 다른 회교 국가에 비해선 대단히 자유롭다. 물론 그에 대해 반발이 없을 리 없다. 『세계일보』99년 8월 31일자가 전하는 바에 따르면, 이런 일도 있었다.

"회교 국가인 이집트의 한 변호사는 최근 개봉된 영화광고 포스터에서 침대에 나란히 누워 있는 남녀 배우를 간통혐의로 고소했다고 현지 법원 소식통들이 29일 전언. 세인의 주목을 끄는 사건을 전문적으로 취급하는 무스타파 아슈브 변호사는 『하산과 아지자: 국가보안서건』이라는 영화의 포스터에서 침대 시트를 어깨까지 덮은 채 누워 있는 주연 배우 아쉬라프 압델 바키와 유스라를 '간통, 풍기문란, 회교법 위반' 등의 혐의로 고소했다는 것. 그는 '두 사람이 신성한 장소인 부부 침대에서 사랑을 나누는 포스터 사진이 간통의 증거'라고 주장."[7]

---

5) 〈이집트 제작자들, 이스라엘 TV에 방송권료 요구〉, 『MBC 세계방송정보』, 1995년 6월 25일, 30쪽.
6) Douglas Boyd, 〈The Arab World〉, Anthony Smith/Richard Paterson eds., 『Television: An International History』(Oxford: Oxford University Press, 1998), p.183.
7) 〈포스터 '베드신' 배우 간통죄 고소〉, 『세계일보』, 1999년 8월 31일, 8면.

아프리카 [8]의 비극

우리는 여러분들에게 고통에 찌든 아프리카 어린이들의 참상을 알리고자 이 여행을 시작했습니다. 우리는 여러분이 따스한 정으로 아프리카를 구하러 찾아오시리라 믿습니다. 우리는 전쟁과 병고와 배고픔에 시달리고 있습니다. 학교는 세워져 있지만 선생님과 교재가 없습니다. 아름다운 대륙 유럽에 사는 여러분들이 사랑의 마음으로 우리를 도와주실 것을 간청합니다.

1999년 8월 기니 수도 코나크리에서 출발한 사베나 항공기 밑바닥 랜딩기어 보관실에 숨어들었다가 항공기가 벨기에 브뤼셀에 도착한 뒤 얼어 죽은 채 발견된 야퀸 코이타(14)와 포데 투르카나(15)라는 이름의 소년들이 남긴 유서의 내용이다. [9]

아프리카! 우리에게 떠오르는 이미지는 기니의 두 소년이 지적한 바와 같은 '전쟁과 병고와 배고픔' 이다. TV 등을 통해서 자주 접하는 '동물의 왕국' 이라는 또 하나의 이미지가 떠오르기도 하겠지만, 그것 역시 아프리카는 '사람의 대륙' 이라기보다는 '동물의 대륙' 이라는 걸 말해주는 게 아닐까?

아프리카는 저주받은 땅인가? 아프리카의 어제와 오늘은 단순한 통계만으로 살펴보아도 너무 끔찍하다. 1450년부터 1850년까지 400년 동안 대략 1천2백만 명의 아프리카인이 미국과 남미 등으로 잡혀가 노예생활을 했으며, 2천만 명이 북아프리카 중동 등으로 팔려간 것으로 추정되고

---

8) 2000년 7월 현재, 아프리카 53개국 중 한국의 상주대사관이 설치된 곳은 14곳으로 과거의 20여 곳에서 크게 줄었다.
9) 권기태, 〈아프리카 소년 유서 유럽 울렸다〉, 『동아일보』, 1999년 8월 6일, A10면.

있다. [10] 세계 최빈국 50개국 중 33개국이 아프리카에 있으며, 아프리카의 6억 인구 중 2억2천5백여만 명이 AIDS에 감염돼 있고 지난 10년 동안 말라리아로 희생된 인구만도 3백만 명이 넘는다. [11]

2억 이상이 에이즈에 감염? 에이즈 통계는 막연한 추측이 난무해 전혀 다른 통계를 하나 더 제시하는 것이 좋겠다. 유엔에이즈합동계획(UNAIDS)에 따르면 세계적으로 3천4백30만 명이 에이즈 바이러스에 감염돼 있는데 그 중 2천4백50만 명이 사하라 이남 아프리카에 살고 있다. 선진국의 경우 성인 에이즈 감염률이 1% 미만인 데 비해 아프리카는 10%를 넘는 나라가 16개나 된다. 남아프리카공화국 20%, 짐바브웨와 스와질란드 25%며, 가장 높은 보츠와나는 36%다. 아프리카에선 매일 6천30명이 에이즈로 목숨을 잃는다. [12]

그런 암울한 상황에서도 분쟁이 끊이질 않는다. 사하라사막 이남의 42개 국가 중 20개 국가가 직간접적으로 전쟁이나 분쟁에 관여돼 있으며, 아프리카 53개국 중 90년대 이후 선거 등을 통해 평화적으로 정권교체를 이룬 나라는 20여개 국에 불과하다. 대부분 쿠데타를 통해 집권한 군사독재자이거나 정권을 장악한 뒤 장기독재체제를 구축한 지도자들인데, 1950년 이래 쿠데타를 포함한 위헌적 수단으로 85차례 정권이 교체됐고 90명이 권좌에 올랐는데, 이 과정에서 25명의 대통령과 총리가 살해됐다. 한 차례 이상 쿠데타가 일어난 나라가 22개국에 이르며, 베냉 부룬디 가나 나이지리아 수단 시에라리온의 경우 5차례 이상 쿠데타가 일어났다. [13]

---

10) 〈'아프리카 노예 777조달러 배상'〉, 『한겨레』, 1999년 8월 21일, 10면.
11) 윤양섭, 〈굶주림과 질병의 땅 아프리카 대륙 '전운 자욱'〉, 『동아일보』, 1999년 1월 29일, A11면.
12) 정우량, 〈"난치의 에이즈대륙 아프리카를 살리자"〉, 『중앙일보』, 2000년 9월 4일, 12면.
13) 하성봉, 〈군부독재 장수만세, 아프리카〉, 『한겨레 21』, 1998년 6월 25일, 50~51면; 배국남, 〈독재신음 아 대륙 험난한 '민주의 봄'〉, 『한국일보』, 1998년 7월 10일, 7면.

아프리카의 독재는 자생적이라기보다는 '이식'된 것이다. 미국 프랑스 영국 등 열강들이 영향력과 시장 유지를 위해 독재를 묵인하거나 간접 지원한 탓이 크다. 전쟁과 병고와 배고픔도 마찬가지다. 아프리카의 모든 비극의 책임을 너무 서방 강대국들에게 떠넘기는 것 아니냐고? 그럴 수도 있겠다. 그러나 그건 이렇게 보아야 한다. 아프리카의 비극은 '노예 사냥'에서부터 비롯된 것이다. 하나가 어긋나기 시작하면 나머지 모든 것도 다 어긋나기 쉽다. 서방 강대국들이 아프리카의 뿌리 자체를 뽑아 내거나 흔들었다는 점이 중요하다.

이렇게 설명할 수도 있겠다. 어린 시절 큰 정신적인 상처를 입은 사람은 성인이 되어서도 그 후유증에 시달리기 마련이다. 이 경우 그 후유증에 대한 책임은 그 피해자의 어린 시절에 큰 상처를 입힌 사람에게 묻는 것이 온당하지 않겠는가. 게다가 그 가해자가 반성이나 사과를 한 것도 아니고 아직도 기회만 있으면 피해자와 관련된 일에서 자기 잇속이나 챙기려 든다면?

유엔개발계획(UNDP)이 98년 9월에 밝힌 바에 따르면, 전 세계적으로 부자와 빈자간 소비격차가 더욱 벌어져 20%의 고소득 국가 국민들이 전 세계 소비의 86%를 점유한 반면 20%의 빈국 국민들은 겨우 1.3%를 차지한 것으로 나타났다. [14] 세계은행의 2000년 5월 보고서에 따르면, 99년 아프리카 48개국의 국내총생산(GDP)을 모두 합치더라도 벨기에와 비슷한 9백60억 달러에 불과하다.

빈부격차와 피부 색깔

세계적인 빈부격차의 문제는 놀랍게도(또는 당연하게도) 피부 색깔의

---

14) 〈고소득 국가 20%가 세계 소비 86% 차지〉, 『중앙일보』, 1998년 9월 10일, 8면.

문제이기도 하다. 그건 마치 미국 내에서의 빈부격차가 곧 피부 색깔의 문제인 것과 너무도 흡사하다.

아버지의 직장 때문에 아버지를 따라 아프리카 가봉에서 중학 시절을 보낸 정치학자 조홍식 씨는 자신의 자전 에세이 『나의 사랑 나의 아프리카: 검은 대륙에 혼을 심은 황색 청년』(1996)에서 백인들에겐 비굴하게 굴면서 흑인들을 멸시하는 일부 한국인들의 인종차별주의를 지적하면서 다음과 같이 말한다.

흑인들 중에서도 이와 같은 인종의 위계질서를 그대로 인정하는 사람들이 상당수 된다. 백인들이 일반적으로 흑인보다 우수하다고 생각하는 흑인들은, 황인도 흑인보다 우수하다고 생각한다. 흑인으로서 당할 수밖에 없었던 갖은 인종차별과 편견이 얼마나 심했던지 가해자의 사고방식이 몸에 배어 이를 내면화시켜버린 경우라고 할 수 있다. 특히 흑인 여자들 중에 이런 부류의 사람이 많은데 이같이 흑인 스스로 비참한 생각을 하게 만든 데는 영화나 TV 같은 현대 대중 매체들의 영향이 크다. 금발 머리에 몸이 날씬하고 얼굴이 하얀 미인들을 세계 여성미의 기준으로 제시함으로써 그 모델에서 이탈하는 모든 여인들에게 심리적인 콤플렉스를 심어준 것이다. 요즘은 그래도 서로 다른 인종과 문화의 다양성을 장려하는 다문화주의 덕분에 이런 현상이 약화되어 가는 추세이지만 60~70년대의 인종문화 차별주의는 심각한 상황이었다. 일부 흑인 여성들은 그로 인해 백인만 보면 몸을 섞어 자기보다 피부색이 하얀 아이를 만들려고 안달이다. 동양인도 피부색이 흑인보다 월등히 희다 보니 이런 여인들의 사냥감이다. 일부 한국인들도 이런 시장의 법칙을 적절히 활용해 독신 생활의 외로움을 경제적으로 해소한 것으로 알고 있다. 그 결과 얼마나 피부가 하얀 아이가 태어났는지, 그 아이가 아버지에 대해서 어떤 이미지를 갖고 있는지는 몰라도 말이다. 이와는 반대로 백인 중심의 사고방식과 인종관에 강력하게 반발하는 흑인들도 점차 늘어가고 있다. 미국의 과격한 일부 단체나 아프리카의 인종주의자들은 인종의 위계질서를 완전히 뒤바꾸어서 흑인이 세계에서 가장 우수하고 훌륭한 인종이라고 주장한다. 이들의 주장은 우리가 가지고 있는 역사적인 통념을 깨어버린다. 예를 들면 아프리카가 인류의 근원지라는 주장이다. …… 이들은 또 예수도 흑인이었을 가능성이 높다는 주장도 서슴지 않는다. 말하자면 흑인들의 역사 바로 세우기인 셈이다. [15]

일부 흑인들의 하얀 피부에 대한 동경과 선망은 여전히 계속되고 있다. 『국민일보』 2001년 1월 19일자는 다음과 같이 보도하였다.

'검은 것은 아름답다' -미국 흑인 인권운동의 슬로건이다. 그런데 흑인의 본토인 검은 대륙 아프리카에서 백색 미인 바람이 불어 피해가 늘고 있다. 최근 BBC 방송보도에 따르면 케냐에서는 '하얀 피부가 더 아름답다' 고 생각하는 젊은 여성들이 피부를 희게 해준다는 크림을 남용해 피부, 특히 얼굴을 해치고 있다는 것이다. 올해 19세인 리타 이룬구는 피부 크림을 사용했다가 얼굴에 얼룩지는 등 피부를 상하는 피해를 보았다. 그녀는 수년간 포함 성분이 무엇인지도 모른 채 크림을 사용했고 그 결과 현재는 1주일에 한 번씩 치료받고 있다. 리타는 '하얀 피부가 더 아름답다고 생각하게 만든 것은 남자친구의 기대감이었다' 며 '남자친구를 정말 좋아하지만 그는 좀더 하얀 피부를

---

15) 조홍식, 『나의 사랑 나의 아프리카: 검은 대륙에 혼을 심은 황색 청년』(샘터, 1996), 230~
  231쪽.

찾을 것이기 때문'이라고 토로했다. 남자친구들도 '참 예뻐보이지만 좀더 피부가 하야면 훨씬 나을 것'이라고 말하곤 했다. 한 크림회사 측은 수은 등을 사용하지 않기 때문에 안전하다고 주장하지만 모든 제조업체가 제품 생산에 이처럼 주의 깊지는 않다. 수십 명의 크림 피해 환자를 치료하고 있는 한 피부전문의는 광고가 큰 문제라고 지적했다. 크림 제조 회사들의 광고는 흠 없는 피부를 좀더 하얀 피부에 연계시켜 사람들이 하얀 피부를 가지려고 애쓰도록 만든다는 것이다. [16)]

언론의 '반론권 판매'

가난한 나라들의 언론이 다 그렇듯이, 아프리카 언론도 상당 부분 부정부패에 찌들어 있다. 특히 '반론권 판매'가 성행한다고 한다. 『바른언론』 96년 3월 30일자는 다음과 같이 보도하였다.

"세네갈 유력 일간지 『왈 화즈리 로로르』지는 '관행화된 부정부패·부조리가 민주화에 걸림돌이 되고 있는 아프리카에서 언론 역할이 그 어느 때보다 중요함에도 불구하고 부도덕한 언론사의 무책임한 행동은 아프리카의 민주발전을 저해하는 사회악'이라고 비난하며, 최근 중부 아프리카 전역에서 전염병처럼 번지고 있는 언론윤리에 어긋나는 광고성 지상 반박권의 폐해를 우려하고 있다. 오보로 인한 피해자나 이견을 갖고 있는 자에게 표현의 자유로 주어지는 '지상 반박권'이 얼마 전부터는 개인이나 단체의 홍보수단으로 이용되고 있는데, 그 문제의 심각성은 많은 신문사가 비싼 광고료를 받고 반박문 게재권을 판매하고 있다는 데 있다. 광

---

16) 박찬희, 〈검은대륙 백색미인 열풍〉, 『국민일보』, 2001년 1월 19일, 5면.

고료를 받고 지상 반박권을 판매하는 신문사는 해당 기사가 마치 '순수 반박' 문인 양 편집하여 독자를 우롱할 뿐만 아니라 심지어 신문사 광고국까지 동원된 지상 반박권 판매경쟁은 광고계 질서까지 어지럽히고 있다." [17]

정치시사풍자지의 활약

아프리카 언론이 부정부패에만 찌들어 있는 건 아니다. 『바른언론』 96년 8월 31일자는 아프리카 언론의 전반적 현황에 관한 기사를 게재하였다. 위 기사와 마찬가지로 강혜구 유럽통신원이 쓴 기사인데 내용이 아주 알차다. 강혜구 통신원은 아프리카 대륙에 불고 있는 '언론의 민영화 바람'과 정치 시사풍자지의 활약에 주목하면서 다음과 같이 말한다.

"몇 년 전 아프리카 대륙의 유일한 정치시사풍자지는 세네갈에서 발행되는 『까파르 리베레』지로서, 이 신문은 프랑스 유력 정치풍자신문 『까나르 아셰네』지를 본따 편집된 것이었다. 그나마 세네갈에서 이런 류의 신문이 존재할 수 있었던 것은 그 역사와 정치적 배경의 특수성 때문이다. 아프리카 대부분의 국가들이 식민지로부터 해방된 후 계속되는 쿠데타와 군사정권 아래서 정국이 불안정했던 데 비해 세네갈은 프랑스로부터 독립한 직후 정치, 경제 분야의 안정이 이뤄져 언론의 자유가 어느 정도 유지될 수 있었다. 그러나 정국이 불안정한 버키나파소에서 정치풍자신문 『렝트뤼(창업자)』지가 발행될 수 있었던 것은 대단한 것으로 평가된다. 최근 아프리카 여러 국가에서는 버키나파소의 『렝트뤼』지 성공에 힘입어 정치시사풍자신문 창간 붐이 일고 있다. 유일 정당시대의 막이 내리고 찾아온 언론의 봄과 함께 아프리카 여러 국가에서는 우후죽순처럼 새로운

---

17) 강혜구, 〈'지상반박권' 이용한 광고 폐해 심각〉, 『바른언론』, 1996년 3월 30일, 7면.

신문들이 창간되고 있기는 하지만 아직도 아프리카의 언론 감시는 계속
되고 있다. 특히 국민의 큰 인기를 얻고 있는 정치시사풍자신문에 대한
정부나 권력층의 감시나 방해는 그 어떤 인쇄매체에 대한 것보다 심각한
것으로 보고되고 있는데, 아프리카 정치풍자신문 발행인의 가장 큰 골칫
거리는 정부나 정치인들의 조직적 언론 탄압이 아니라 정치인 등이 개인
자격으로 제소하는 명예훼손 혐의다. 이는 초보적 민주화 단계에 있는 아
프리카 정치 배경에서 오는 것으로 민선 정치인들조차 자신과 소속 정당
의 이미지 미화를 찾고 있어 이들은 언론이 자신과 소속 정당 정책을 부
정적 시각으로 풍자하는 것을 참지 못하고 정정보도문 게재를 요구하거
나 명예훼손 혐의로 문제화시켜 신문사를 재정적 어려움에 빠뜨리고 있
다. 신문기사 내용이 설사 자신을 비난하는 것이 아닐지라도 자신의 이미
지 미화에 어울리지 않은 단어로 풍자되면 그 신문사를 명예와 품위훼손
혐의로 제소하는 일이 비일비재하다. 가봉의 『라 그라프』지의 경우, 봉고
대통령의 심기를 건드려 괘씸죄 혐의로 제소됐고, 카메룬의 『르 메사제』
지도 집권정당을 풍자한 이유로 정부와 불편한 관계가 계속되고 있다. 특
히 1993년 아이보리코스트의 『볼코슈』지가 버키나파소의 재무장관 프레
데릭 코르사가 씨로부터 명예와 품위훼손 혐의로 제소됐던 것은 아프리
카 언론계의 유명한 일화로 남아 있다. 당시 『볼코슈』지는 권력을 남용하
여 국가발주공사에 10% 커미션을 챙기는 이웃국가 재무장관의 부정부패
를 풍자하여 프레데릭 코르시가를 'Mr. 10%'로 묘사했던 것이다. 현재
아프리카에서 발행되는 정치시사풍자지 가운데 반론권, 정정보도, 명예
훼손, 손해배상 등의 법정 문제에 연루되지 않았던 신문은 하나도 없다.
이처럼 사소한 기사 내용도 법정 문제로 비화되자 아프리카 정치시사 풍
자지 편집국은 자사 전속 변호사를 고용, 자문을 받아가며 신문 편집을
해야 하는 실정이다. 버키나파소 목요신문 기자 아담 이고르 씨는 '권력

층의 맘에 들지 않는 기사 내용으로 제소를 당하는 어려움이 있기는 하지만 아프리카 민주화를 위해선 정치시사풍자지의 역할이 그 어느 때보다 중요하다' 며 '아프리카에서 바른언론이 정립되기 위해선 독자들이 공동체 의식으로 지지해 주는 것이 필요하다' 고 한다." [18]

언론 부패와 언론 탄압

국제언론인단체인 IFJ가 아프리카 지역 언론인을 대상으로 98년 9월 브뤼셀에서 개최한 〈부패와 미디어〉라는 주제의 세미나에서 발표된 보고서에 대해 『기자통신』 99년 4월호는 다음과 같이 보도하였다.

"보츠와나, 모리타니아, 탄자니아, 케냐, 우간다, 가나, 잠비아에는 독립언론이 존재한다. 그러나 이 지역에 만연된 가난과 높은 문맹률은 형편없는 발행부수와 낮은 광고수입을 의미하며 언론들은 어려운 경제 사정을 해결하는 데 힘을 쏟아야 했다. 결국 상대적으로 가난한 나라의 독립언론사가 마주치게 될 향후 문제는 정부검열이 아니라 경제적인 구속과 연관성이 있게 될 것이다. …… 정부 소유 언론사에서 일하는 기자들 또한 임금이 너무 박해 생계 유지를 위해 다른 일거리를 찾아야 한다. 한 전국 일간지의 스포츠 편집장은 신문사 빌딩 바로 앞에 가판대를 설치해놓고 음료수와 음식을 팔고 있다. 취재가 없거나 다음날 신문 기획회의가 없고 유력인사와의 약속이 없을 때 그는 가판대에 가서 장사가 잘 되는지 확인하고 온다. …… 몇몇 아프리카 신문사에서는 저널리스트들이 유력인사들로부터 그들의 비리를 눈감아 주거나 그들에게 유리한 방향으로 기사를 작성하는 대가로 뇌물을 받는 것이 다반사로 일어난다. 이러한 현

---

18) 강혜구, 〈아프리카 언론: '선진언론화' 바람 불구 풍자 · 비판엔 법적 문제로 대응〉, 『바른언론』, 1996년 8월 31일, 6면.

상을 'Brown Envelope Syndrome' 이라 부르는데 아프리카 여러 나라에서 횡행하고 있다. 나이지리아에서는 정치인들이 공공연하게 정부 건물 복도에서 서성이는 기자들에게 촌지(갈색봉투)를 건네준다. 심지어 보도자료에 돈을 넣어 전달하고 있다. …… 가나에서는 비방과 관련하여 100건 이상의 사건이 법원에 계류 중이거나 재판을 시작하려고 대기 중이다. 이들 중 일부는 사실일 수도 있지만 대부분은 법원을 통해 신문사의 입을 침묵시키려는 독재정권의 술수에 지나지 않는다."[19]

1998년 7월, 카메룬(47만5천㎢, 1천3백만 명)의 출판 그룹 메세저의 발행인 겸 편집인인 피우스 나베 사장이 대통령 폴 바이야의 건강에 관한 보도로 2년 징역형을 선고받았다. 문제가 된 보도는 카메룬 축구컵 결승 기간 중 자리를 비운 대통령의 동정을 보도하면서 심장병을 앓고 있는 사실을 밝혔던 내용이었다고 한다.[20]

1999년 아프리카 언론의 현실

자유기고가인 셰리 리키아디는 『American Journalism Review』 99년 9월호에 아프리카 언론의 현실에 관한 글을 기고했다. 이 글을 번역·게재한 『해외언론동향』 99년 11월호에서 그 일부를 인용한다.

짐바브웨 언론인 레이 초토는 아프리카 정치의 불안과 정쟁 등에 대한 심층기사를 썼다. 그는 이 기사로 미국 탐사보도기자회가 수여하는 상의 유력한 후보로 거론되었다. 그러나 그에게 돌아온 것은 권력

---

19) Shamlal Puri(Newslink Africa 편집장), 〈"아직까지 우리는 '자기검열'에 익숙해 있다": 내·외부의 압력과 열악한 환경에서 일하는 아프리카 기자들의 현실 인식〉, 『기자통신』, 1999년 4월호, 118~122쪽.
20) 〈카메룬: 출판사장 2년형, 대통령 건강 보도로〉, 『신문과 방송』, 1998년 7월호, 141쪽.

에 의해 자행된 엄청난 고문과 폭행이었다. …… 아프리카에서 언론
인으로 활동하는 것은 지옥으로 가는 차표를 끊는 것과 같이 위험하
다. …… 지난 1월에는 시에라리온에서 기자들에 대한 학살 사건이
발생했다. 수도 프리타운을 휩쓸고 간 게릴라전에서 기자 7명이 살
해되고, 4명이 실종되었다. …… 기자들은 취재에 따르는 위험 이외
에도 또다른 어려움에 처해 있다. 정규 기자교육의 부족, 뒤떨어진
장비, 낮은 월급 등 열악한 취재환경이 그것이다. 어떤 지역에서나
손으로 쓴 기사들이 전송되곤 한다. 소규모의 신문사들에게 컴퓨터
는 사치스럽기까지 하다. 높은 문맹률 때문에 신문 발행부수는 턱없
이 낮고 그로 인해 광고수입은 초라하다. 민간 방송국은 높은 등록세
와 세금에 시달리고 있다. 최악의 경우 기자들은 무보수로 일하며 때
론 얼마 안 되는 돈까지 털어 언론사 운영비를 대왔다. …… 암울한
현실이다. 그러나 아프리카 언론인들의 계속되는 적극적 투쟁으로
신문사 운영의 독립성이 확보되고, 기자교육 및 취재 영역이 확대되
며, 국민들의 막대한 신임을 얻는 등 현실은 조금씩 개선되고 있다.
가나, 아이보리 코스트, 남아프리카공화국 같은 나라에서는 인터넷
을 통한 기사보도, 언론자유를 신장시키는 법정판결 등이 이루어지
고 있다. 니제르, 우간다, 라이베리아 등 언론을 탄압했던 국가에서
도 언론자유를 확산시키는 법정판결, 그리고 기자들의 활동이 두드
러지게 나타나고 있다. [21]

99년 9월, 아프리카 동남부의 작은 왕국인 스와질랜드(1만7천㎢, 81만
명)의 『선데이 타임스』지의 베키 마쿠부 편집국장은 왕의 8번째 약혼녀가

---

21) 천세익 편역, 〈아프리카의 어둠을 가르는 언론인들: 투옥, 죽음 아랑곳없이 '민주'와
    '언론 자유'에 헌신〉, 『해외언론동향』, 1999년 11월호, 38~42쪽.

고등학교에서 쫓겨났다는 걸 보도한 기사로 해고당했다.『해외언론동향』 99년 10월호는 다음과 같이 말한다.

"'나는 내가 생각하기에 언론자유를 만끽할 수 있는 특정 위치에 있는 줄 알았다' 고 9월 21일 이 편집국장은 말했다. 국왕 므스와티 3세의 압력에 굴복하면서 신문사 경영진은 마쿠부 국장에게 사임을 통보했다. 한편 남아프리카공화국과 모잠비크와 국경을 접하고 있는 이 나라는 명예훼손법을 철폐하는 입법을 준비 중이다. 그러나 이번 사건은 비슷한 환경에 있는 많은 아프리카 국가의 언론인들에게 또 한번 언론이 위험에 처해 있음을 확인해 줬다.『선데이 타임스』와 이 신문의 평일판인『더 타임스 오브 스와질랜드』는 그 동안 정부의 부정부패를 거의 다루지 않았지만,『선데이 타임스』가 9월 12일 국왕이 8번째 부인으로 고른 한 고등학생이 결석으로 학교에서 추방된 사실을 보도하면서 국왕의 미움을 샀다."[22]

아프리카의 방송

아프리카의 TV 도입은 다른 제3세계 국가들에 비해 늦지 않았다. 1954년 모로코, 1956년 알제리아, 1959년 나이지리아 등을 위시하여 62～65년 사이에 케냐, 우간다, 콩고(브라자빌), 수단, 잠비아, 가봉, 코트디브와르, 세네갈, 가나 등에 TV 방송이 실시되었다. 그들의 지배자들이 남기고 간 선물인 경우도 있었지만 집권자들이 한국의 '땡전 뉴스' 용도로 그 정치적 효용을 높이 샀기 때문이었다.[23] 오늘날에도 아프리카에서 TV는

---

22) 〈스와질랜드 - 편집국장 해고, 국왕 기사로〉,『해외언론동향』, 1999년 10월호, 83쪽.
23) Charles Okigbo, 〈Africa〉, Anthony Smith/Richard Paterson eds., 『Television: An International History』(Oxford: Oxford University Press, 1998), p.234.

철저하게 정치적 도구이다. [24]

나이지리아의 면적은 92만㎢이며, 인구는 1억이 넘는 아프리카 최대의 인구 보유국으로 세계 6위의 산유국이다. 나이지리아는 36개의 주(州) 정부로 이루어진 연방공화국이며 250여 부족으로 꾸려진 다부족 국가다. 2000년 3월엔 북부도시 카두나에서 회교법 확대 실시를 놓고 기독교도와 이슬람교도 사이에 유혈 충돌이 벌어져 3백 명 이상이 사망한 사건도 있었다. 그래서 오래전부터 늘 국민 통합이 중요한 문제로 대두되었는데, 이는 주로 방송을 통해 이루어지고 있다. 국영 NTA(Nigerian Television Authority) 외에 92년 14개의 민영 방송국에 면허를 부여하였지만 이들은 공식적으론 모두 국영의 형식을 취했고, [25] 명실상부한 민영이 등장한 건 94년으로 이때에 모두 5개 민영 방송사가 개국했다. 또 94년에 13개의 케이블TV와 1개의 국제 위성 채널에 허가권을 발급해주는 등 아프리카에선 가장 역동적인 텔레비전 시장으로 급부상하였다. [26]

튀니지의 면적은 16만㎢이며, 인구는 9백만 명이다. 국영 Radio diffusion Television Tunisienne는 아랍어로 방송되는 전국 방송 Canal2와 모로코, 알제리, 리비아 등을 겨냥한 위성 서비스 채널인 Canal7 그리고 94년 11월에 출범한 Youth Channel(Canal21) 등 각각 성격이 다른 3개의 채널을 보유하고 있으며, 이외에도 프랑스의 France2와 이탈리아의 Rai Uno 등 2개의 채널을 중계하고 있다. [27] 대부분의 튀니지 사람들은 특별한 장비 없이도 이탈리아의 텔레비전 쇼를 시청할 수 있으며, 튀니지의 신문에는 이탈리아 최고 인기 채널인 RAI

---

24) Charles Okigbo, 〈Africa〉, Anthony Smith/Richard Paterson eds., 『Television: An International History』(Oxford: Oxford University Press, 1998), p.237.
25) Anne Cooper-Chen, 이영음 역, 『지구촌의 게임쇼』(한국방송개발원, 1996), 261쪽.
26) 한국언론연구원, 『세계의 미디어』(한국언론연구원, 1996), 687쪽.
27) 한국언론연구원, 위의 책, 774쪽.

Uno의 편성표가 실려 있을 정도이다. [28] 물론 튀니지 사람들이 이탈리아 TV만 시청하는 건 아니다. 이 나라의 위성 TV 열기는 아프리카에서 제일 높은데, 『Variety』지 96년 6월 17일자는 다음과 같이 보도한 바 있다.

"아랍 지역 대도시의 스카이라인을 보면 아파트 건물의 옥상에서 접시 안테나 밭을 쉽게 발견할 수 있다. 튀니지아에서는 지붕 위에 위성접시 안테나가 너무 많아서 미관을 해친다는 이유로 작년에 정부가 당분간 안테나의 수입을 금지한 바도 있었다. 그러나 금지 조치는 국민들의 불만이 커지자 해제되었다." [29]

아무래도 국내 TV보다는 위성 TV가 더 재미있을 게다. 튀니지의 한 프로듀서는 "쇼가 인기를 끌면 끌수록 그 수명은 짧아진다"고 말한다. 그 이유는 정부는 시청자들이 하나의 쇼에 매달려 정부가 제공하는 다른 것을 경시하는 것을 바라지 않기 때문이라는 것이다. [30]

남아프리카공화국의 언론

남아프리카공화국의 면적은 122만㎢이며, 인구는 4천4백만 명이다. 98년 현재 일간지는 17개로 모두 115만 부를 발행하고 있다. 10만 부 이상 발행하는 일간지로는 『Soweten』 20만 부, 『Star』 16만 부, 『Citizen』 12만 부, 『Burger』 11만 부, 『Beeld』 10만 부 등이다. [31]

전체 인구의 13%에 지나지 않는 소수 백인이 다수 흑인(75%)을 지배하는 나라, 그리고 그 백인들이 국토의 86%와 국부의 90% 이상을 장악

---

28) Anne Cooper-Chen, 이영음 역, 앞의 책, 259쪽.
29) 〈아랍 지상파 방송사, 광고수입 격감〉, 『MBC 세계방송정보』, 1996년 7월 15일, 35~36쪽.
30) Anne Cooper-Chen, 이영음 역, 앞의 책, 258쪽.
31) 『해외언론동향』, 2000년 1월호, 98쪽.

하고 있는 나라가 바로 남아공이었다. 물론 이젠 342년 동안의 백인 통치가 막을 내렸고 아파르트헤이트(흑백 인종 분리)도 끝났다. 94년 4월 남아공 최초로 실시된 다인종 총선에서 민족회의는 압승을 거두었고, 만델라는 그 해 5월 남아공 대통령에 취임하는 큰 역사적 변화가 있었다.

그러나 모든 게 다 달라진 건 아니다. 특히 언론이 여전하다. 이와 관련, 『크리스천 사이언스 모니터』지 2000년 3월 14일자는 남아공 인권위원회 보고서를 인용 보도하였는데, 『경향신문』 3월 15일자 기사를 인용한다.

> 이 보고서는 일간 『요하네스버그스타』의 1면 사진을 들어 '인종차별을 조장하는 대표적인 예'라고 지적했다. 이 사진은 쓰레기 더미 위에 두 마리의 까만 새가 앉아 있는 모습을 담고 있는데, 이는 백인들이 건설해놓은 도시를 흑인들이 타락시키고 있다는 이미지를 강하게 전달했다는 것이다. 이 같은 논쟁은 지난달 영국의 BBC, 『더 타임스』 등이 아프리카 관련 보도를 할 때 늘 '동물의 왕국' 같은 시각을 취해왔음을 인정한 이후부터 조금씩 표면화되기 시작한 것으로 보인다. 외국에서도 언론의 인종차별적 보도에 대한 반성이 나오고 있는데 정작 아프리카 내부에서는 이 문제가 크게 부각되지 않고 있다는 것이 남아공 인권위원회의 지적이다. 인권위는 이와 관련해 최근 요하네스버그에서 발행되고 있는 일간지와 주간지 사장 33명을 소환 요청해 청문회를 열었지만 정작 나타난 것은 흑인 사장 5명뿐이었다. 나머지 백인 사장들은 인권위가 언론의 자유를 침해하고 있다며 소환에 응하지 않았다. 일간 『메일 앤드 가디언』의 사장 필립 만 니 에케르크는 '인권위는 지금 「마녀사냥」을 하고 있다'며 '이미 인종차별이 남아공에서 완전히 철폐된 상황에서 인권위는 비민주적이고

구태의연한 방법으로 언론을 장악하려 한다'고 비난했다. 백인 언론
계 대표들은 특히 인권위가 소환에 응하지 않을 경우 재판에 회부해
실형을 선고하겠다는 식으로 신문사를 협박하는 것이야말로 백인에
대한 '인종차별'이며 언론 탄압이라고 강하게 반발하고 있다. 만 니
에케르크가 운영하는 이 신문은 지난 1988년 남아공 정부의 인종차
별 정책에 반대하는 사설을 게재해 정간조치를 받기도 한 신문이어
서 그의 주장은 흑인들 사이에서도 어느 정도 설득력을 얻고 있다.
백인들이 운영하고 있는 스타, 빌드 등의 언론사 대표들은 '흑인 정
부가 그 동안 기자직을 수행할 수 있는 흑인 인력을 교육하지 못한
것은 생각하지 않고 현 상황만 가지고 차별 운운하는 것이야말로 어
불성설'이라고 입을 모으고 있다. 만델라 전 대통령은 그러나 최근
상황에 대해 '언론의 대부분을 백인이 장악하고 있는 것이 남아공의
현실'이라며 '지난 300년 동안 계속돼온 백인 지배가 아직도 끝나지
않고 있는 곳이 바로 언론계'라고 말했다. [32] ■

---

32) 고현석, 〈남아공 언론 '인종차별' 여전〉, 『경향신문』, 2000년 3월 15일, 9면.

참고문헌

강현두 외, 『세계방송의 역사』(나남, 1992, 2쇄 1997). 445쪽, 12000원:
미국 방송사/영국 방송사/일본 방송사/중국 방송사/프랑스 방송사/독일 방송사

강현두 · 원용진 · 전규찬, 『현대 대중문화의 형성: 1920~30년대 미국의 대중문화 형성과 사회적 효과』(서울대학교출판부, 1998). 302쪽, 10000원:
대중문화, 어떻게 볼 것인가?/재즈시대는 어떻게 왔는가?/광고와 새로운 소비주체의 형성/라디오와 시 · 공간 개념의 변화/꿈과 욕망의 생산관리: 헐리우드/재즈음악과 문화산업의 전쟁/육체지배의 상품화와 스포츠 스펙타클/미국의 재즈시대는 우리에게 무엇인가

『권력과 리더십 1』(인물과사상사, 1999). 302쪽, 9000원:
후안 카를로스 – 민주 스페인의 건설자/에르네스트 세디요 – 집권당의 기득권을 포기하다/마하티르 빈 모하마드 – '아시아적 가치'의 대변자/코피 아난 – 유엔의 개혁은 가능한가/피델 카스트로 – 쿠바혁명의 신화와 실화/사담 후세인 – 아랍

세계의 패권을 꿈꾸며/소니아 간디 – 평범하게 살고 싶었던 여인의 평범하지 않은 삶/빌 클린턴 – 이미지 정치와 '섹스 스캔들'

『권력과 리더십 2』(인물과사상사, 1999). 343쪽, 9000원:
유고 차베스 – '차베스 혁명'과 '신베네수엘라'/아우구스토 피노체트 – 얼룩진 칠레의 얼굴/폴 크루그먼 – 경제는 언론플레이가 아니다/랄프 네이더 – 시민운동에 인생을 걸다/캐서린 그레이엄 –『워싱턴포스트』와 그녀의 80년/빌 게이츠 – 탐욕으로 이룬 신화?/마더 테레사 – 사랑의 정부(政府)/마거릿 대처 – 대영제국 부활을 꿈꾼 철의 여인/무하마르 엘 가다피 – 아랍민족의 통일과 해방을 위하여/존 레논 – 사랑과 평화의 이상주의자/유진 뎁스 – '미국 신화'의 어두운 이면/잭 런던 – 미국적인, 너무나 미국적인/에바 페론 – 성녀인가 창녀인가/이사도라 던컨 – 자유의 또다른 이름/콜린 파월 – 할렘에서 팬타곤까지/사파티스타와 마르코스 – '오늘 우리는 말한다. 이제는 그만!'/마키아벨리 – 비극적이고 희극적이며 역사적인/『일본을 이끌어 온 12 인물』 – 한국, 일본, 그리고 21세기/『독선과 아집의 역사』 – 권력의 사슬, 독선정치의 망령과 폐해/『로마인 이야기 7: 악명높은 황제들』 – 역사는 흐르고, 또한 반복된다/『최고경영자 23인의 리더십을 배우자』 – 훈련과 열정이 리더를 만든다

『권력과 리더십 3』(인물과사상사, 1999). 302쪽, 9000원:
만델라/크레티앵/아라파트/후세인/시아누크/하타미/마하티르/루퍼트 머독/앤드류 그로브/손정의/루쉰/마르케스/미야자키 하야오/말콤 엑스/체 게바라/마오쩌둥/에드거 후버/밀로세비치

『권력과 리더십 4』(인물과사상사, 1999). 323쪽, 9000원:
프란츠 파농 – '식민화된 인간의 소멸'을 위하여/윌리엄 페리 – 11개월만에 나온

'페리 보고서'/조지 소로스 - 인류의 미래를 걱정하는 '환투기꾼'/페로와 벤추라 -
매스미디어는 '제3의 정당' 인가?/잭 웰치 - GE 백년 신화와 그림자/조디 윌리
엄스 - '눈 없는 무기', 대인지뢰와 싸우는 여전사/사나나 구스마오 - 동티모르
독립운동 이끄는 '시인 투사'/수하르토 - '절대 왕정'을 건설한 시대의 독재자/
압둘라 오잘란 - '유럽의 집시', 쿠르드족의 '희망봉'/파드 - 사우디 왕정의 '파
수꾼'/케말 파샤 - 터키 건국의 아버지/베나지르 부토 - 파키스탄 사원에 우뚝
솟은 또 하나의 첨탑/나세르·사다트·무바라크 - 이집트의 세 마리 용

『권력과 리더십 5』(인물과사상사, 2000). 312쪽, 9000원:
마치 - 파라과이의 '신데렐라' 마치 대통령/데 라 루아 - 21세기 아르헨티나와
'준비된 대통령'/김정일 - 알 수 없는 인물/오부치 게이조 - 과거사 청산없이 군
사대국화를 지향하는 '일본호' 선장/지앙 쩌민 - 평범한 기술관료에서 일약 13억
의 통치자로/달라이 라마 - '생불(生佛)'로 불리는 티베트의 정신적 지도자/에스
트라다 - 울가망한 필리핀 하늘에 나타난 미확인 물체/카다피 - 20세기 아랍 민
초의 선동가/에후드 바라크·이츠 하크 라빈·시몬 페레즈·베냐민 네타냐후 -
중동평화와 이스라엘 총리들/헬무트 콜 - 독일통일과 유럽통합의 주역/바츨라프
하벨 - 동토에 씨를 뿌리는 유토피언

『권력과 리더십 6』(인물과사상사, 2000). 297쪽, 9000원:
비센떼 폭스 - '멕시코 주식회사'의 새 사장/미레야 모스꼬소 - 파나마 최초의
여성 대통령/레오니드 쿠치마 - 슬라브권의 '이단아'/블라디미르 푸틴 - 포스트
옐친시대의 개막/아딸 비하리 바즈페이 - 정객은 오늘만을 생각하지만 정치인은
다음 몇 세대를 생각한다/리콴유 - 싱가포르의 리콴유, 리콴유의 싱가포르/레오
폴 세다르 셍고르 - 시인 대통령과 아프리카의 문화적 가치/루퍼트 머독 - 머독
의 디지털 제국주의

김광옥 편저, 『동아시아의 방송과 문화』(경인문화사, 1997). 342쪽, 14000원:
아시아 현황/아시아에 대한 외국의 위성방송 영향/동아시아의 방송/아시아의 위
성들/아시아방송의 미래/코리아채널 운영에 대한 제안/방송과 통신의 융합/부록

김규, 『비교방송론』(나남, 1988). 478쪽, 8500원:
서론/조직/제1세계 방송 I: 영·미권 국가의 방송/제1세계 방송 II: 서유럽과 일본
의 방송/제2세계 방송: 소련과 동유럽 공산국가의 방송/제3세계 방송: 개발도상
국의 방송 및 미디어제국주의/제4세계 방송: 문화적 다원주의 사회의 방송/단파
방송 및 위성방송/CATV, VCR의 세계적 추세 및 국가간 비교/방송의 세계적 추
세 및 전망

김규 역저, 『비교방송론 II: 영국·프랑스·네덜란드·독일·일본·미국의 방송
환경』(나남, 1993). 231쪽, 6000원:
서론/영국의 방송제도/프랑스의 방송제도/네덜란드의 방송제도/독일의 방송제
도/일본의 방송제도/미국의 방송제도/결론

김근동, 『사쿠라 꽃이 피었습니다: 현장에서 파헤쳐본 일본문화의 실상』(형상,
1998). 289쪽, 7800원:
비상하는 일본문화/뿌리가 썩은 나무는 열매를 맺지 못한다/돌다리도 두들겨 건
너는 일본인/한국과 일본 사이에 서서

김도연, 『너무 유치하고 너무 재미있는 일본 TV 벗기기』(산성미디어, 1998). 293쪽,
8000원:
훔쳐보기 벗겨보기/일본을 즐기는 11가지 방법/문화를 읽으면 편견이 보인다

김명중, 『디지털시대의 위성방송론』(나남, 1997). 299쪽, 10000원:
디지털 위성방송과 방송환경의 변화/위성방송의 미디어 정책적 논의/한국 위성
방송 현황과 정책/세계의 디지털 위성방송 현황/위성방송 광고/국제 위성방송정
책/고선명 TV/한국방송의 세계화 전략/위성방송과 통일

김승수, 『디지털 제국주의』(나남, 2000). 354쪽, 13000원:
매체이론의 위기/대안적 이론 디지털제국주의론/세계 매체시장의 지배구조/국제
적 언론파시즘의 형성과 기능/한국 매체시장의 식민구조/대안전략

김지룡, 『나는 일본 문화가 재미있다: 일본 대중문화비평가 김지룡의 일본 문화
제대로 읽기』(명진출판, 1998). 277쪽, 8000원:
일본문화의 심장을 해부한다/일본문화의 파워는 이것/일본문화의 성공은 마케팅
이다/왜 일본 문화상품이 세계적으로 재미있는가/우리가 극복해야 할 편견과 오
만/우리는 일본에 무엇을 팔 것인가?/부록

김지석, 『아시아영화를 다시 읽는다』(한울, 1996). 245쪽, 7000원:
이란영화 그리고 압바스 키아로스타미/인도의 뉴웨이브 감독들/일본의 '뉴' 뉴
웨이브/태국의 사회파 영화/필리핀의 독립영화/베트남영화 들여다보기/허영을
아십니까/『추억』으로 읽는 인도네시아영화/한국영화의 아카데미즘 분석/중국영
화의 과거, 현재 그리고 미래/영화, 영화인과의 만남 – 영화제 기행

김지운, 『신문윤리위원회의 비교연구』(성균관대학교출판부, 1986). 266쪽, 4000원:
신문윤리위의 현황개관/자유주의 사상과 사회적책임론/신문윤리위의 설치여건
과 명분/신문윤리위원회의 분류/신문윤리위의 실제개요/영국신문평의회/스웨덴
신문평의회/인도신문평의회/한국신문윤리위원회/부록

박영학 엮어 옮김, 『이데올로기 개조와 중공언론』(원광대학교출판국, 1987). 262쪽, 3200원:
중공의 커뮤니케이션 체계/혁명어와 중국인의 인지과정/중공커뮤니케이션과 정치/현대 중공의 미디어 구조와 기능/중공 언론의 선행지 소련언론/중공의 대자보에 관한 연구/부록

박용수, 『중국의 언론과 사회변동』(나남, 2000). 284쪽, 12000원:
서장/시민사회 담론 논쟁과 언론연구/개혁주의 언론사상과 언론법제/언론매체의 변화와 시민사회/인터넷의 등장과 시민사회/중국언론매체의 미래와 사회변동

박인하 외, 『일본 애니메이션 아니메가 보고 싶다』(교보문고, 1999). 283쪽, 12000원:
아니메의 선사시대/아! 데즈카 오사무/다양하게 분화되는 60~70년대 TV 아니메/떴다! 로봇 메카닉물/소녀에서 여신까지/꿈의 제작소로 오라/오시이의 스펙트럼/계속되는 아니메 이야기

선성원, 『일본 음악이 보인다』(아름출판사, 1998). 279쪽, 7000원:
일본 대중음악 개방에 즈음하여/왜색가요와 엔카에 대한 탐구/가요계에 번진 일본화 바람/일본에서 한국음악의 현주소/재팬 팝의 어제, 오늘/포문을 연 재패니스 인베이젼/일본은 지금/재팬 팝스타 가이드

송기도 · 강준만, 『콜럼버스에서 후지모리까지: 중남미의 재발견』(개마고원, 1996). 299쪽, 7500원:
왜 '라틴아메리카' 일까?/라틴아메리카에 사는 사람들/콜럼버스가 정말 최초인가?/정복과 수탈의 역사/독립의 영웅들/중남미에서의 전쟁들/멕시코혁명과 불간

섭원칙/진정한 독립을 향하여/미국과 중남미의 관계/'콜로르게이트' 라는 드라마/종속이론가 카르도소의 변신/살리나스와 세디요/'제2의 체 게바라' 마르코스/지금도 살아 있는 에비타 페론/카를로스 메넴의 '마이 웨이' / '칠레의 황제' 피노체트/알베르토 후지모리의 '신독재' /아비마엘 구즈만의 '빛나는 길' / '카리브해의 반항아' 피델 카스트로/혁명을 위해 태어난 체 게바라/오르테가와 차모로

송일준, 『일본의 테레비: 체험적 일본 TV 방송론』(나남, 1998). 324쪽, 10000원:
 일본의 위성방송/일본의 지상파방송/민방 테레비의 시청률 전쟁/일본의 테레비 저널리즘/와이드 쇼/일본의 테레비 방송사들

안춘옥 · 류창하 엮음, 『중국언론은 이렇다: 100문 100답을 통해 본 중국 언론의 실상』(창, 1993). 287쪽, 7000원:
중국의 언론사상/중국언론 일반/중국언론의 기본원칙/중국언론의 취재보도론/중국언론의 문장론/중국언론의 편집론/중국의 기자론/중국의 방송/기타

오상석, 『일본의 신문 · 방송과 언론노동운동』(전국언론노동조합연맹, 1999). 245쪽, 9000원:
일본 신문의 현황/멀티미디어 시대를 맞고 있는 신문 · 신문노동운동/일본방송의 현재와 미래/일본 매스컴의 현안/일본신문노동운동사/일본방송노동운동사

옥한석, 『세계화시대의 세계지리읽기: 자유시장경제는 세계지리를 얼마나 변화시킬까』(한울, 1999). 219쪽, 9000원:
자유시장경제의 세계화는 어떻게 진행되었는가/세계화에 의한 경제발전과 정부의 역할이란 무엇인가/세계의 인구규모와 자원은 어느 정도인가/미국은 21세기에도 세계화를 주도할 것인가/캐나다와 오세아니아는 어떻게 이해해야 하는가/

라틴아메리카는 발전의 잠재력이 있는가/유럽연합이 가져올 파장은 어떠한가/동부유럽은 과연 시장경제로의 변신에 성공할 것인가/러시아연방은 소련의 붕괴 이후 재기할 수 있는가/서남아시아와 북부아프리카는 왜 대안이 되지 못하는가/사하라사막 이남의 아프리카는 발전의 가능성이 없는가/남부아시아는 어느 정도 변화할 수 있는가/동남아시아는 금융위기를 극복할 수 있을까/21세기 일본의 대응전략은 무엇인가/중국은 세계화의 중심 무대에 어떻게 복귀할 것인가/전세계는 자유시장경제를 어떻게 받아들여야 하는가

이구현, 『미국 언론법』(커뮤니케이션북스, 1998). 715쪽, 28000원:
미국의 법제도/명예훼손과 프라이버시권/언론보도와 알권리/표현의 자유와 음란물/광고법/멀티미디어와 저작권/정치와 선거방송법/미국의 통신법/부록

이규형, 『J.J가 온다』(해냄, 1998). 332쪽, 8500원:
캐릭터를 띄워라/기획력을 키워라/상식을 전환하라/신이라 불리는 슈퍼스타들/일본 연예계는 지금/저질 문화도 문화인가/일본이 온다/코리아가 간다

이연 외, 『일본 대중문화 베끼기』(나무와숲, 1998). 302쪽, 8000원:
한반도에 자리잡은 일본 청소년 문화/표절 논쟁으로 본 해방 후 한국 영화/방송 문화창달/애니메이션, 희망의 세계로 가는 길목/가요, 끝없는 표절의 세계/일본 만화가 재미나는 이유 몇가지/패션 길라잡이 일본과 패션 따라잡기/백마디의 말 보단 한 컷의 광고/일본의 신문문화 베끼기

이용관 · 김지석, 『할리우드: 할리우드영화의 산업과 이데올로기』(제3문학사, 1992). 255쪽, 6000원:
할리우드 영화산업의 개관/할리우드의 메이저 스튜디오/할리우드 영화의 해외진

출/한국 영화시장의 할리우드 영화/오늘날의 할리우드 영화산업/할리우드 영화
의 고전적 스타일/할리우드의 장르영화/할리우드 스타론/할리우드의 검열 체계/
할리우드 영화의 이데올로기/부록: 할리우드 영화사 연표

이종희, 『중국영화의 어제, 오늘, 내일』(책세상, 2000). 191쪽, 4900원:
중국영화에 대한 짧은 회고/문화대혁명과 새로운 모색/중국 제4세대 감독들의
영화 탐색/중국 제5세대 감독들의 초월과 혁명/중국 영화 유형의 전환/90년대의
‘주선율’ 영화/영상 위에 나타난 중국의 형상/신세대 영화인의 성장

장원호, 『미국 신문의 위기와 미래: 21세기 한국신문의 과제』(나남, 1998). 244쪽,
10000원:
미국 신문의 개요/미국 신문의 위기/미국 신문의 변화/미국 신문의 미래/언론은
21세기를 대비하기 위하여 무엇을 해야 하나/21세기 한국신문의 과제/미국언론
의 윤리 규정

정용준, 『세계의 디지털 위성방송』(커뮤니케이션북스, 1998). 309쪽, 15000원:
디지털 다채널 위성방송시대의 개막/위성방송의 제왕 루퍼트 머독과 소프트웨어
확보전쟁/아시아/미국/서부 유럽/중동부 유럽/라틴아메리카의 위성방송/불투명
한 디지털 위성방송의 미래

정용준, 『디지털 위성방송과 영상소프트웨어』(나남, 2000). 284쪽, 10000원:
뉴미디어 방송정책과 민주주의/방송위원회의 위성방송 허가정책/방송개혁과 시
민위성채널/디렉 TV/BSkyB/Canal+, CSD/스카이퍼펙 TV/스타 TV/채널 패키
지/위성방송과 광고/다채널경쟁과 영상소프트웨어/쌍방향 서비스/미디어기업들
의 차세대 전략/유럽통신사업자들의 위성방송 진출전략/외국채널 전송과 방송시

정태철, 『미국신문연구: 공익성과 상업성 그리고 전문직 시스템의 이해』(커뮤니케이션북스, 1999). 486쪽, 18000원:
미국신문과 민주주의, 산업주의, 그리고 전문직 시스템/언론의 자유/언론의 특권과 법적 규제/미국의 다원주의와 신문/시장중심 언론과 매체경제학/시장중심 신문의 구조와 실태/독자위주 신문의 내용/시장중심 언론의 문제/전문직의 원리/전문직의 교육기관/전문직의 테크닉/전문직의 윤리/테크놀로지와 미국신문/공공저널리즘의 실체/신문의 제3의 논리, 전문직 시스템을 위하여

조재홍 지음, 인디컴 엮음, 『인디컴의 세계영화기행 1』(거름, 1996). 392쪽, 15000원:
프랑스/홍콩/호주/중국/미국/필리핀/태국/독일/대만

차배근, 『미국신문사』(서울대학교출판부, 1983). 541쪽, 6800원:
미국의 역사적 배경/식민지시대: 1690~1783/정론지시대: 1783~1860/독립지·황색지시대: 1861~1914/현대신문시대: 1914~1960

차배근, 『중국전근대언론사』(서울대학교출판부, 1984, 재판 1988). 368쪽, 6500원:
고대의 전근대적 신문현상/진(秦) – 수대(隋代)의 언론과 신문현상/당대의 언론과 문자신문/송대에서의 민의와 각종 신문현상/원대·명대의 언론과 신문·청대의 전근대적 신문과 관보

차배근, 『중국근대언론사』(나남, 1985). 651쪽, 8500원:
서양의 근대적 언론문물의 이입/서양 언론문물의 수용과 근대언론의 개척/변

법 · 혁명운동과 정론지의 발흥/민국수립이후의 정치적 혼란과 언론상/북벌/통일과 언론의 안정 및 성장/대일 · 대공 항전과 언론의 수난

한국언론연구원, 『사회주의 국가의 언론』(한국언론연구원, 1989). 578쪽, 7800원:
사회주의 언론사상/사회주의 국가의 국제언론/사회주의 국가 통신사의 역할/글라스노스트와 소련언론/소련의 언론/동구 사회주의 국가의 언론/중국의 언론/북한의 언론/관련 논문/정기간행물 현황

아스나 미즈호(Mizuho Asuna), 민성원 옮김, 『도쿄의 팝 문화』(우석, 1999). 296쪽, 8000원:
문화의 힘/음악/영화 · 연극/애니매이션 · 만화/게임/패션/미술 · 사진/문학/방송매체/아시아의 미래/부록

에릭 바렌트(Eric Barendt), 김대호 옮김, 『세계의 방송법: 서방 5개국의 방송정책』(한울아카데미, 1998). 335쪽, 16000원:
역사적 배경과 입헌적 배경/방송의 자유/공영방송/민영방송/프로그램 기준/경쟁법/방송에 대한 액세스권/선거방송과 정치방송/광고/국제법과 유럽법/보론(영국, 프랑스, 독일, 이탈리아, 미국)

고드윈 C. 츄(Godwin C. Chu), 채백 · 이범수 옮김, 『혁명과 커뮤니케이션: 중국혁명에 대한 새로운 관점』(이성과현실사, 1987). 295쪽, 3500원:
서론/커뮤니케이션과 사회구조적 변동/커뮤니케이션과 당간부의 정치적 사회화/경쟁과 협동/커뮤니케이션과 인력훈련기구의 개혁/커뮤니케이션과 의사결정과정/커뮤니케이션과 갈등해소/커뮤니케이션과 사회구조 그리고 발전

엘리스 코스(Ellis Cose), 정명진 · 민훈기 옮김, 『미국 4대신문의 성장사』(한국언론자료간행회, 1992). 347쪽, 4800원:
워싱턴포스트/타임스 미러/뉴욕타임스/개닛 앤드 나이트 – 리더

일리아 에렌부르크(Ilya Ehrenbourg), 김혜련 옮김, 『꿈의 공장: 할리우드 영화산업 선구자들의 시련과 야망』(눈빛, 2000). 313쪽, 12000원:
이 영화는 파라마운트에서 제작했습니다/영화계의 황제 윌 헤이즈/유성영화의 시대/진정한 애국심/영화란 무엇인가/붉은 전등 아래에서/가슴 졸이는 영화/유럽인을 위한 할리우드/찌꺼기 인생들/이것이 인생이다/문명의 혜택을 받지 못한 우리 형제들을 위하여/국기 사용/기쁨의 씨를 뿌리는 사람들/영원히 계속되는 영화

엘리자베스 폭스(Elizabeth Fox) 외, 이원혁 옮김, 『라틴아메리카의 정치권력과 미디어』(한울아카데미, 1991). 261쪽, 4800원:
라틴아메리카의 미디어정책/민족주의 · 검열 · 통제/칠레의 대중매체와 민주전통의 붕괴/페루의 혁명과 언론/멕시코의 커뮤니케이션정책/콜롬비아 정치와 지역 TV/커뮤니케이션 · 교회 · 사회갈등 – 엘살바도르(1970~80)의 경우/권위주의체제하의 압제와 혁신 – 칠레 영화산업을 중심으로/독재체제와 민주주의로의 이행 – 아르헨티나(1973~86)의 경우/브라질 TV: 신질서로의 급속한 전환/미디어, 문화적 과정, 정치체계 – 아르헨티나의 경우/우루과이의 커뮤니케이션과 정치/기억과 환상 사이에서 – 브라질 비디오산업/볼리비아 TV: 현실이 허구를 초월할 때/결론/부록

엘리자베스 폭스(Elizabeth Fox) 외, 김진홍 옮김, 『제3세계의 언론과 정치: 라틴아메리카의 민주화를 위한 투쟁』(전예원, 1992). 300쪽, 7000원:
위 책과 같은 책을 번역한 것임.

토머스 L. 프리드먼(Thomas L. Friedman), 신동욱 옮김, 『렉서스와 올리브나무: 세계화는 덫인가, 기회인가?』 전2권(창해, 2000). 821쪽, 26000원:
시스템/정보의 중개/렉서스와 올리브나무/무너진 과거의 장벽들/정보면역 결핍증/황금 구속복/전자투자가 집단/DOS 자본 버전 6.0/글로벌류션/당신은 창출형인가, 적응형인가/성공하는 국가들의 아홉 가지 습관/맥도날드 햄버거와 갈등예방이론/지속가능한 세계화/승자가 모든 것을 갖는다/시스템에 대한 반격/성원의 물결/합리적 도취/혁명은 미국으로부터/세계화가 무너질 수 있는 여섯 가지 이유/앞으로 나아가는 길이 있다

딘 푸에로뉴(Dean K. Fueroghne), 김연호 · 한상필 옮김, 『미국 광고법의 이해』(한울아카데미, 1998). 326쪽, 16000원:
광고규제의 발전/광고규제에서 연방공정거래위원회의 역할에 관한 관찰/연방공정거래위원회법 제5조상의 특별관심분야/제조물 책임에서의 광고의 지위/프라이버시 권리와 공표권/저작권 규제/상표권 규제/비교광고/경연과 복권/환불보증과 보증/광고주와 광고회사의 관계/부록

크리스틴 글레드힐(Christine Gledhill) 엮음, 조혜정 · 박현미 옮김, 『스타덤: 욕망의 산업』(시각과언어, 1999). 261쪽, 10500원:
스타를 본다는 것/미국에서의 스타시스템의 출현/메이시스 백화점 쇼윈도우 속의 캐롤 롬바드/대중적 이미지 만들기/치명적인 미인들/카리스마/셜리 템플과 록펠러재단/ '티타임 앞의 부풀린 소매' /지미 스튜어트의 복귀/세 명의 인도영화 스타/〈스타탄생〉과 진정성의 구성/여성적인 매력

구니야스 도쿠마루, 김재봉 역, 『디지털 혁명과 매스미디어: 매스컴 빅뱅』(나남, 2000). 298쪽, 12000원:

요미우리구단이 매수되던 날?/인터넷의 충격/디지털 정보혁명/전자화와 신문의
미래상/출판 빅뱅/광고 빅뱅/영상 빅뱅/부상하는 스포츠 비즈니스/방송 빅뱅/도
마 위의 저널리즘

Geert Hofstede, 차재호 · 나은영 역, 『세계의 문화와 조직: 문화간 협력과 세계
속에서의 생존』(학지사, 1995). 388쪽, 8000원:
문화의 수준/권력거리: 평등문화와 불평등문화/개인주의 문화와 집합주의 문화/
남성적 문화와 여성적 문화/불확실성 회피문화와 수용문화/조직모델: 피라미드
형, 기계형, 시장형, 가족형/유교적 역동성: 장기지향 문화와 단기지향 문화/유행
에서 경영도구로/문화간 만남/다문화세계에서의 생존/부록: 정신프로그램을 읽
는 법

알렉스 인켈스(Alex Inkeles), 이규종 옮김, 『소련의 여론』(문맥사, 1987). 381쪽,
4500원:
선전의 관념과 관념의 선전/구두선동자와 여론지도자/소련의 신문/소련의 국내
방송/소련의 영화/결론

G. 조에트/J. 린톤(Garth Jowett/James Linton), 김훈순 역, 『영화 커뮤니케이션』
(나남, 1994). 228쪽, 6500원:
새로운 시각: 매스커뮤니케이션으로서의 영화/영화의 경제학: 보는 것이 얻는 것
이다/영화의 사회학: 사람들이 원하는 것을 준다/영화의 심리학: 어둠 속에 관객을
머물게 한다/할리우드 영화: 영화의 사회 · 문화 · 정치적 영향/극장영화의 미래

린다 리 케이드/크리스티나 홀츠 - 바카(Lynda Lee Kaid/Christina Holtz -
Bacha) 편저, 김정현 역, 『서구민주주의와 정치광고: 텔레비전에 나타난 정당과

후보』(커뮤니케이션북스, 1997). 367쪽, 15000원:

텔레비전에 나타난 정당 및 후보자에 대한 서론/정치광고에 대한 비교시각: 미디어체제와 정치체제의 특성/텔레비전 정치광고: 영국의 경험/프랑스 대통령 후보의 홍보 전략에서 텔레비전 방송의 역할/독일 전국선거에서의 텔레비전 스폿 광고/텔레비전 광고에 나타난 이탈리아 후보와 정당/이스라엘 텔레비전 정치광고의 유용성/덴마크의 정치광고/네덜란드의 정치광고/핀란드의 텔레비전 정치광고/미국 대통령 선거에서의 정치광고/문화간 정치광고 비교

카타오카 토시오(Toshio Kataoka), 이창근 · 김광수 옮김, 『일본의 방송제도』(한울아카데미, 1994). 408쪽, 9000원:

방송의 기초적 문제/일본 방송사업자간의 기본관계/NHK에 관한 문제/국제방송의 현상과 과제/민간방송에 관한 문제/교육방송에 관한 사항/방송 프로그램 편집의 자유와 책임/시청자에 관한 문제/방송사업과 고도 정보사회/위성방송의 동향/CATV에 관한 문제/전파에 관한 규율과 방송행정조직

슈테판 크라머(Stefan Kramer), 황진자 옮김, 『중국영화사』(이산, 2000). 383쪽, 15000원:

청조 말기와 민국 시기의 영화(1896~1949)/마오쩌둥 시대의 영화(1942~1978)/덩샤오핑 시대의 영화(1978~1996)/국제적 인정: 1980년대와 1990년대의 아방가르드영화/타이완과 홍콩의 영화/부록

제이 레이다(Jay Layda), 배인정 옮김, 『소련 영화사』(공동체, 1988). 421쪽, 6000원:

모스크바 최초의 영화상영/극영화의 등장/예술로서의 영화/몰락하는 제국의 운명과 함께/1917년 혁명기의 영화산업/유럽망명기/소비에뜨 영화의 서막/영화산

업의 재건기/소비에뜨 영화의 청년기/소비에뜨 영화의 성숙기/부록

마이클 리프만(Michael Leapman), 정순일 옮김, 『TV왕국의 흥망: 영국방송왕국 BBC의 실체와 라디오 텔레비전의 편성 전략, 파업, 뉴미디어 수용 그리고 권력 투쟁』(나남, 1991). 329쪽, 6500원:
TV회장 축출작전/경쟁에 이기기 위해선 어제의 적도 오늘엔 동지/BBC의 권력 피라밋/'보도지침' 딜레마/TV는 '헤게모니' 싸움의 영원한 표적인가/BBC의 고민/지방국의 힘겨운 노력/'전통'과 '효율'/BBC의 자존심/편성전략/민방과의 경쟁/뉴미디어 개발작전/편파성 논쟁/'국가의 이익'과 '방송의 진실'/재정문제/정부의 압력에 뒤이어 언론까지 가세/편성전략/영국방송의 '뜨거운 감자'에 손을 댄 BBC/정부의 방송중지 요구/프로그램 사형선고와 방송계의 파업/피콕위원회의 결정/사방에서 좁혀들어 오는 BBC 조이기

마리케 드 무이(Marieke De Mooij), 김유경·전성률 공역, 『글로벌시대의 국제광고론』(나남, 1999). 447쪽, 14000원:
글로벌 마케팅 커뮤니케이션의 패러독스/세계화 – 현지화 패러독스/문화/문화의 차원/가치와 마케팅/문화와 소비자행동/광고와 문화/광고소구에 나타난 가치 패러독스/국제광고 조사론/제작 스타일과 문화/광고 스타일/가치 패러독스에서 전략까지

데이비드 몰리/케빈 로빈스(David Morley/Kevin Robins), 마동훈·남궁협 옮김, 『방송의 세계화와 문화정체성』(한울아카데미, 1999). 382쪽, 18000원:
새로운 글로벌 미디어의 지평/뉴미디어와 새로운 가능성/커뮤니케이션 테크놀로지와 유럽의 재구조화/유로문화/안식처는 없다/세계화로 본 국가와 민족문화/미디어, 제국 그리고 타자성/테크노 – 오리엔탈리즘과 일본에 대한 공포공동체의

의미와 미디어/과연 무엇의 종말인가

마리안 파쉬케(Marian Paschke), 이우승 옮김, 『독일 미디어법』(한울아카데미, 1998). 295쪽, 14000원:
매스미디어 관점에서 본 미디어법/미디어법의 대상 영역과 의미/법적 근거/헌법적 토대/유럽 미디어법/자유로운 의견형성의 미디어법적 보장/정보자유를 보장하는 정보추구권/정보자유와 권익보호를 보장하는 정보의무/언론/방송/영화와 비디오/빌트쉬름텍스트와 비디오텍스트/미디어 보도/미디어 조사/미디어 판매/미디어 광고

시어도르 피터슨(Theodore Peterson)/카네히라 쇼노스케, 전영표 · 금창연 편역, 『미국잡지 경영전략』(독자와함께, 1996). 328쪽, 12000원:
근대 미국잡지의 등장/광고의 성장과 그 효과/잡지 시장의 확산/잡지 산업의 경제구조/잡지의 경영전략/20세기의 잡지 평가/대중잡지의 쇠퇴/특수잡지의 등장/광고의존에서 판매수입 의존으로/부록

피터 프리처드(Peter Prichard), 기우탁 옮김, 『USA 투데이: 거대 신문, 거대 기업』(김영사, 1992). 334쪽, 6500원:
시골촌놈이 대통령을 초대하다/스포츠전문지로 시작/플로리다 투데이 창간/뉴하스의 넌센스 프로젝트/비밀 아지트의 젊은 천재들/개닛그룹 이사회의 선택/무엇으로 차별화할 것인가/USA TODAY의 돌격부대/엉터리 컴퓨터/양떼같은 광고주들/연중 무휴, 24시간 풀 가동/ABC와의 한판 승부/내부의 적/최후의 만찬/희망을 주는 신문/위기로부터의 탈출/1천2백만달러의 오산/우리가 서있는 곳

이냐시오 라모네(Ignacio Ramonet), 원윤수 · 박성창 옮김, 『커뮤니케이션의 횡포』

(민음사, 2000). 199쪽, 2000원:
미디어의 구세주/의혹의 시대/언론, 권력, 그리고 민족주의/오늘날 기자가 된다는 것은/텔레비전 뉴스의 종말을 향하여?/시체간음증 환자 텔레비전/세 개의 미디어 신화/새로운 제국들/결론

파울 로트(Paul Roth), 최정호 옮김, 『소련의 보도기관과 정보정책: 레닌에서 브레즈네프까지』(정음사, 1984). 327쪽, 3500원:
서론/페터 대제에서 10월 혁명에 이르기까지/혁명과 내란/신경제정책/스탈린의 '위로부터의 혁명' / '위대한 조국전쟁' /후기 스탈린주의/흐루시초프의 집단 지도 체제/브레즈네프 시대/결론

마크 실링(Mark Schilling), 김장호 옮김, 『일본 대중문화 여기까지 알면 된다: 오타쿠에서 스타문화까지』(초록배매직스, 1999). 471쪽, 12000원:
대중문화 일반/만화/애니메이션/TV/TV 드라마/스포츠/저널리즘/영화/엔터테인먼트/대중음악

미첼 스티븐스(Mitchell Stephens), 이광재 · 이인희 옮김, 『뉴스의 역사』(황금가지, 1999). 664쪽, 25000원:
왜 뉴스를 원하는가/문자 이전 시대의 뉴스/구어 뉴스의 전래/뉴스와 문자보급/뉴스와 제국/뉴스의 통제/인간적 관심사/뉴스의 논리/최초의 신문/정기 간행물의 위력/뉴스와 혁명/대중신문시대/보도 이전 시대/보도 체계의 발달/뉴미디어/정보 폭발

제롬 터쉴레(Jerome Tuccille), 이송희 옮김, 『머독: 세계 제패를 노리는 매스컴의 제왕』(장인출판, 1992). 333쪽, 7000원:

제1부 신문왕/제2부 스타워즈/제3부 매스컴의 제왕/참고자료: 머독 제국의 자산
일람

행크 휘트모어(Hank Whittemore), 김석희 옮김, 『뉴스 속의 뉴스 CNN』(흥부네박,
2000). 447쪽, 9800원.

야마모토 다케토시, 김명하 옮김, 『현대중국의 광고와 소비혁명』(코래드 광고전략
연구소, 1991). 452쪽, 9000원:
소비혁명과 사회주의/광고환경의 구조/중국시민의 소비의식과 행동/중국시민의
광고의식과 TV광고/북경 · 상해 · 광주의 소비 · 광고의식/1988년 조사의 개괄